JN120702

これさえ読めばサクッとわかる

経済学の教科書

川野祐司［著］

文眞堂

はしがき

ミクロ経済学とマクロ経済学は経済学を学ぶ上で必須分野であり，公務員試験などの各種試験にも出題されます。重要な科目であるにもかかわらず，苦手にしている人も多く，また，十分に習得するのが難しい科目でもあります。その理由に，テキストが分厚く内容が多いということがあります。また，きちんと正確に理解するためには数学が必要なことも障害となっています。分厚いテキストを前から順番に読んでいっても，後ろの方を読むころには前の方を忘れてしまっています。

本書は，読者の皆さんが経済学の全体像を簡単につかめるように工夫されています。まず，細かな議論を大胆にカットして，必要最小限の内容で構成してあります。ミクロ経済学とマクロ経済学は 2 冊に分かれていることが多いですが，本書は 1 冊になるように，しかも本ができるだけ薄くなるようにしてあります。

ミクロ経済学とマクロ経済学を学ぶためには，どうしてもグラフを描いて計算をする必要があります。本書では，グラフとともにシルエットも多用して読者の理解を助けるようにしています。また，本書の中には 58 問の演習問題があります。本文を読み，演習問題を解くことで理解が深まるでしょう。計算は途中の過程も詳しく書いています。

本書では，試験対策にも使えるように配慮されています。公務員試験や経済学検定などはマークシート方式ですので，途中の計算を省けると時間が有効に使えます。より速い計算の方法や用語の比較のポイントなども分かるようになっています。また，本書の最後には主要な公式とグラフをまとめた演習を配置しています。時間がないけれど，ざっと復習したいときに有効です。

経済学の大枠を掴みたい読者には本書だけで十分です。しかし，本書はできるだけ薄くなるように作られています。公務員試験などの各種試験で高得点を目指し，経済学をより深く学ぶためには，本書の後により詳しいテキストや問題集に進んでください。効率が悪いように思えるかもしれませんが，何の準備もなく分厚いテキストを 2 冊マスターするのは至難の業です。遠回りに思えても，本書をマスターした後に次のテキストに移る方が効率的です。

目　次

経済学とは

1. 経済行動と経済学

◆経済学で学ぶこと

私たちは，日々，食べ物を買って食べたり銀行にお金を預けたりしています。物を買うためにはお金が必要で，私たちは働くことでお金を得ています。このような，消費，金融取引，労働などの活動を経済活動といいます。パンを買って食べるという活動は1人でもできるような気がしますが，その背後では，パンの材料となる小麦などの生産，輸送，小売りなど多くの人が活動しています。経済は多くの人の経済活動が集まってできたものであり，経済学では経済の仕組みはどうなっているのか，経済活動はどのような法則に基づいて行われているのか，どのようなルールを定めるとよりよい経済活動を促すことができるのか，などを学びます。経済学は経済活動を通じて社会の仕組みを学ぶ学問だといえるでしょう。

❖ 経済は多くの経済活動が集まったもの ❖

◆経済学が置く前提

経済活動の種類は多様で，相互に複雑に絡み合っています。複雑なままで考えようとすると，どこが重要なポイントなのか分からなくなります。そこで，経済学では，いくつもの仮定を置いてできるだけ簡素化し，重要な要素に絞って理論が創られています。仮定を置くことで簡単な式や図で経済を表すことができますが，一方で，その他の要素を切り捨てているため，理論通りに経済が動くわけではありません。経済理論はあくまでも重要な要素だけを考えています。私たちが実体経済を見るときには，切り捨てられた要素のことも考える必要があります。

経済学が置く仮定で最も重要なのは「人々が合理的に考える」というものです。合理的とは，どうしたら最も利益を得られるか，という基準を設定して，物事を決める際には感情的なことは一切考えず，冷徹な計算のみを頼りにすることを意味しています。人間は感情に左右される生き物であり，経済学に心理学的な要素を取り入れる試みが進められています[1]。しかし，私たちの感情は人によって異なり，私たちの選択はその時々の気分によっても変わります。これは図や式で簡単に表すことができません。そこで，非現実的ではあっても合理的という仮定を置いて議論を展開しています。

2. 経済主体と経済循環

◆経済主体

経済を構成している人々は，**家計**，**企業**，**政府**という 3 つの**経済主体**に大別されます。

家計は，労働力を供給して**所得**を得て，その所得で**消費**活動を行う経済主体です。所得から消費額を引いた残りで**貯蓄**を行います。

企業は，機械や設備などの**資本**と**労働**という**生産要素**を用いて生産活動を行い，**生産物**を産出します。生産物には鉛筆や自動車のように形があるものと，マッサージやスポーツの試合のように形のないものがあります。形のある製品は財，形のない製品はサービスと呼ばれ，あわせて**財・サービス**（財貨・サービス）といいます。本書では省略して財と呼びます。企業は生産物を主に家計に売りますが，製鉄会社が自動車会社に鉄を売るように，生産物を他の企業に売ることもあります。これを**中間投入**といいます。

政府は，家計や企業から**租税**を徴収して，**公共財**と呼ばれる政府サービスを提供

❖ 3 つの経済主体 ❖

家計：労働や資本を売って収入を得て生産物を買う

企業：労働や資本を使って生産活動をして生産物を売る

政府：租税を徴収して公共財を提供する

1　このような分野を**行動経済学**といいます。

します。経済学の世界では，政府は資源の再配分，所得の再分配，経済安定化という機能を持っているとされていますが，政府がどのような役割を果たすべきかについては，経済学者の間でも意見が分かれています。

◆経済循環

様々な経済主体が相互に取引を行うことで経済が成り立っており，資源，生産要素，財，資金などが経済主体の間を動いていきます。経済の動きを俯瞰したものを**経済循環**といい，以下の図のような形をしています[2]。

❖ 経済循環 ❖

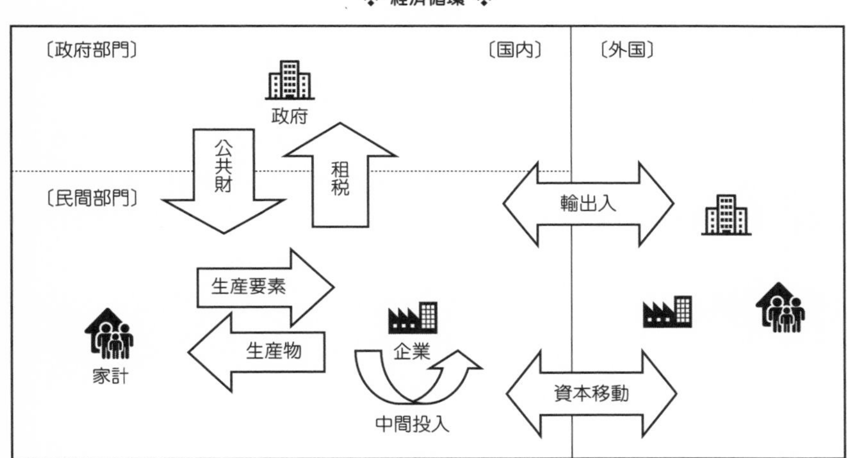

経済主体は，家計と企業からなる**民間部門**と**政府部門**に分けられます。経済は国内だけでなく，外国との取引もあります。国際的な財の売買を**輸出**，**輸入**といいます。輸出から輸入を差し引いたものを**貿易収支**（純輸出）といいます。また，日本の生命保険会社がアメリカの国債に金融投資するといった，国際的な資金の移動のことを**資本移動**といいます。

◆経済学が扱う市場の種類

購入を**需要**，提供を**供給**と呼び，需要者と供給者が集まる場所を**市場**といい，市場を中心とした経済を**市場経済**といいます。市場では価格と取引量が決まります

2　経済循環は景気の上昇・下降の波を表す**景気循環**とは異なります。また，図ではお金の取引が省略されています。川野祐司『これさえ読めばすべてわかる　国際金融の教科書』文眞堂をご覧ください。

が，市場の状況によって価格の決まり方が異なります。

経済学では主に，**財市場**，**通貨市場**，**労働市場**を学びます。財市場では，市場の制度設計によって価格や取引量がどのように変わるのかを学びます。競争は十分に行われているか，税などの政策の影響，情報が十分に行き渡っていないと何が起こるのか，などを見ていきます。財市場では，財を生産する企業と財を消費する家計の行動についても詳しく見ていきます。

通貨市場は貨幣市場，金融市場とも呼ばれます。通貨には現金だけでなく，銀行預金も含まれます。財や金融商品の売買に通貨が使われますが，支払いのために通貨を手に入れようとすることを通貨の需要といいます。通貨は中央銀行や市中銀行が供給し，中央銀行は資金の量をコントロールすることで経済に影響を及ぼします。

財市場では家計が需要者，企業が供給者ですが，労働市場では立場が逆転します。仕事を探す家計は労働の供給者，採用する企業は労働の需要者になります。労働市場を巡っては，経済学者の意見は大きく2つに分かれています。どんな条件でもいいから働きたいと思って就職活動しているのに働けない人がいると考える**ケインズ派**と，働かないのは条件をえり好みしているからだと考える**古典派**に分かれており，両派は経済政策の効果や経済成長についても大きく意見が異なっています。読者の皆さんがどちらの考え方に賛同するかは自由ですが，受験のためには両者の考え方をマスターしておく必要があります。

❖ 経済の 3 市場 ❖

財市場：
財・サービスの売買，企業の設備投資，政府支出，貿易

通貨市場：
通貨の需給，金融取引，金融政策

労働市場：
労働の需要と供給，失業問題

◆本書で学ぶ範囲

本書では，経済理論を学びます。1家計，1企業の行動から出発する**ミクロ経済学**と，国内の全家計，全企業から出発する**マクロ経済学**に分かれます。ミクロ経済学から学ぶ方が効率がいいですが，式やグラフが多くて戸惑うかもしれません。その場合はマクロ経済学から始めてみてください。本書では貿易や資本移動に関する**国際経済学**についても少し触れます。

3. 本書で必要な数学

◆なぜ数学が必要か

経済理論は，言葉で説明する，グラフで説明する，数式で説明する，と3つの方法で説明することができます。内容が理解できればどの方法を使ってもいいのですが，全ての方法が使えるように準備しておきましょう。ここでは，計算問題を解くための最低限の事項を解説します。使えることが大切ですので，証明や数学理論は必要ありません。

◆添え字・記号

経済学では，様々な財の価格や数量などが問題になります。このとき，いちいち，コーヒーの価格，紅茶の価格，x財の価格などと記述するのは大変なため，添え字を使って省略して記述します。価格をpとすると，

バゲットの価格…$p_{バゲット}$，紅茶の価格…$p_{紅茶}$

のように記述します。pの右下についている小さな文字が添え字です。財の名前も省略して，x財とすると，

x財の価格…p_x

のように記述します。時間を添え字として表すこともできます。2020年のGDP（国内総生産，第9講）は，

GDP_{2020}

と記述できます。2020年ではなく，t年のGDPとすると，

GDP_t

となります。t年の1年前のGDPは，

GDP_{t-1}

となります。

Excersize 1

GDP は四半期（3 カ月）ごとに，消費者物価指数（CPI）は毎月公表される。現在を t とすると，1 年前の同じ時期はどのように記述できるか。

現在：GDP_t，CPI_t

Anser 1

1 年前：GDP_{t-4}，CPI_{t-12}

四半期では，1–3 月を第 1 四半期，4–6 月を第 2 四半期，7–9 月を第 3 四半期，10–12 月を第 4 四半期といいます。第 3 四半期のことを 7–9 月期（「しちくがつき」と読む）ということもあります。2020 年の第 3 四半期の 1 年前は，2019 年の第 3 四半期であるため，四半期が 4 つ戻り，$t-4$ となります。CPI では，1 年前は 12 カ月前であるため，$t-12$ となります。

◆前期比と前年同期比

2020 年第 3 四半期の GDP を 2020 年第 2 四半期と比較する場合には「前期比」，2019 年第 3 四半期と比較する場合には「前年同期比」といいます。

添え字を「微分をした」という意味でも使います。

U という関数を x で微分した…U_x

添え字は右下だけでなく，右上などに付けることもあります。

A さんの U という関数を x で微分した…U_x^A

◆一次式のグラフ

$p=ax+b$ のような式を一次式といいます。一次式には，切片と傾きという 2 つの要素が含まれており，この式では，切片は b，傾きは a です。一次式のグラフは直線になりますが，2 つの要素がグラフの形を決めます。

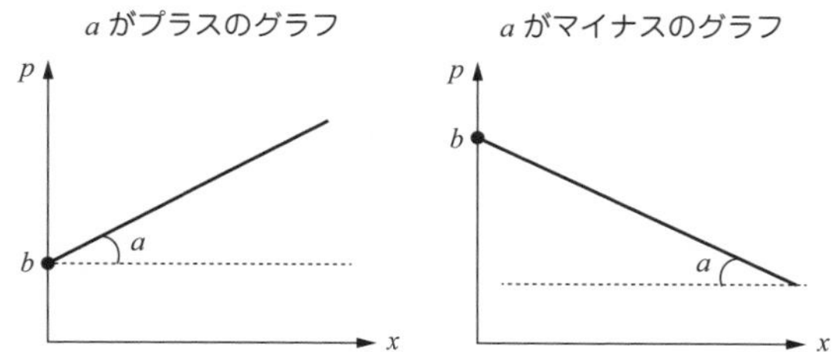

切片はグラフが縦軸と交わるときの位置（高さ）を表しています。切片がマイナスになれば，グラフは横軸よりも下の部分で縦軸と交わります。傾きはグラフの向きを決めています。傾きが大きくなると，グラフは右上がりで垂直に近づき，傾きが小さくなると水平に近づきます。傾きがマイナスになるとグラフは右下がりとなり，マイナス幅が大きくなると垂直に近づきます。右図のように a がマイナスのときには，傾きを $-a$ とする必要がありますが，本書ではマイナスを省略して a と記述します。

市場には需要者と供給者が集まるため，需要者を表す**需要曲線**と供給者を表す**供給曲線**が出合います。そのため，図には複数の線が描かれます。互いの意見が一致する場所は2本の線が交わったところです。この場所は連立方程式を解くことで明らかにできます。こうしてできた点を**均衡点**といいます。なお，本書は入門書ですので，「曲線」と呼ばれるものも直線で表現します。

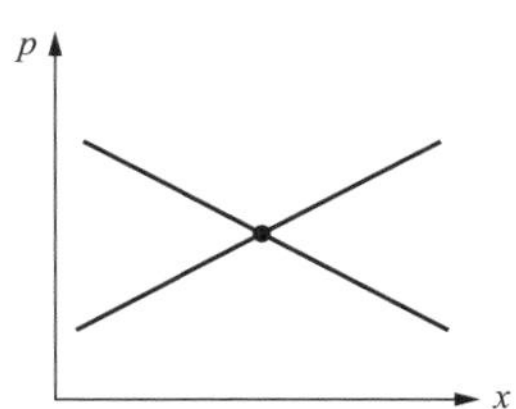

Excersize 2

$p=2x+20$

$p=-2x+100$

の交点での p と x はいくつになるか

Anser 2

両式より，$-2x+100=2x+20$ となるので，$4x=80 \rightarrow x=20$，これをどちらかの式に代入して，$p=60$

この問題では，

$p=2x+20$

$p=-2x+100$

を辺々足して（左右それぞれ合計する），

$2p=120$

として，先に p を求めることもできます。

◆指数・対数

$y=x^n$ の n のことを「指数」といいます。指数には，整数だけでなく，負の数や分数，小数も使われ，本書でも 2 分の 1 や 3 分の 1 が出てきます。指数の公式は，以下のようになります。

$x^0=1$　　$x^n \times x^m = x^{n+m}$　　$\dfrac{x^n}{x^m}=x^{n-m}$

$(x^n)^m=x^{n\times m}$　　$(xy)^n=x^n y^n$　　$x^{-1}=\dfrac{1}{x}$

$x^{\frac{1}{2}}=\sqrt{x}$　　$x^{-\frac{1}{2}}=\dfrac{1}{\sqrt{x}}$　　$x^{\frac{m}{n}}=\sqrt[n]{x^m}$

◆微分

企業の生産コストが次の式で表されるとします。

Excersize 3

以下の指数を計算してまとめる

(1) $x^3 \times x^5$　(2) $(x^2)^4 + x \times x^2$　(3) $x^4 + (x^2)^2$

Anser 3

(1) x^8　(2) $x^8 + x^3$　(3) $2x^4$

「＋」や「－」で区切られているものは別々に計算しますが，指数の数字が同じになるときには，まとめることができます。

$$TC(x) = x^2 - 2x + 30$$

TC はトータルコストの意味で，企業の総費用を表します。x は生産量を表します。詳しくは第 3 講で見ていきましょう。この式からは，生産量が増えれば増えるほどコストも増えそうなことが想像できますが，実際にどの程度増えるのかは値を入れて計算してみないと分かりません。

企業にとっては，生産コストは非常に重要なものですから，その性質をよく知りたいと考えます。例えば，生産量が 1 増えると，どれくらいの追加的コストが発生するでしょうか。これを限界費用 MC といい，微分で計算できます。計算結果は，

$$MC(x) = 2x - 2$$

となります。計算の手順を見てみましょう。

微分の公式は，

$$\frac{dax^n}{dx} = anx^{n-1}$$

となります。$\frac{d}{dx}$ の部分は，x で微分するという意味です。つまり，左側全体で「ax^n を x で微分する」という意味になっています。＝の右側は，微分をした後の答えです。x で微分する問題では，x 以外の文字は全て数字と同じ物とみなします。ax^n は $a \times x^n$ という意味ですが，この a は数字の 3 や 20 などと同じ物として考えます（逆に a で微分するときには，x^n を数字として考えます）。

まず，計算の第１手順は，x の右肩の数字に注目することです。この問題の場合は，右肩の数字が n になっています。これを，前にもってきて掛け算の形にします。そうすると，もともと x の右肩にあった n がなくなってしまいます。

$$a \times x^{n} \longrightarrow a \times n \times x^{\circ}$$

そこで次に，x の右肩に数字をつけますが，「1 を引いた数字」をつけます。この問題では，n から 1 を引いた $n-1$ をつけます。

$$a \times n \times x^{\circ} \longrightarrow a \times n \times x^{n-1}$$

これで計算はおしまいです。余計な「×：掛ける」を取っておきましょう。

$$a \times n \times x^{n-1} \longrightarrow anx^{n-1}$$

x^2 を微分すると 2 が前にきて $2x^{\circ}$ になり，次に右肩にあった 2 から 1 を引いて $2x^1$ となります。1 は省略できるので $2x$ となります。$-2x$ を微分すると右肩の 1 が前にきて $-2 \times 1 \times x^{\circ}$ になります。1 から 1 を引くと 0 になるので $-2 \times 1 \times x^0 = -2x^0$ です。$x^0 = 1$ なので -2 となります。30 を微分すると 0 になります。x が入ってない項は全て 0 になります。

微分の式は $\dfrac{d\times\times}{d\bigcirc\bigcirc}$ のように記述します。d は微分：*differential* の頭文字です。この式は，「××を○○で微分する」という記号です。この記号は２つに分解することもできますが，今は全部で１つの記号だとしておきましょう。つまり，d とか横棒とかに分解するのではなく，$\dfrac{d\times\times}{d\bigcirc\bigcirc}$ で１つの記号とします。

微分の記号は，$\dfrac{d}{dx}$，$f'(x)$，U_x などがあります。また，経済学では微分をしたものを「限界○○」などと呼ぶことがあり，微分する前と後では異なる意味を持ちます。先ほどの *TC*（総費用）は微分をすると *MC*（限界費用）になります。

微分の計算例

$$\frac{d(x^n)}{dx}=nx^{n-1} \qquad \frac{dx}{dx}=1 \qquad \frac{d(4x)}{dx}=4$$

$$\frac{d\left(x^{-\frac{1}{2}}\right)}{dx}=-\frac{1}{2}x^{-\frac{3}{2}} \qquad \frac{d(ax^2+b)}{dx}=2ax \qquad \frac{d(\log x)}{dx}=\frac{1}{x}$$

（注）上段の真中は分数ではなく，x を x で微分すると 1 になるという式。下段真中のように，x が入っていない項は微分すると消える。

今度は，$U=x^2y$ という関数（式）を微分してみましょう。この関数は，x と y のどちらでも微分できます。そのため，どちらの変数（文字）で微分するのか明記する必要があります。このような関数の微分を，「偏微分」といいます。微分の結果は以下のようになります。

$$\frac{\partial U}{\partial x}=2xy, \quad \frac{\partial U}{\partial y}=x^2$$

ここで，$\frac{\partial}{\partial x}$ は x で偏微分したこと，$\frac{\partial}{\partial y}$ は y で偏微分したことを表します。偏微分の計算では，微分しない方の変数を数字と考え，普通の微分と同じように計算します。本書では，偏微分も微分と表現します。

CHECK POINT

微分の記号 $\frac{dy}{dx}$ は dx と dy を切り離して計算することができます。もともと，dx は「x が少し変化した」という意味があるためです。dx に具体的な数値を代入することもできます。また，dx は Δx と置き換えることもできます。

一方，偏微分の記号 $\frac{\partial}{\partial x}$ は切り離して使うことができません。

これは「×」や「÷」と同じ単なる記号だからです。

◆微分をどのように利用するか

微分の計算は，グラフ上で接線の傾きを求める事と同じです。接線とは，元のグラフとぴったりくっつく直線のことをいいます。少しでも交わると，接線とはいいません。グラフ上の点に対して，接線は1種類しか引くことができません。そのため，接線の傾きも1つに決まります。この性質を生かして最小点や最大点を探すことができます。

❖ 接線と交線（実線が接線，点線は交線）❖

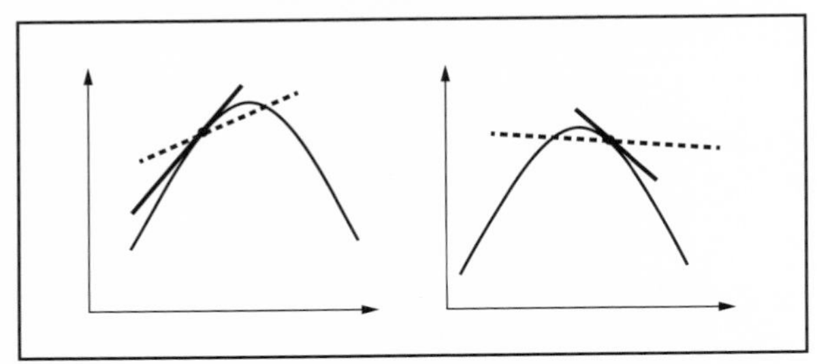

接線の傾きがゼロになるときには，グラフは最大，または最小になります[3]。計算で求める際には，接線の傾きを＝0とおくことで，最大と最小になる場所が分かります。

❖ 最大（極大）と最小（極小）❖

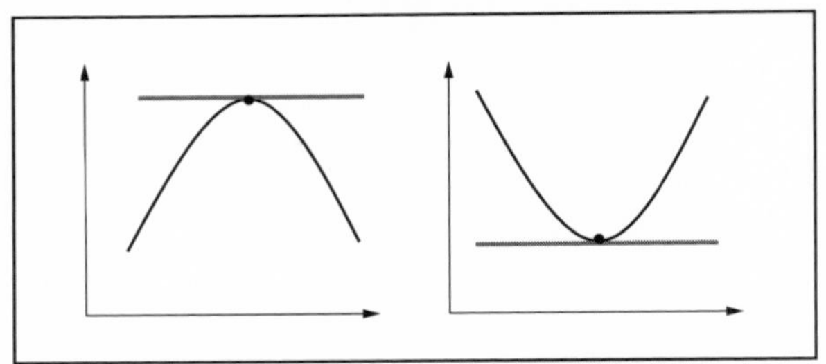

3 正確には，極大，極小といいますが，経済学ではあまり意識する必要はありません。

Part Ⅰ

ミクロ経済学

完全競争市場

ここでは，市場の基本的な仕組みを学びます。市場とは何か，価格や取引量はどのようにして決まるのかを見ていきましょう。その後に，課税によって市場がどのような影響を受けるのか見ていきます。

1. 完全競争市場の式とグラフ

◆完全競争市場の条件

需要者と供給者が集まって市場が形成されますが，競争条件によって市場はいくつかの種類に分けられます。

❖ 市場は大きく 2 つに分けられる ❖

市場	完全競争市場		
	不完全競争市場	独占市場	(1 企業)
		複占市場	(2 企業)
		寡占市場	(少数企業)
		費用逓減産業	(自然独占)

上図のように，市場は大きく**完全競争市場**と**不完全競争市場**に分かれます。完全競争市場は様々な条件を付けて単純化し，計算をしやすくしたもので，市場での価格決定メカニズムを学びやすくなっています。不完全競争市場は，企業の数などの競争条件を緩和して，より現実に近づけて考えやすくしています。不完全競争市場は第 5 講で見ていきましょう。

❖ 完全競争市場の条件 ❖

①個々の経済主体は，自分の力で市場価格を変えることはできない。

②売り手と買い手が多数存在する。

③市場に関する情報を全ての市場参加者が持っている。

④買い手が売り手に対して特別の選好を持っていない。

完全競争市場には以下の 4 つの条件が必要です。

① 完全競争市場に参加している経済主体にとって，価格は与えられたものだということを示しています。このように，自分で市場価格を変えられない経済主体のことを，**プライステイカー**といいます。

② 個々の経済主体が市場価格を変えられないのは，市場参加者が多数存在するからです。そのため，参加者の 1 人が買い占めや売り惜しみをしても，市場にはまったく影響がありません。

③ 市場に関する情報とは，取引量と価格です。実際には情報を手に入れることは難しいですが，全ての参加者は情報をもとに取引を行います。情報が欠けている市場の分析は第 8 講で扱います。

④ 「私は国産品しか買わない」とか「フランス製を優先して買う」などの行為を選好があるといいます。完全競争市場では買い手はブランドなどを気にしません。あくまでも価格を見て買うかどうかを決めています。

CHECK POINT

完全競争市場はこれらの条件をすべて満たさないといけません。売り手は多数いるのに買い手が 1 人しかいない市場は，完全競争市場ではありません。

◆完全競争市場の式とグラフ

需要者は価格が安くなればなるほどたくさん買いたいと思います。一方で，供給者は価格が高くなればなるほどたくさん売りたいと思います。両者は**需要曲線** D と**供給曲線** S で表すことができます。本書では直線で表しますが，それでも曲線と呼

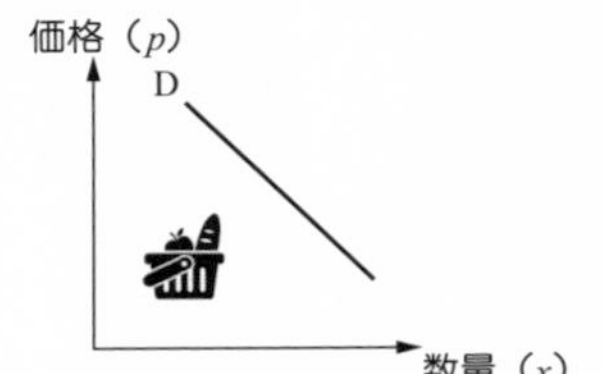

需要曲線：価格が低いほど多く買いたい

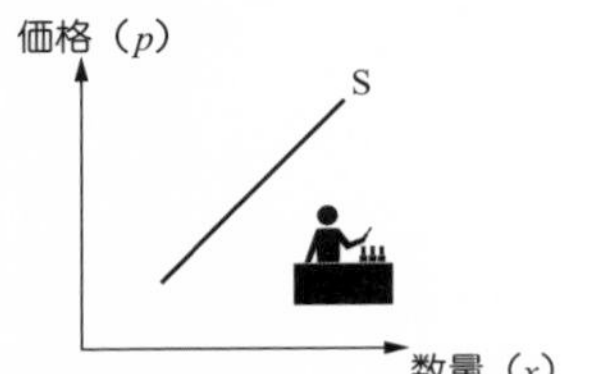

供給曲線：価格が高いほど多く売りたい

びます。

完全競争市場の式とグラフは，縦軸を価格p，横軸を数量xとして，以下のように表されます。E点は均衡点で，この市場での価格と取引量を表しています。これを，p^*，x^*として，p^*を**均衡価格**（市場価格）といいます。完全競争市場で式やグラフを使うのは，均衡価格を求めるためです。需要曲線の傾きはマイナスですが，本書ではグラフに描くときには傾きをプラスで表記します。

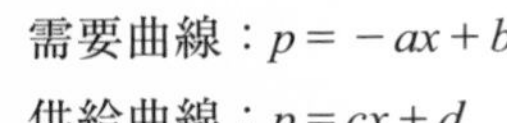

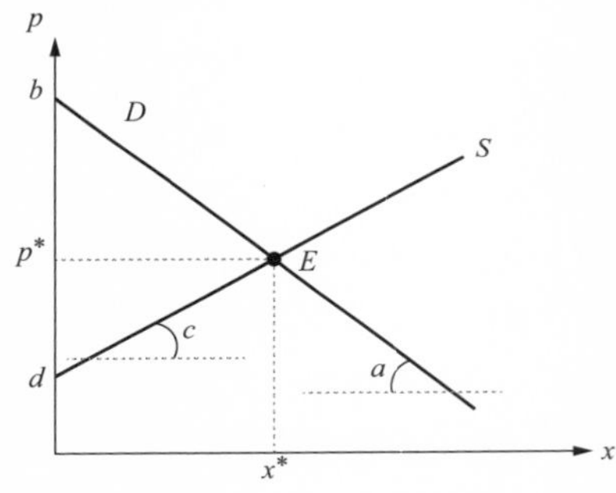

CHECK POINT

需要曲線と供給曲線は元々，$x=$ の形をしています。それではグラフに書きづらいため，$p=$ の形に変形します。

Excersize 4

需要曲線が$p=-3x+240$，供給曲線が$p=x+40$のとき，均衡価格はいくらになるか。

Anser 4

$-3x+240=x+40 \rightarrow 4x=200 \rightarrow x=50$となる。これを需要曲線に代入して，

$p=-3\times50+240=90 \quad \rightarrow p=90$　となる

この問題では，xの答えを需要曲線に代入しても供給曲線に代入しても答えは同じに

なります。しかし，独占市場など他の市場では，需要曲線に代入しないと正しい答えが得られません。価格を求める際には需要曲線に代入するクセをつけておきましょう。

Excersize 4 のグラフは右図のようになります。需要曲線 $p=-3x+240$ の切片は 240，傾きは -3 です。需要曲線 D は 240 から始まって右下がりの直線になります。供給曲線 $p=x+40$ の切片は 40，傾きは $+1$ です。供給曲線 S は 40 から始まって右上がりの直線になります。

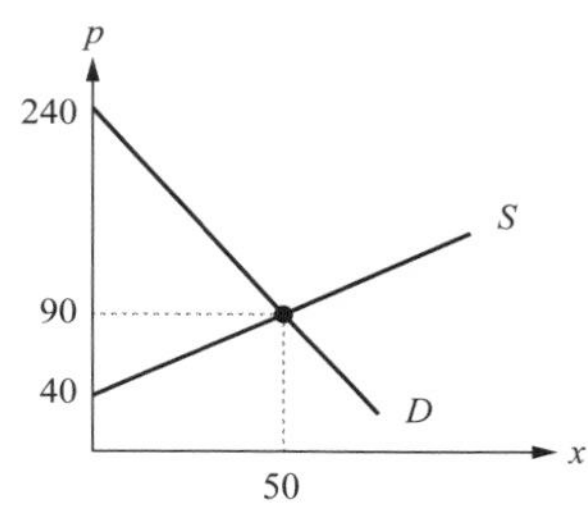

均衡点は需要曲線と供給曲線の交点で，価格は $p^*=90$，数量は $x^*=50$ です。基本的なグラフですので，描けるように練習しましょう。

需要曲線や供給曲線は需給の増減によって移動します。これをシフトするといいます。需要が増加すると需要曲線が右にシフトします。これまでと同じ価格ならもっと買いたい人が増えて取引量が増加するためです。逆に需要が減少すると需要曲線は左にシフトします。また，原油価格の高騰などで生産コストが上昇すると，企業はより高い価格で売りたいと考えるため，供給曲線は上にシフトします。企業にとっては税もコストと認識されるため，増税によっても供給曲線は上にシフトします。需要曲線や供給曲線がシフトすれば均衡点も移動します。供給曲線が上にシフトすれば均衡価格は上昇し，需要曲線が左にシフトすれば均衡価格は下落します。

❖ 供給曲線が上にシフト ❖

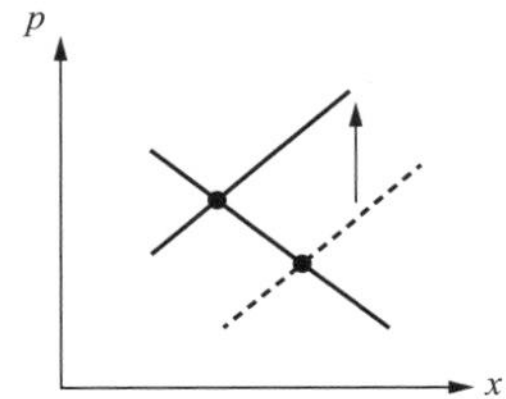

❖ 需要曲線が左にシフト ❖

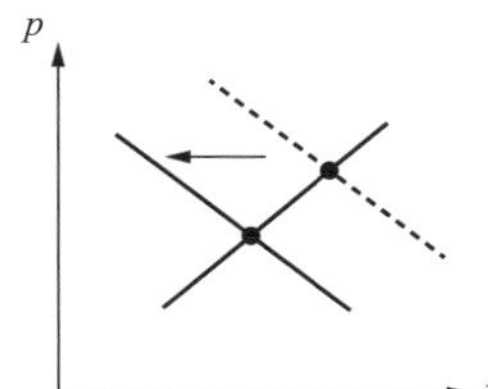

2. 弾力性

◆曲線の形

需要曲線は右下がりですが，傾きは財の種類によって異なります。左図は一般的な需要曲線です。中図では消費者はどんなに価格が高くても一定量購入したいと考えているため，需要曲線が垂直になっています。右図は一定価格でなければ買わないと消費者が考えています。供給曲線も右上がり，垂直，水平になります。通常は需要曲線は右下がり，供給曲線は右上がりで，垂直や水平は特殊なケースです。

❖ 様々な形の需要曲線 ❖

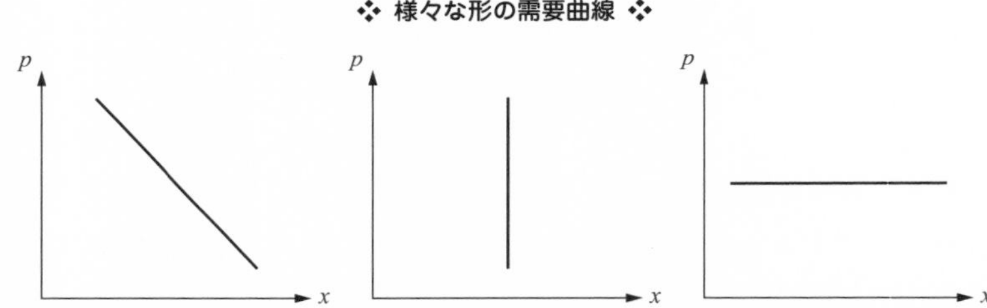

◆需要の価格弾力性

需要曲線の傾きからは，「価格が1%上昇したら消費は何%減少するのか」が分かり，これを**需要の価格弾力性**といいます[1]。需要の価格弾力性が高いとわずかな価格上昇でも大幅に消費が減ってしまいます。そのため，需要曲線は水平に近づきます。一方，需要の価格弾力性が小さくなると，価格が上昇しても消費は減りにくくなります。そのため，需要曲線は垂直に近くなります。需要の価格弾力性が最も小さいゼロのときには需要曲線は垂直，最も大きい無限大のときには水平になります。

需要の価格弾力性 ε_d は，以下のように表されます。ε は英語で弾力性（*elastisty*）の頭文字が e であることから，e のギリシャ文字（エプシロン）を使っています。需要を表すために添え字 d（需要の英語：*demand*）を付けています。式の左の部分は，需要（消費）や価格の変化率を使っています。価格が10%上昇したときに需要が15%減少すれば，需要の価格弾力性は1.5となります。

1　経済学の専門用語では「消費」と「需要」を区別して使っていますが，本書ではどちらも同じものだと考えます。

$$\varepsilon_d=\frac{\text{需要減少率}}{\text{価格上昇率}}=-\frac{\frac{x}{dx}}{\frac{p}{dp}}=-\frac{dx}{dp}\cdot\frac{p}{x}$$

式の残りの部分は同じもので形を変えただけです。dx の部分は x の変化分，dp の部分は p の変化分を表しています。価格が 150 から 180 に上昇したときに，消費量が 50 から 40 に減少すると，需要の価格弾力性は

$$\varepsilon_d=-\frac{dx}{dp}\cdot\frac{p}{x}=-\frac{-10}{+30}\cdot\frac{150}{50}=1$$

となります。x や p の部分には変化する前の値を代入します。

CHECK POINT

変化した値を計算で使う場合には，必ず変化前の値を用います。これは，変化率を求める全ての計算に当てはまり，変化前の数値をもとに計算を進めます。

需要の価格弾力性にはもう一つの計算方法があります。それは，$\frac{dx}{dp}$ の部分を「x の式を p で微分した」と解釈する方法です。需要曲線が，$p=-3x+240$ の場合，この式を $x=$ に変換すると，

$$x=-\frac{1}{3}p+80$$

となります。これを x で微分すると，$\frac{dx}{dp}=-\frac{1}{3}$ となるので，これを需要の価格弾力性の式に代入します。

◆供給の価格弾力性

供給曲線でも同じように**供給の価格弾力性**を求めることができます。

$$\varepsilon_s=\frac{\text{供給増加率}}{\text{価格上昇率}}=\frac{\frac{x}{dx}}{\frac{p}{dp}}=\frac{dx}{dp}\cdot\frac{p}{x}$$

式は需要の価格弾力性とほぼ同じですが，マイナスが付いていません。

CHECK POINT

需要の価格弾力性の式にマイナスが付いているのは，価格が上昇すると需要が減少することを想定しているためです。そのままだと弾力性がマイナスになってしまうので，あらかじめマイナスをつけておき，マイナス×マイナスでプラスになるように設計されています。供給の価格弾力性にはマイナスが付いていません。価格が上昇すると供給量が増えて，マイナスが出てこないためです。

一般に，右下がりのグラフで弾力性を計算するときにはマイナスが必要で，右上がりのグラフではマイナスは不要です。

Excersize 5

需要曲線が $p=-3x+240$，供給曲線が $p=x+40$ であるとき，均衡点における需要の価格弾力性と供給の価格弾力性はいくつか。

Anser 5

・均衡点を求める

$-3x+240=x+40$ より，$x=50$ となる。これを需要曲線に代入して，$p=90$ となる。

・需要の価格弾力性

需要曲線は $x=-\frac{1}{3}p+80$ と表せるため，$\frac{dx}{dp}=-\frac{1}{3}$ となる。これらを代入すると，

$$\varepsilon_d=-\frac{dx}{dp}\cdot\frac{p}{x}=-\left(-\frac{1}{3}\right)\cdot\frac{90}{50}=\frac{3}{5}$$

・供給の価格弾力性

供給曲線は $x=p+40$ と表せるため，$\frac{dx}{dp}=1$ となる。これらを代入すると，

$$\varepsilon_s=\frac{dx}{dp}\cdot\frac{p}{x}=1\cdot\frac{90}{50}=\frac{9}{5}$$

この問題では価格や数量の変化分を使いません。均衡点における弾力性を求めるため，均衡点の価格と数量が分かれば問題を解けます。

3. 課税の効果

◆従量税

従量税とは，製品 1 個当たり t 円を課す，というタイプの税金です。消費税のような販売価格に対して課税するタイプの税は従価税といいます。ここでは，従量税を課税すると市場にどのような影響を与えるのか見てみましょう。

製品 1 個当たり t 円を課すと，企業はコストが製品 1 個当たり t 円増えたと感じます。そこで，コストが増えた分だけ製品価格を引き上げようとして，t 円だけ供給曲線が上にシフトします。t 円の分だけ切片が大きくなり傾きは変わらないため，供給曲線は上に平行シフトします[2]。

Excersize 6

需要曲線が $p=-3x+240$，供給曲線が $p=x+40$ であるとき，製品 1 個当たり 40 の従量税がかかると均衡価格はいくらになるか。

Anser 6

・課税前

$-3x+240=x+40$ より，$x=50$ となる。これを需要曲線に代入して，$p=90$ となる。

・課税後

供給曲線は $p=x+80$ となるため，$-3x+240=x+80 \rightarrow 4x=160 \rightarrow x=40$ となる。これを需要曲線に代入して，$p=120$ となる。

この問題をグラフにしてみましょう。課税前には，価格は 90，取引量は 50 でした。課税により価格が 90 から 120 へ上昇したことで，取引量も 50 から 40 に減少しています。需要曲線はシフトしていませんが，価格が高くなったために買う量が減っています。課税によって，市場の規模が小さくなっていることが分かります。従量税によって政府が受け取る税収は，税収＝(税額)×(取引量)となるため，この例では，税収＝40×40＝1600 となります。

2　企業が補助金を受け取ると，供給曲線は下に平行シフトします。

❖ 課税の効果 ❖

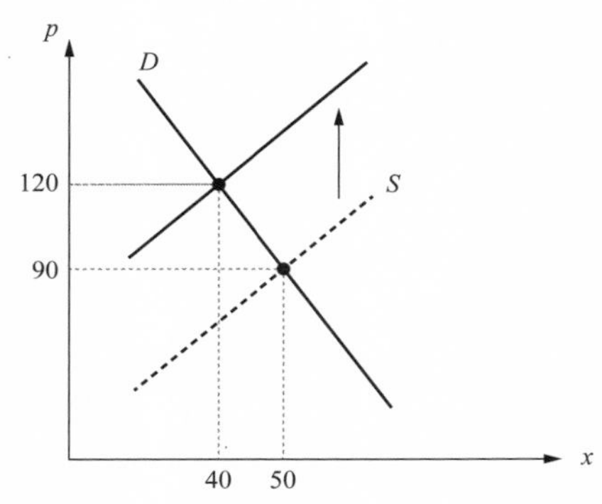

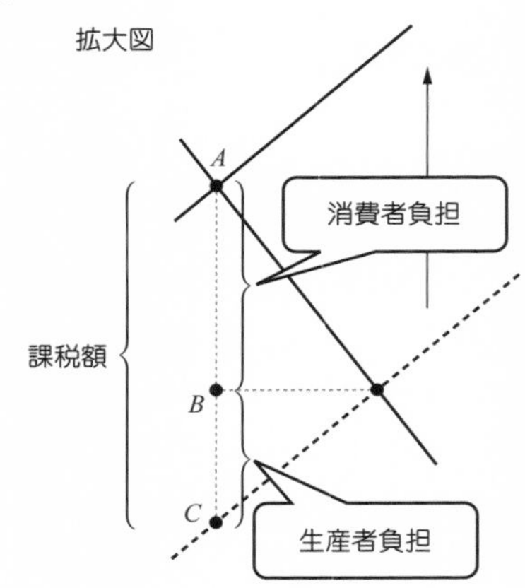

◆税は誰が負担するか

例題では，課税額は製品 1 個当たり 40 になっています。しかし，市場での価格は 90 から 120 へと 30 しか上昇していません。残りの 10 はどこに行ったのでしょうか？

上図の右側は左図の均衡点の周りを拡大したものです。*B* 点は課税前の価格 90，*A* 点は課税後の価格 120 を表しています。*C* 点は 120 から課税額の 40 を引いた 80 になります。消費者は市場価格が 90 から 120 に上がったために 30 の税を負担し，残りの 10 は売り手（生産者）が負担しています。40 も値上げすると消費者が買ってくれなくなるため，30 だけ値上げして，残りの 10 の税金は利益を削って売り手の生産者が負担します。

消費者負担と生産者負担の割合は，グラフの傾きによって決まります。つまり，需要の価格弾力性と供給の価格弾力性によって決まります。需要の価格弾力性がゼロになると，税はすべて消費者負担になります。また，需要の価格弾力性が無限大の場合には，税はすべて生産者負担になります。供給の価格弾力性がゼロの場合はすべて生産者負担，無限大の場合はすべて消費者負担になります。弾力性と税負担の関係は暗記するのではなく，そのつどグラフを書いて確認した方が間違いがなくなります。

❖ 需要の価格弾力性がゼロ ❖

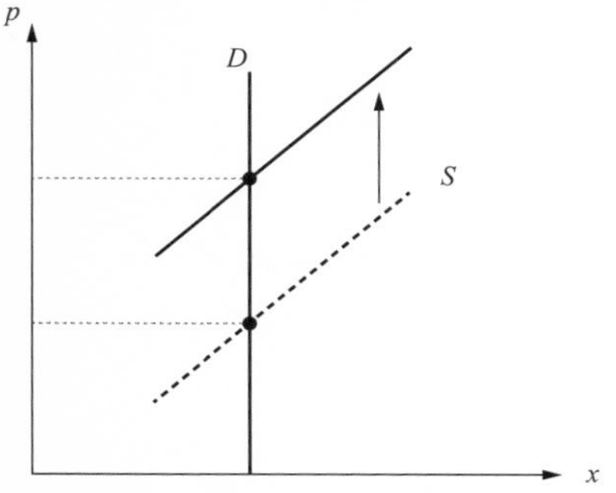

税の分だけ価格が上がっている

❖ 需要の価格弾力性が無限大 ❖

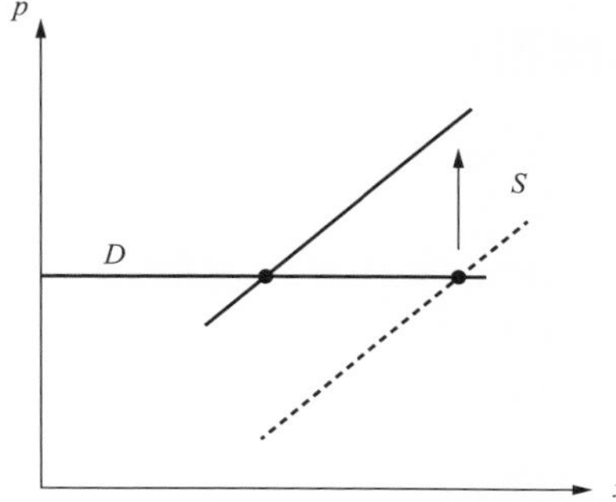

課税されても市場価格は上がっていない。
消費者は全く負担していない。

消費者行動の理論

第1講では需要曲線と供給曲線が登場しましたが，本講では需要曲線がどうして右下がりになるのか見ていきます。私たちが消費をすると満足度を感じますが，それを経済学では効用と呼びます。まずは効用の特徴を見ていきましょう。

1．効用

◆効用とは

効用とは，財の消費に対する評価価値のことです。「評価」という言葉が入っている通り，効用は主観的な考え方です。トマトが好きな人はトマトを食べると効用は大きく増加しますが，嫌いな人は食べてもほとんど増加しません[3]。効用の増え方は人によって異なりますが，本書では消費量が増えれば増えるほど効用が大きくなると仮定します。さらに，消費者は常に合理的に考えて，最も効用が大きくなるような消費活動を行うと仮定します。

❖ 消費をすればするほど効用はアップする ❖

◆ 1種類の財を消費する時の効用

1財しか選べず，予算を考えなくてもいいときには，とにかくたくさん消費すれば効用が最大になります。グラフで確認しておきましょう。横軸がx財の消費量，例えばパンとしておきましょう。縦軸は効用Uです。何も食べていないときには効用はゼロですので，グラフは原点から始まっています。パンを1個，2個，…というように，食べる数を増やしていくと，効用は大きくなっていきますが，増加幅は

3　本書ではたとえ嫌いなものであっても効用は下がらないと仮定します。世の中には廃棄物など消費すればするほど効用が下がるものも存在し，それらはbadsと呼ばれます。本書では消費すれば必ず効用が増加するgoodsのみを考えます。

だんだん小さくなります。消費量を1単位増加させたときの，追加的効用を**限界効用** MU といいます。x が増加するにつれて限界効用は小さくなっていきます。同じものを消費し続けると，そこから得られる満足度が次第に小さくなっていくためです。これを，**限界効用逓減の法則**といいます。

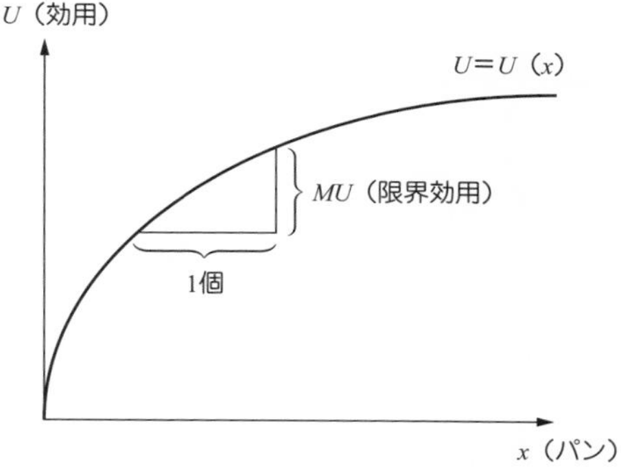

限界効用逓減の法則によると，同じ財を続けて消費してもあまり効用が得られなくなるため，ある1つの財に偏った消費をするのは得策ではありません。複数の財をバランスよく消費する方が効用が大きくなります。

消費量と効用の関係を式に表したものを**効用関数**といいます。x 財1種類しか考えないときの効用関数は $U=U(x)$ となります。$U(x)$ は U という式の中には x という文字が入っていますよ，という意味になります。$U=x$，$U=x^2+10$，$U=a(x+1)^2$ など，x が入っている式になります。

CHECK POINT

限界効用は2つの方法で計ることができます。1つ目は本文のように x 財を1単位増加させたときの追加的効用を計るという方法です。

2つ目は効用関数の接線の傾きを計る方法です。これは，効用関数を微分した値を求めることと同じです。2つ目の方がよく用いられます。

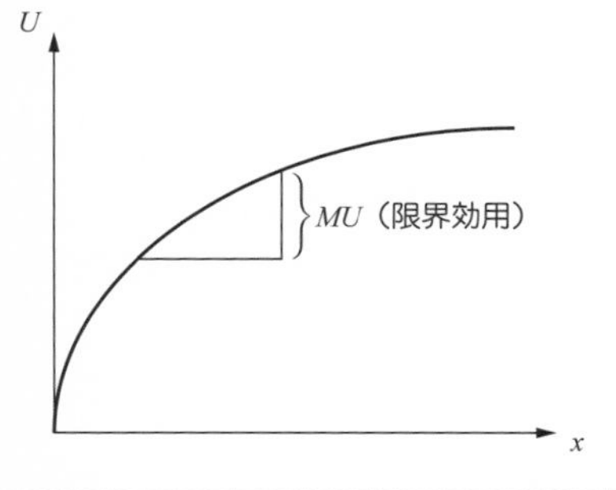

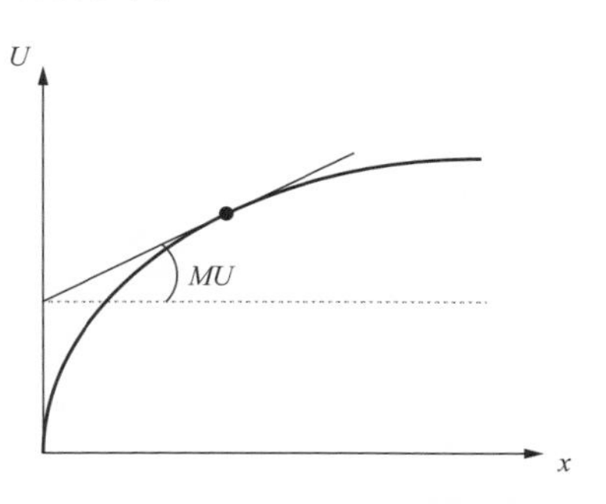

◆限界効用の計算

限界効用は「消費を1単位増やしたら効用はどのくらい増加するか」を表すものです。「○○を1増やすと××はどうなるか」という計算は微分で求めることができます。限界効用を求める式は，

$$MU_x = \frac{dU}{dx}$$

となります。この式は「Uという式をxで微分する」という意味です。計算結果が数字にならずに式になることもあります。計算結果は効用関数のグラフに接線を引いてその傾きを求めたものになります。

Excersize 7

効用関数が$U=x^{\frac{1}{2}}$であるとき，xが4，9，16のときの効用と限界効用はいくつになるか。

Anser 7

$U=x^{\frac{1}{2}}=\sqrt{x}$であるため，それぞれ$x$を代入して効用を求める。

$\sqrt{4}=2$，$\sqrt{9}=3$，$\sqrt{16}=4$

限界効用は，$MU=\frac{dx^{\frac{1}{2}}}{dx}=\frac{1}{2}x^{-\frac{1}{2}}=\frac{1}{2}\times\frac{1}{\sqrt{x}}$であるため，それぞれ$x$を代入して限界効用を求める。

$\frac{1}{2}\times\frac{1}{\sqrt{4}}=\frac{1}{2}\times\frac{1}{2}=\frac{1}{4}$，$\frac{1}{2}\times\frac{1}{\sqrt{9}}=\frac{1}{2}\times\frac{1}{3}=\frac{1}{6}$，$\frac{1}{2}\times\frac{1}{\sqrt{10}}=\frac{1}{2}\times\frac{1}{4}=\frac{1}{8}$

x	4	9	16
U	2	3	4
MU	$\frac{1}{4}$	$\frac{1}{6}$	$\frac{1}{8}$

表の通り，xが増えれば増えるほど効用Uは増大しますが，限界効用MUは逓減していきます。逓減というのは「徐々に数値が小さくなってゼロに近づく」という意味です。減少ではありません。減少だと0より小さくなって，マイナスになる可能性もあるためです。

2. 無差別曲線と予算制約線

◆２財の効用

２種類の財を消費するときには，効用も２つの財から計算する必要があります。効用関数は，$U=U(x,y)$となり，２つの文字が入ります。$U=xy$，$U=(x+y)^2$のような式になり，効用の計算は難しくなります。そこで，効用の大きさを先に決めてしまって，効用が一定の大きさになる２種類の財の組み合わせを探します。このようなグラフを**無差別曲線**といいます。無差別曲線には４つの特徴があります。

❖ 無差別曲線の特徴 ❖

① 無差別曲線は右下がりである。
② 無差別曲線が互いに交わることはない。
③ 無差別曲線はグラフ内に無数に存在する。
④ 原点から遠い無差別曲線ほど効用が高くなる。

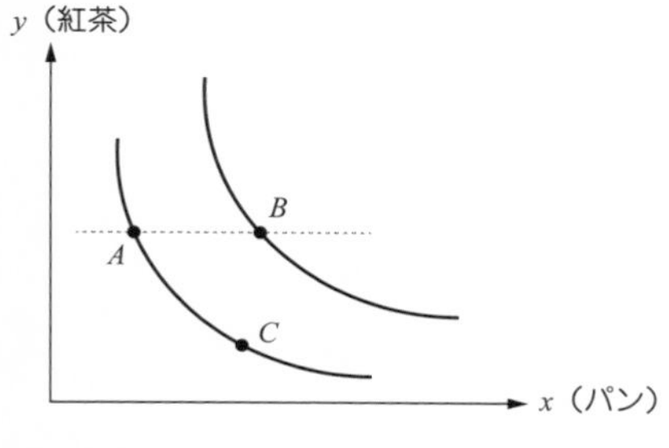

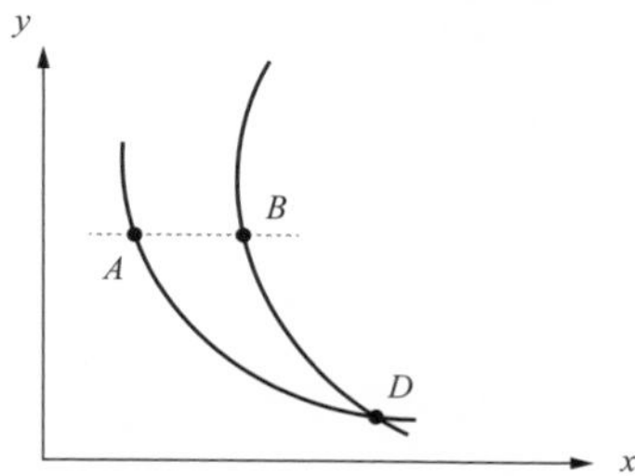

同じ無差別曲線の線上はどこでも効用が同じです。左図のA点とC点ではどちらも効用の大きさは同じです。A点からx財（パン）の消費を増やすと効用が増えてしまいます。効用を増やさないようにするためには，y財（紅茶）を減らす必要があります。そのため，無差別曲線は右下がりになります。

A点とB点では，y財の消費量が同じであるため，y財から得られる効用は同じになります。x財については，A点よりもB点の方が多く消費しているため，２財の合計ではB点の方が効用が大きくなります。無差別曲線は右上に行けば行くほど効用が大きくなります。ここでは点で比較しましたが，無差別曲線は線の原点からの遠さで効用の大小を比較します。

右図は２つの無差別曲線が交わっています。無差別曲線の特徴からA点とD点は効用が同じになり，また，B点とD点も効用が同じになります。そうすると，A点とB点の効用が同じということになってしまい矛盾します。これは無差別曲線が交わったことが原因ですので，無差別曲線は互いに交わらないという特徴を持ちます。

◆無差別曲線の傾き

無差別曲線の線上を右下になぞろうとして x を1ずつ増やしていくと，y を少しずつ減らす必要があります。x は1ずつ同じ幅で増えていきますが，y は場所によって減り幅が違います。同じ無差別曲線上で x を1増やしたときに減らさなければならない y の量を**限界代替率** MRS といいます。限界代替率は無差別曲線の接線の傾きとして表され，式は，

$$MRS = -\frac{dy}{dx} = \frac{MU_x}{MU_y}$$

となります。MU_x は効用関数 $U=U(x, y)$ を x で微分したもので x 財の限界効用，MU_y は効用関数を y で微分したもので y 財の限界効用です。限界代替率は x が増えれば増えるほど小さくなります。これを**限界代替率逓減の法則**といいます。限界代替率は，x を手に入れるためにあきらめなければならない y の量を表しています。私たちが何かの選択をすると，他の物をあきらめなければなりません。このあきらめた部分を**機会費用**といいます。私たちは機会費用を考えた上で何かを選択している，というのが経済学の考え方です。

❖ 機会費用 ❖

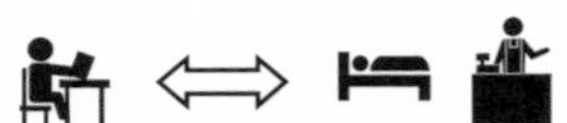

勉強をすることの機会費用はアルバイトや寝る時間など

大学に進学するコストは，授業料支払いという直接的コストと，働く時間が減るという機会費用を足したもの

◆予算を考える

私たちが買い物に使える**予算**（所得）を I とします[4]。また，x と y の価格をそれぞれ，p_x，p_y とすると，予算制約式が得られます。1個100円のパンを3つ買うと $100 \times 3 = 300$ 円の支出です。これを文字で表すと $p_x \times x$ になります。

❖ 予算制約式 ❖

$$p_x x + p_y y = I$$

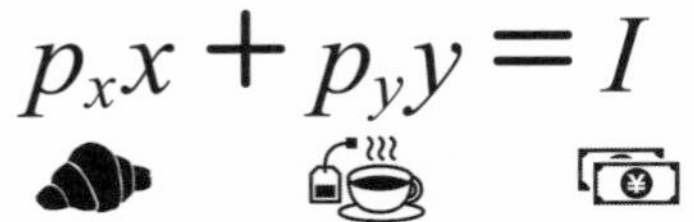

x 財への支出　y 財への支出　予算（所得）

4　経済学の用語では「予算」を使う場合と「所得」を使う場合がありますが，予算と所得は同じものです。

Excersize 8

効用関数が $U=xy$ であるとき，(x, y) が (2, 50)，(4, 25)，(10, 10) のときの限界代替率はいくつになるか。

Anser 8

$U=xy$ から，$MU_x=y$，$MU_y=x$ となることから，限界代替率は，

$$MRS=\frac{MU_x}{MU_y}=\frac{y}{x}$$

となる。各地点での限界代替率は以下のようになる。

(x, y)	(2, 50)	(4, 25)	(10, 10)
MRS	$\frac{50}{2}=25$	$\frac{25}{4}$	$\frac{10}{10}=1$

このような問題では，まず文字だけで計算をして，その後から数値を代入します。

ここでは，予算はすべて使い切ると考えます。そのため，「パンを 1.8 個買う」というように消費量が小数やルートになることもあります。

予算制約式をグラフに描くと，**予算制約線**になります[5]。予算制約線は右下がりの直線になります。

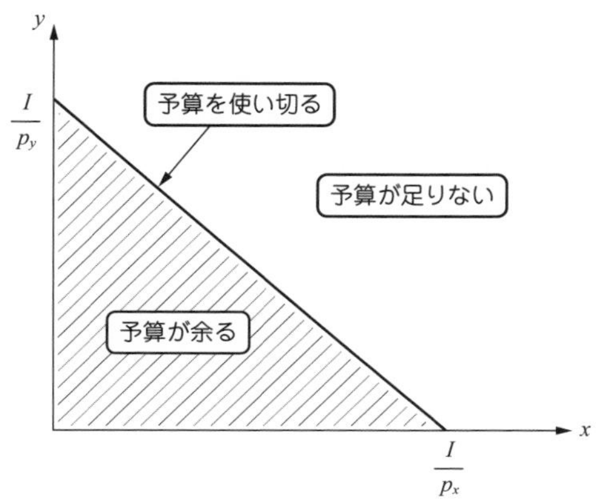

5　予算制約式と予算制約線は「式で表すかグラフで表すか」という違いだけで中身は同じものです。本書では，これ以降は式であっても予算制約線と記述します。

予算制約線の上では，予算（所得）をすべて使い切っています。予算制約線の内側では，予算が余っています。予算制約線の外側では予算が足りないため，消費を行うことができません。

予算制約線の傾きは，制約式を変形すると求められます。

$p_x x + p_y y = I$　→ $p_x x$ を右辺に移項　$p_y y = -p_x x + I$　→両辺を p_y で割る

$$\rightarrow \quad y = -\frac{p_x}{p_y}x + \frac{I}{p_y}$$

となることから，$-\frac{p_x}{p_y}$ です。マイナスを取って，$\frac{p_x}{p_y}$ と表示しておきましょう。

切片の $\frac{I}{p_x}$ は，予算を全て x 財に使ったときに，最大何個買えるのかを表しています。予算が 1000 円で x 財の価格が 100 円であれば，$\frac{I}{p_x} = \frac{1000}{100} = 10$ 個となります。同様に，$\frac{I}{p_x}$ は y 財が最大何個買えるのかを表しています。

3. 効用最大化

◆ 2 つのグラフを 1 つに

無差別曲線と予算制約線を使うと，私たちの買い物は，「予算制約線上のどの点（x 財と y 財の消費量の組み合わせ）を選ぶと効用が最大になるか」という問題になります。まずは次ページのグラフで見てみましょう。

グラフには予算制約線と 3 つの無差別曲線が描かれています。一番右上の無差別曲線 U_1 は最も効用が大きいのですが，予算制約線とは交わっておらず，例えば H 点では予算が足りずに買い物できません。一番左の無差別曲線 U_3 は予算制約線と E 点と F 点の 2 カ所で交わっています。U_3 を右上にずらしていくと，U_2 になります。このとき，無差別曲線と予算制約線は G 点で接しています。U_2 から少しでも無差別曲線を右上にずらすと予算が足りなくなるため，効用が最大になる消費の組み合わせは G 点で表されることになります。つまり，「無差別曲線と予算制約線の接点で効用が最大になる」ということです。

G 点で接線を引くと予算制約線と重なります。E 点や F 点では接線は予算制約線

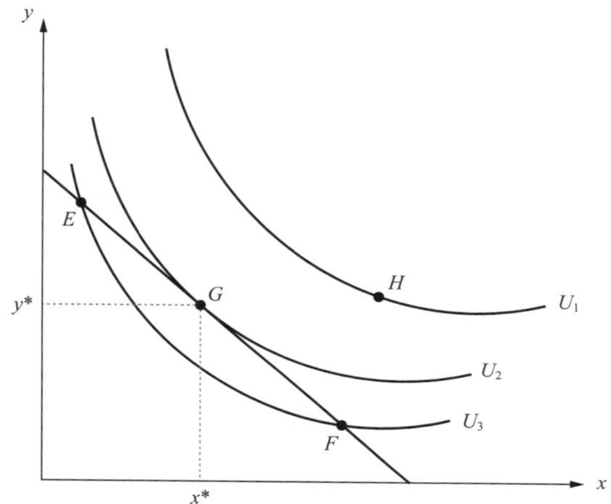

とは重なりません。G 点は無差別曲線の接線と予算制約線が重なる特別な点です。無差別曲線の傾きは限界代替率であり，予算制約線の傾きは価格比です。両者が等しいということから，

$$MRS=\frac{MU_x}{MU_y}=\frac{p_x}{p_y}$$

が成立しています。これを，**効用最大化条件**といいます。

CHECK POINT

消費者行動の理論の問題を解くためには，効用関数，予算制約線，効用最大化条件の３つの式が必要になります。計算問題では，予算制約線と効用最大化条件は問題文に記載されないため，覚える必要があります。

Excersize 9

消費者の効用関数が $U=xy$ であり，予算が 1000，x 財の価格が 100，y 財の価格が 50 のとき，この消費者はどのような組み合わせで消費するか。

Anser 9

予算制約線は，$100x+50y=1000$ となる。$U=xy$ から，$MU_x=y$，$MU_y=x$ となることか

ら，限界代替率は，

$$MRS=\frac{MU_x}{MU_y}=\frac{y}{x}$$

となる。限界代替率と価格比が等しいことから，

$$MRS=\frac{P_x}{P_y}\ \rightarrow\ \frac{y}{x}=\frac{100}{50}\ \rightarrow\ 100x=50y$$

これを予算制約線に代入する。$50y$ のところに $100x$ を代入すると，

$100x+100x=1000\ \rightarrow\ x=5$　次に，$100x$ のところに $50y$ を代入すると，

$50y+50y=1000\ \rightarrow\ y=10$ となる。

この問題では，消費者は予算の半分を x 財に，残りの半分を y 財に配分しています。効用関数が $U=xy$ の形をしているときには，消費者は必ず予算を2つの財に半分ずつ配分します。

数値例ではなく文字で確認してみましょう。予算制約線を $p_xx+p_yy=I$ とすると，効用最大化条件は，$\frac{y}{x}=\frac{p_x}{p_y}$ となることから，$p_xx=p_yy$ となります。これを予算制約線に代入すると，

$$p_xx+p_xx=I\ \rightarrow\ 2p_xx=I\ \rightarrow\ x=\frac{I}{2p_x}=\frac{I}{2}\cdot\frac{1}{p_x}=\frac{I}{2}\div p_x$$

$$p_yy+p_yy=I\ \rightarrow\ 2p_yy=I\ \rightarrow\ y=\frac{I}{2p_y}=\frac{I}{2}\cdot\frac{1}{p_y}=\frac{I}{2}\div p_y$$

となり，予算を半分ずつ配分することが分かります。

なお，$\frac{y}{x}=\frac{100}{50}$ をまとめるときには，＝の所に×印を書くとまとめやすくなります。y と50がペアになり，同様に x と100がペアになります。

4. 所得の変化

◆所得（予算）を増やす

価格はそのままで，所得（予算）が増えたらどうなるか考えてみましょう。所得が1000，x 財の価格が100，y 財の価格が50のとき，x 財は最大で10，y 財は最大で20購入できます。これは予算制約線が x 軸と y 軸と交わる点になります。所得が1600になると，x 財は最大で16，y 財は最大で32購入できます。価格が変わっていないので予算制約線の傾きは変わりません。所得が増加すると予算制約線は平行に

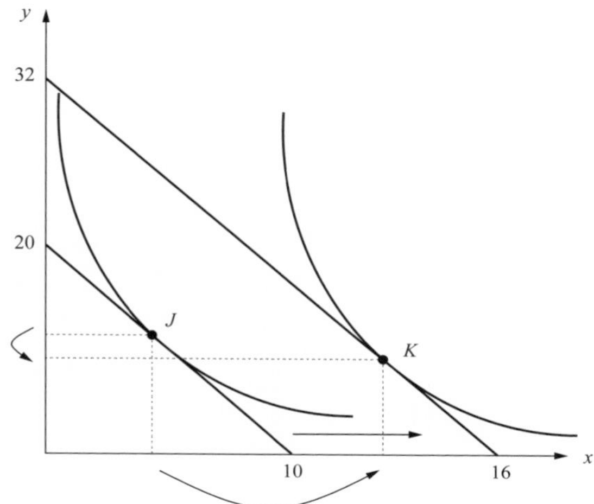

外側に平行シフトし，所得が減少すると予算制約線は内側に平行シフトします。

J 点は所得が 1000 のときの消費の組み合わせ，K 点は所得が 2000 に増えたときの消費の組み合わせです。x 財は所得が増えると消費も増えています。このような財を**上級財**（正常財）といいます。y 財は所得が増えると消費が減少しています。このような財を**下級財**（劣等財）といいます[6]。所得が増えたときに鶏肉の消費が減って牛肉の消費が増えれば，鶏肉が下級財，牛肉が上級財になります。上級財と下級財はあくまでも所得と消費の関係で決められています。価格が高いかどうかは関係ありません。

❖ 所得と消費の関係 ❖

矢印の方向が同じ物が上級財

矢印の方向が逆なら下級財

◆需要の所得弾力性

「所得が1％増加すると消費は何％増加するのか」は**需要の所得弾力性**で表されま

6　所得が増加しても需要が変わらない財を**中立財**といいます。例えば，トイレットペーパーやシャンプーは所得が増加しても消費量があまり変わりません。「今月は給料が増えたからシャンプーの回数を増やそう」という人は少なく，これまでと同じ量を消費します。

す。需要の所得弾力性の式は以下のようになります。

$$\eta = \frac{需要増加率}{所得上昇率} = \frac{\frac{dx}{x}}{\frac{dI}{I}} = \frac{dx}{dI} \cdot \frac{I}{x}$$

η はギリシャ文字でエータと読みます。需要の所得弾力性がプラスならば上級財，マイナスならば下級財，ゼロならば中立財になります。需要の所得弾力性が 1 より小さい財は**必需品**といいます。必需品は所得が増加しても消費量はあまり増えない財で，石鹸などです。需要の所得弾力性が 1 よりも大きい財は**奢侈品**（ぜいたく品）といいます。奢侈品は所得が増加すると消費量が大きく伸びるもので，宝石類などです。

CHECK POINT

需要の所得弾力性を使って上級財，下級財，必需品，奢侈品を表すと，以下のようになります。

<table>
<tr><td>$\eta<0$</td><td>$0<\eta<1$</td><td>$1<\eta$</td></tr>
<tr><td>下級財</td><td colspan="2">上級財</td></tr>
<tr><td colspan="2">必需品</td><td>奢侈品</td></tr>
</table>

表から分かるように，下級財は必ず必需品です。また，奢侈品は必ず上級財です。しかし，$0<\eta<1$ のときには，上級財かつ必需品となります。

なお，必需品や奢侈品は，あくまでも需要の所得弾力性による分類です。日常用語とは違うので注意が必要です。

5. 価格の変化

◆価格上昇と無差別曲線

次に，所得（予算）はそのままで価格が上昇するケースを考えてみましょう。所得が 1000，x 財の価格が 100，y 財の価格が 50 のときは，x 財は最大で 10，y 財は最大で 20 購入できます。ここで，x 財の価格が 200 に上昇すると，x 財は最大で 5，y 財は最大で 20 購入できます。予算制約線が x 軸と交わる点は変わらずに，y 軸と交わる点が内側に移動します。x 財の価格が上昇すると予算制約線は内側にシフトして傾きは大きくなり，価格が下落すると予算制約線は外側にシフトして傾きは小さくなります。

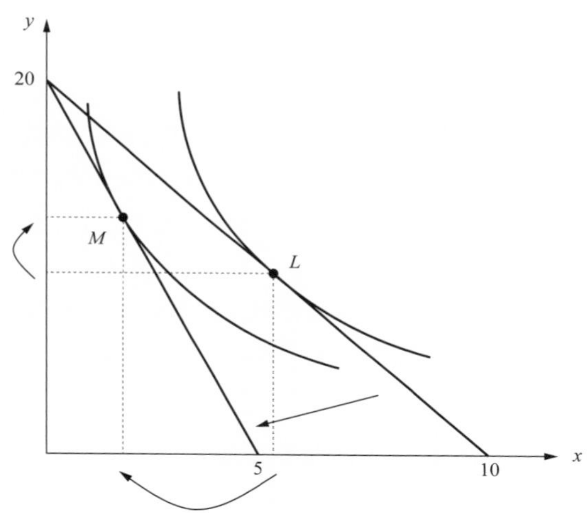

x 財の価格が上昇すると，消費の組み合わせは L 点から M 点にシフトしますが，通常は x 財の消費量が減少します。

◆需要曲線

財の価格が上昇すると消費量が減少するという前図の関係は，**需要曲線**で表すことができます。前図の L 点と M 点は，下図の L 点と M 点に対応しています。

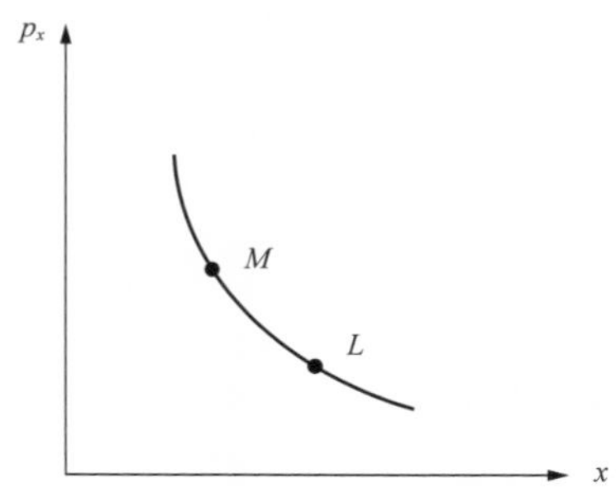

需要曲線を式で表してみましょう。効用関数を $U=xy$，予算制約線を $p_xx+p_yy=I$

とすると，効用最大化条件は，$\frac{y}{x}=\frac{p_x}{p_y}$ となることから，$p_x x = p_y y$ となります。これを予算制約線に代入すると，

$$p_x x + p_x x = I \quad \rightarrow \quad 2p_x x = I \quad \rightarrow \quad x = \frac{I}{2p_x}$$

となります。これは，**Anser 9** での解説と同じ式です。効用関数，予算制約線，効用最大化条件から求めた x 財の消費の式は，そのまま x 財の需要曲線になります。

◆名目と実質

物価が上昇すると購入できるものの数が減少します[7]。つまり，物価の上昇は所得が減少することと同じ効果を持ちます。物価を考慮しない数値を**名目**，物価を考慮する数値を**実質**といいます。名目と実質との変換には，物価指数を使います。

❖ 名目と実質の変換 ❖

	現在	1 年後
名目賃金（時給）	1000	1600
物価指数	100	200
実質賃金	10	8

現在の 1 時間当たりの賃金（給料）が 1000 円の人がいて，その人の賃金が 1 年後に 1600 円に上昇したとしましょう。この状況はうれしい状況でしょうか。ここで表示されている賃金は名目の数値です。物価を考慮した実質も考える必要があります。名目賃金をモノで計ってみましょう。現在時点でパンが 1 個 100 円だとすると，1 時間働くとパンが 10 個買えます。1 年後にパンの価格が 1 個 200 円に上昇すると，1 年後に 1 時間働くとパンが 8 個買えます（1600÷200＝8）。つまり，このケースでは 1 年後の実質賃金は下がっているといえます。

1 年後の実質賃金が上がるか下がるかは，物価指数がどのように推移するのかによります。物価指数が 100 から 80 に下がれば，実質賃金は 10 から 20（＝1600÷80）へと大きく上昇します。つまり，インフレーションが起きると実質賃金は下がり，デフレーションが起きると実質賃金が上がります。

7　物価が上昇することを**インフレーション**，物価が下落することを**デフレーション**といいます。第 14 講で詳しく見ていきましょう。

CHECK POINT

名目と実質の変換方法は以下のようになります。

$$名目 = \frac{実質}{物価指数}$$　または，実質＝名目×物価指数

名目と実質，物価指数がすべて％で表示されている時には，

名目＝実質＋物価上昇率　または，実質＝名目－物価上昇率

となります。％の式は**フィッシャー式**ともいいます。

代表的な物価指数には，**消費者物価指数**，**企業物価指数**，***GDP*** **デフレータ**があります。消費者物価指数は私たちが買い物をする際の価格の変化を表しています。毎月公表される利便性から消費者物価指数が物価の推移を表すインフレ率として用いられます。消費者物価指数や企業物価指数のように毎月公表される数値を月次データ，*GDP* デフレータのように3カ月ごとに公表される数値を四半期データといいます。物価指数には，基準年を100として現在の物価水準を表す方法と，前期（または前年同期）に比べて何％変化したのかを表す方法があります。

生産者行動の理論

生産者とは企業のことを指します。企業の目的は，資本と労働の生産要素を使って財を生産し，販売して**利潤**を得ることです。企業が合理的に行動すると，利潤が最大になるように生産活動を行います。本講の目的は，企業の生産，費用，利潤最大化を通じて供給曲線を導出することです。

1. 企業の行動

◆生産活動を図示する

企業は設備や機械などの**資本**Kと**労働**Lという**生産要素**を投入して生産活動を行い，**生産物**Yを産出します。企業の生産活動は業種により様々で，自動車などの財を生産する企業とソフトウェアなどのサービスを生産する企業では，必要とされる設備，技術，人材などが異なります。しかし，経済学では単純化して，資本と労働を投入すれば順調に生産活動が進んで生産物が得られると考えます。そうすると，企業の生産活動は以下の図のように表すことができます。

❖ 企業の生産活動 ❖

生産要素 {資本 K / 労働 L} → 投入 → 生産活動 F → 産出 → 生産物 Y {財 / サービス}

生産物を販売することで収入を得ることができます。収入から資本や労働に投じた費用を引くと**利潤**πになります。

利潤 π = 総収入 TR − 総費用 TC

本講では，企業の生産活動，費用分析，利潤最大化の順で解説します。

2. 生産関数

◆コブ＝ダグラス型生産関数

資本と労働を投入して生産物を得る，という関係を式で表したものを**生産関数**といいます。生産関数の形はいくつかありますが，本書では**コブ＝ダグラス型生産関数**を扱います。コブとダグラスによって開発された生産関数であり，資本 K，労働 L，生産物 Y の間には一定の統計的な関係があることから創られました。

生産関数は，$Y=F(K,L)$ と表すことができますが，コブ＝ダグラス型生産関数は基本的な形が決まっており，

$$Y=AK^{\alpha}L^{\beta}$$

となります。ここで α は**資本分配率**，β は**労働分配率**といいます。また，A は技術水準を表すもので，**全要素生産性** *TFP* とも呼ばれます。資本分配率と労働分配率は，資本（企業）と労働（家計）による生産物の分け前の割合を表しています。コブとダグラスは，資本分配率と労働分配率が1対2の割合で安定していることから，この生産関数を逆算して求めました。近年は労働分配率が低下する傾向があり，特に日本など東アジアでは労働分配率は50％程度になっています。

CHECK POINT

資本分配率は資本の K の右肩の数字（指数）です。α がいつでも資本分配率というわけではありません。生産関数が $Y=AL^{\alpha}K^{\beta}$ という形であれば，β が資本分配率になります。

Excersize 11

生産関数が $Y=AK^{0.5}L^{0.5}$ であり，$K=2$，$L=2$ であるとき，A が１のときと３のときの生産量 Y を求める。

Anser 11

・$A=1$ のとき

$$Y=1\times 2^{0.5}\times 2^{0.5}=\sqrt{2}\times\sqrt{2}=2$$

・$A=3$ のとき

$$Y=3\times 2^{0.5}\times 2^{0.5}=3\times\sqrt{2}\times\sqrt{2}=6$$

資本分配率，労働分配率，資本量，労働量が同じ条件である時には，技術水準が高いと生産量も高くなります。$A=1$ のときの生産関数は，$Y=K^{\alpha}L^{\beta}$ と表せます。

◆生産要素を両方増やす

全ての生産要素（K と L）を同時に，同じ割合だけ増やしてみましょう。例えば，K と L を 2 倍にするとどうなるでしょうか。工場などの資本 K が 2 倍になり，労働者 L の数が 2 倍になれば，生産物 Y も 2 倍になるように思えます。そのような企業や業種もあるでしょうが，工場の広さが 2 倍になることで材料などの移動に時間がかかるようになり，生産効率が落ちて 1.5 倍にしかならないかもしれません。また，資本が 2 倍になることで生産効率が飛躍的に高まり，生産物が 2.7 倍になるかもしれません。

そこで，全ての生産要素を 2 倍にすると生産量が何倍になるのかで，生産関数を 3 つに場合分けします。全ての生産要素を 2 倍にすると生産量が 2 倍を超える場合は**規模に関して収穫逓増**，生産量がちょうど 2 倍になる場合は**規模に関して収穫一定**（不変），生産量が2倍未満にしかならない場合は**規模に関して収穫逓減**といいます。「規模に関して」というのは資本と労働を両方変化させた，という意味です。意味が伝われば，他の表現をしても構いません。

CHECK POINT

規模と生産量の関係は，コブ＝ダグラス型生産関数からも場合分けできます。

生産関数：$Y=AK^{\alpha}L^{\beta}$ の α と β を使って

規模に関して収穫逓増：$\alpha+\beta>1$

規模に関して収穫一定：$\alpha+\beta=1$

規模に関して収穫逓減：$\alpha+\beta<1$

資本と労働を半分にしたら生産量が 3 分の 1 になる場合は，規模に関して収穫逓増です。

コブ＝ダグラス型のような形を，数学では同次関数といいます。$\alpha+\beta=1$ のときを1次同次の生産関数ともいいます。

◆１つの生産要素のみを増やす

次に，他の生産要素を一定として，ある１つの生産要素の量を増加させてみましょう。ある１つの生産要素だけを増加させたときの生産量の増加分を**限界生産力** *MP* といいます。これは，○○を１増やしたときに××はどうなるか，という形をしていますので，微分で計算することができます。生産関数 $Y=K^{\alpha}L^{\beta}$ をそれぞれ K と L で微分すると，

$$\text{資本の限界生産力}：MP_K=\frac{dY}{dK}=\frac{dY^{\alpha}L^{\beta}}{dK}=\alpha K^{\alpha-1}L^{\beta}$$

$$\text{労働の限界生産力}：MP_L=\frac{dY}{dL}=\frac{dY^{\alpha}L^{\beta}}{dL}=\beta K^{\alpha}L^{\beta-1}$$

となります。複雑な形をしていますが，微分の基本公式通りに計算します。労働の限界生産力 MP_L は，以下のような図になります。

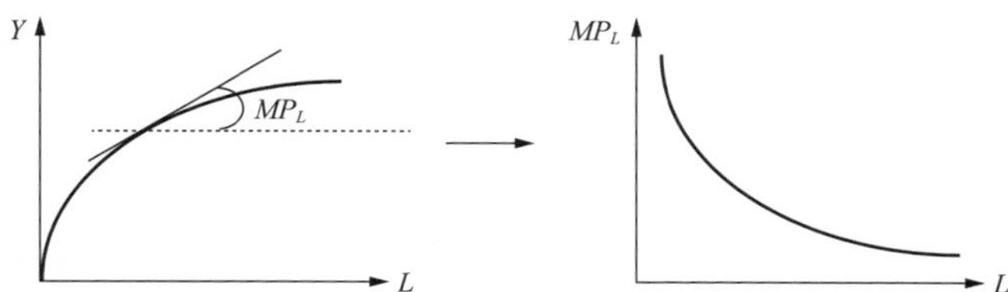

この図は，効用関数の図と似ています。つまり，限界生産力は限界効用と同じような性質を持っています。生産要素の投入量が増えるにつれて限界生産力は小さくなっていきますが，これを**限界生産力逓減の法則**といいます[1]。このことを収穫逓減の法則ということもあります。言葉は似ていますが，生産要素を２つとも増やす「規模に関して収穫逓減」とは意味が異なります。

1　数学的に条件を詰めて考えると（これを２階の条件といいます），限界効用は必ずしも逓減する必要がない（限界効用一定でも効用最大化が成り立つ）のに対して，限界生産力は必ず逓減しなければなりません（限界生産力一定では利潤最大化が成り立たない）。厳密にいえば性質が異なりますが，本書は入門書であるため，両者は同じ性質を持つと考えます。

Excersize 12

生産関数が $Y=K^{\frac{1}{3}}L^{\frac{2}{3}}$ であるとき，資本の限界生産力と労働の限界生産力はいくつになるか。

Anser 12

・資本の限界生産力

$$MP_K=\frac{dY}{dK}=\frac{d(K^{\frac{1}{3}}L^{\frac{2}{3}})}{dK}=\frac{1}{3}K^{\frac{1}{3}-1}L^{\frac{2}{3}}=\frac{1}{3}K^{-\frac{2}{3}}L^{\frac{2}{3}}$$

・労働の限界生産力

$$MP_L=\frac{dY}{dL}=\frac{d(K^{\frac{1}{3}}L^{\frac{2}{3}})}{dL}=\frac{2}{3}K^{\frac{1}{3}}L^{\frac{2}{3}-1}=\frac{2}{3}K^{\frac{1}{3}}L^{-\frac{1}{3}}$$

どちらも，もう少しまとめることができます。

$$MP_K=\frac{1}{3}K^{-\frac{2}{3}}L^{\frac{2}{3}}=\frac{1}{3}\frac{L^{\frac{2}{3}}}{K^{\frac{2}{3}}}=\frac{1}{3}\left(\frac{L}{K}\right)^{\frac{2}{3}}$$

$$MP_L=\frac{2}{3}K^{\frac{1}{3}}L^{-\frac{1}{3}}=\frac{2}{3}\frac{K^{\frac{1}{3}}}{L^{\frac{1}{3}}}=\frac{2}{3}\left(\frac{L}{K}\right)^{\frac{1}{3}}$$

計算問題を解くだけなら，ここまでまとめる必要はありません。

限界生産力が低減するというのはどういう状況でしょうか。焼き釜が1つしかないパン屋でパン職人の数を1人から2人に増やすと，小麦粉からこねるパンの数が増えて生産量が増えますが，焼き釜の容量が限られているため，パンの数は2倍未満しか増えません。職人の数を3人，4人と増やしていってもパンをそんなに多く焼くことができず，生産量を増やすことが難しくなります。資本（焼き釜）と労働（パン職人）を両方増やせば，規模に関して収穫一定や逓増の可能性もありますが，片方だけの生産要素を増やすと，限界生産力は必ず逓減します。

❖ 限界生産力の逓減 ❖

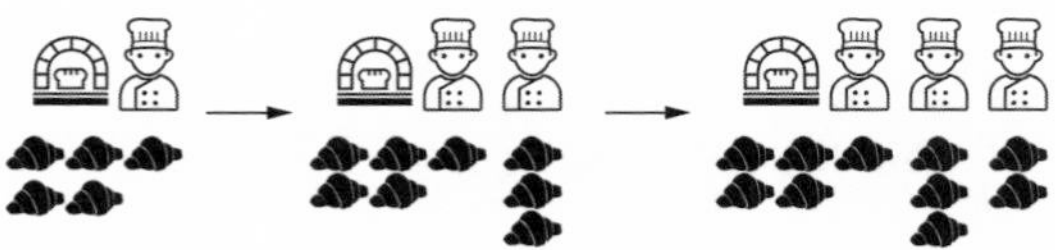

焼き釜の数が一定のときに，パン職人を増やしても，限界生産力は逓減していく

◆パンを100個作るには

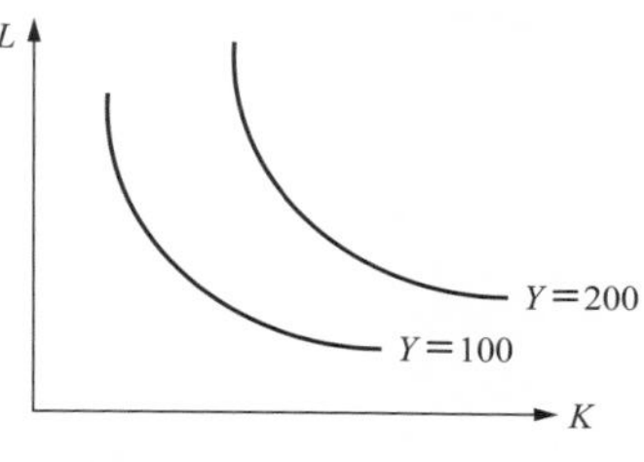

パンを100個作るためには，資本と労働はどれくらい必要でしょうか。資本をたくさん使って労働はあまり使わないという方法と，資本はあまり使わずに労働をたくさん使うという方法があります。もちろん，資本と労働をバランスよく使う方法もあります。パンを100個作る資本と労働の組み合わせは多数あり，それらをつないだものを**等産出量曲線**（等量曲線）といいます。等産出量曲線は無差別曲線と同じような性質を持っており，原点から遠くなればなるほど生産量が多くなります。

無差別曲線と同じように，等産出量曲線からも限界代替率MRSが計算できます。

$$MRS = -\frac{dL}{dK} = \frac{MP_K}{MP_L}$$

労働は比較的容易に増やせますが，資本を増やすには時間がかかります。工場を新設するには，用地の取得，資金の調達，建設にかかる時間，機械などの設置，機械を連動させるためのソフトウェアの調整などが必要となり，多くの時間がかかります。そこで，経済学では，資本の量を自由に変更できる期間を**長期**，資本の量を一定として労働の量だけを調整する期間を**短期**として区別します。実務では，1年を基準に短期と長期を分けます。本講では，これ以降は短期に焦点を当てて解説していきます。

3. 企業の費用

◆費用を支払う

企業の総費用TCは，$TC = rK + wL$となります。rは資本の価格で**利子率**（金利），wは労働の価格で**賃金**（賃金率）といいます。機械や工場などの設備には多額の費用がかかるため，企業は外部から資金を調達します。借金をすれば利子の支払いが必要になり，借金の額が大きくなればなるほど利子の額も増えていきます。そのため，利子率が資本の価格となります。利子率が高くなれば，大きな借り入れができなくなりますので，資本を節約しようとします。この関係は投資関数として第10講で見ていきます。

賃金は労働の価格です。私たち家計にとって賃金は収入ですが，企業にとっては費用です。企業は賃金が高くなればなるほど雇用を減らそうとします。賃金は時給や日給などを使って計測しますので，1時間当たりの賃金，などの意味で賃金率という言葉も使います。

❖ 金利と賃金を支払う ❖

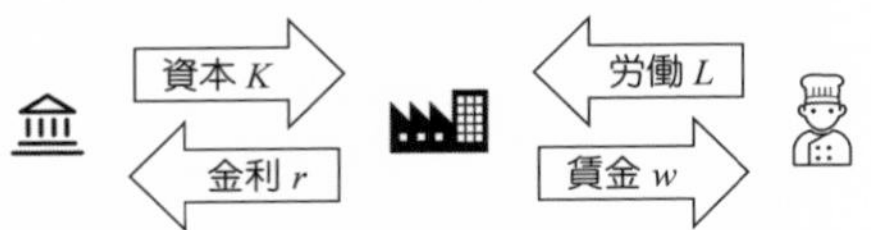

企業の費用は直線で表すことができます。使っている文字は異なりますが，予算制約線と同じ形をしているため，費用線も予算制約線と同じ右下がりの直線になります。

❖ 予算制約線と費用線 ❖

予算制約線：$p_x x + p_y y = I$　→　$y = -\frac{p_x}{p_y}x + \frac{I}{p_y}$

費用線　　：$rK + wL = TC$　→　$L = -\frac{r}{w}K + \frac{TC}{w}$

費用線の傾きは，

$TC = rK + wL$　→ rK を移項　$wL = -rK + TC$　→両辺を w で割る

$\rightarrow L = -\frac{r}{w}K + \frac{TC}{w}$

となることから，$\frac{r}{w}$ となります（マイナスは取っておきます）。

◆費用の最小化を図る

パンを100個焼くのに，資本と労働をどれくらい使えば最も費用が低くなるのか，という問題は，効用最大化と似ています。次ページの図の A 点や C 点でもパンを100個焼くことができますが，費用をもっと節約することができます。費用線を左にずらしていくと，B 点で費用が最も低くなります。それ以上費用を削減しようとすると，パンを100個焼くことができません。よって，等産出量曲線と費用線の接点で費用が最小になります。

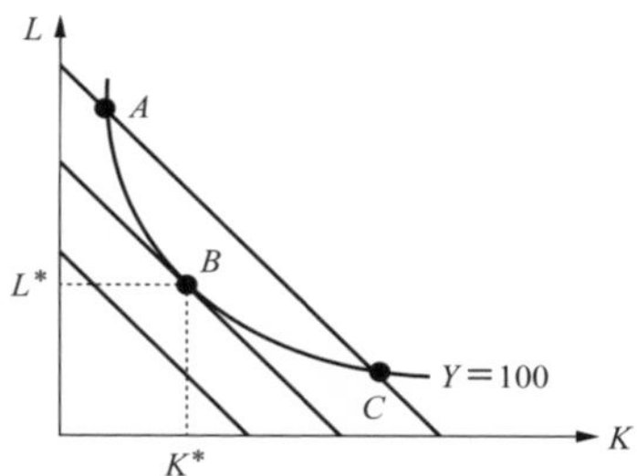

費用最小化条件は，等産出量曲線の接線の傾き（限界代替率）と費用線の傾きが一致すること，

$$MRS=\frac{MP_K}{MP_L}=\frac{r}{w}$$

で表すことができます。

Excersize 13

生産関数が $Y=K^{\frac{1}{3}}L^{\frac{2}{3}}$ であり，資本レンタル率が 4，賃金率が 8 のとき，$Y=12$ の生産には L はどれくらい必要か。

Anser 13

・資本の限界生産力と労働の限界生産力を求める。

$$MP_K=\frac{dY}{dK}=\frac{1}{3}K^{\frac{1}{3}-1}L^{\frac{2}{3}}=\frac{1}{3}K^{-\frac{2}{3}}L^{\frac{2}{3}}$$

$$MP_L=\frac{dY}{dL}=\frac{2}{3}K^{\frac{1}{3}}L^{\frac{2}{3}-1}=\frac{2}{3}K^{\frac{1}{3}}L^{-\frac{1}{3}}$$

費用最小化条件より，

$$\frac{MP_K}{MP_L}=\frac{\frac{1}{3}K^{-\frac{2}{3}}L^{\frac{2}{3}}}{\frac{2}{3}K^{\frac{1}{3}}L^{-\frac{1}{3}}}=\frac{4}{8}=\frac{r}{w}\ \rightarrow\ 8\times\frac{1}{3}K^{-\frac{2}{3}}L^{\frac{2}{3}}=4\times\frac{2}{3}K^{\frac{1}{3}}L^{-\frac{1}{3}}\ \rightarrow\ K^{-\frac{2}{3}}L^{\frac{2}{3}}=K^{\frac{1}{3}}L^{-\frac{1}{3}}$$

→両辺を$K^{-\frac{2}{3}}$で割る　$L^{\frac{2}{3}}=\frac{K^{\frac{1}{3}}}{K^{-\frac{2}{3}}}L^{-\frac{1}{3}}$　→両辺を$L^{-\frac{1}{3}}$で割る　$\frac{L^{\frac{2}{3}}}{L^{-\frac{1}{3}}}=\frac{K^{\frac{1}{3}}}{K^{-\frac{2}{3}}}$

→両辺をまとめる　$L^{\frac{2}{3}}L^{\frac{1}{3}}=K^{\frac{1}{3}}K^{\frac{2}{3}}$　→　$L=K$

これを生産関数に代入して，$Y=K^{\frac{1}{3}}L^{\frac{2}{3}}=L^{\frac{1}{3}}L^{\frac{2}{3}}=L$
よって，Yを 12 生産するためにはLが 12 必要となる。

◆費用を分解する

生産量Yが増えれば増えるほど総費用TCも増えていきますが，両者の関係は少し複雑です。まず，生産量がゼロのとき，つまりグラフの左端でも費用がかかっています。これを**固定費用**FCといいます。生産量がゼロのときには工場を閉じて費用をゼロにしたいのですが，短期では工場を処分できません。賃貸料などの工場の維持費や電気の基本料金などの費用が必要になります[2]。固定費用は生産量に関わらず一定です。生産量に応じて増加する費用を**可変費用**VCといいます。固定費用と可変費用と足すと総費用になります。

パンを 100 個焼くときの総費用が 5000 円であれば，パン 1 個当たりの費用は 50 円になります。これを**平均費用**ACといいます。平均費用は図のD点と原点を結んだ角度になります（線が途中でTCと交わっても構いません）。平均費用も固定費用と可変費用に分けることができ，それぞれ，**平均固定費用**AFC，**平均可変費用**AVCといいます。

パンを 100 個焼くときの総費用が 5000 円，101 個焼くときの総費用が 5055 円であれば，パン 101 個目の費用は 55 円になります。これを**限界費用**MCといいます。限界費用は生産量を 1 増やしたときの追加的な総費用を表しており，グラフではD点の接線の傾き，式では総費用を生産量で微分して求められます。

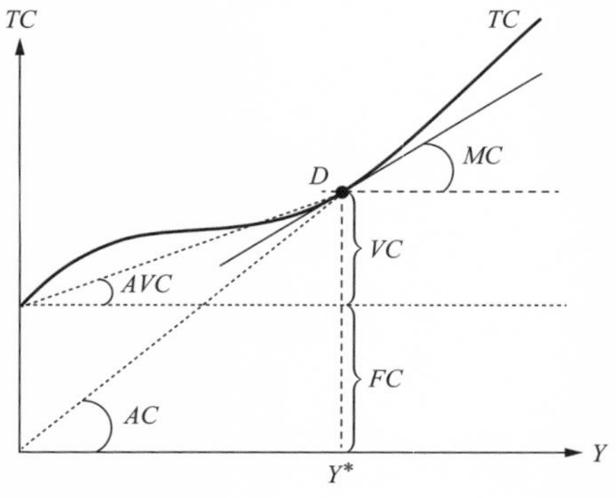

2　ビジネスの世界で最も大きな固定費用は人件費です。生産調整で今月の生産がゼロになっても正社員の給与は支払う必要があります。なお，ビジネスの世界では，固定費用は固定費，可変費用は変動費といいます。

CHECK POINT

それぞれの費用の関係は以下のようになります。

総費用：$TC=FC+VC$　　平均費用：$AC=\frac{TC}{Y}$，$AC=AFC+AVC$

固定費用：$FC=TC-VC$　　平均固定費用：$AFC=\frac{FC}{Y}=\frac{TC-VC}{Y}$

可変費用：$VC=TC-FC$　　平均可変費用：$AVC=\frac{VC}{Y}=\frac{TC-FC}{Y}$

限界費用：$MC=\frac{dTC}{dY}$

Excersize 14

総費用が $TC=4Y^2-15Y+300$ であるとき，FC，VC，AC，AFC，AVC，MC を求める。

Anser 14

・FC と VC

$FC=300$　　$\mathrm{VC}=4Y^2-15Y$

FC は生産量がゼロのときの費用ですので，Y が付いていない数字の部分が FC になります。VC は生産量に応じて変化する部分ですので，Y が付いているところがすべて VC になります。

・AC，AFC，AVC

$AC=\frac{4Y^2-15Y+300}{Y}=4Y-15+\frac{300}{Y}$　　$AFC=\frac{300}{Y}$　　$AVC=\frac{4Y^2-15Y}{Y}=4Y-15$

・MC

$$MC=\frac{d(4Y^2-15Y+300)}{dY}=8Y-15$$

◆平均費用，平均可変費用，限界費用

企業が生産量を決定するのに重要なのは，平均費用や限界費用です。しかし，総費用のグラフを使うと，平均費用や限界費用は角度で表されているため，見にくくなっています。そこで，平均費用，限界費用，平均可変費用を長さとして取り出してグラフを書き直したのが次のグラフです。グラフには3つの特徴があります。

❖ グラフの特徴 ❖

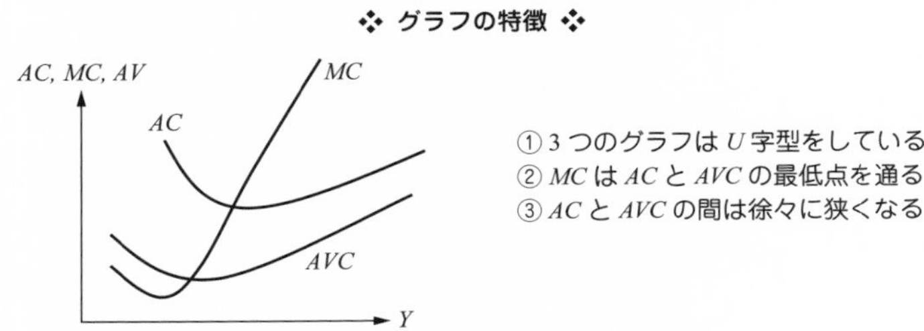

グラフがU字型をしているのは，生産量が少ない時には生産が増えるにつれて効率がよくなり，生産を増やし過ぎるとかえって効率が悪くなるためです。バケツリレーを考えてみましょう。リレーの人数が増えると，はじめは効率が良くなりますが，人数が増えすぎるとかえって効率が悪くなります。これは，バケツの数，つまり資本の量が一定だからです。効率が悪くなるということは，コストが余計にかかるということですので，グラフが途中から右上がりになります。

限界費用曲線 MC が平均費用曲線 AC と平均可変費用曲線 AVC の最低点を通るというのは数学的に証明する必要があるため，本書では公式として覚えてもらいます。

AC と AVC の間は，$AC=AFC+AVC$ から，$AFC=AC-AVC$ となることから，平均固定費用 AFC になります。AFC は固定費用 FC を生産量 Y で割ったものですが，FC は生産量に関わらず一定であるため，生産量が増えれば増えるほど AFC は小さくなります。それがグラフでは AC と AVC の間が徐々に狭くなることで表現されています。

❖ 生産量が増えると AFC は小さくなる ❖

$FC=500$ のとき，

$Y=100$：$AFC=\frac{FC}{Y}=\frac{500}{100}=5$　　$Y=200$：$AFC=\frac{FC}{Y}=\frac{500}{200}=2.5$

CHECK POINT

グラフを描くときには，MC を一番初めに描いて，その後に AC と AVC を描くと簡単です。

4. 利潤最大化

◆利潤を図示する

企業は利潤が最大になるように生産活動を行います。利潤 π＝総収入 TR－総費用 TC で表すことができ，総収入 TR＝販売価格 p×生産量 Y となるため，

$$\pi = TR - TC = pY - TC$$

となります。$TR = pY$ は切片ゼロ，傾き p の直線になります。

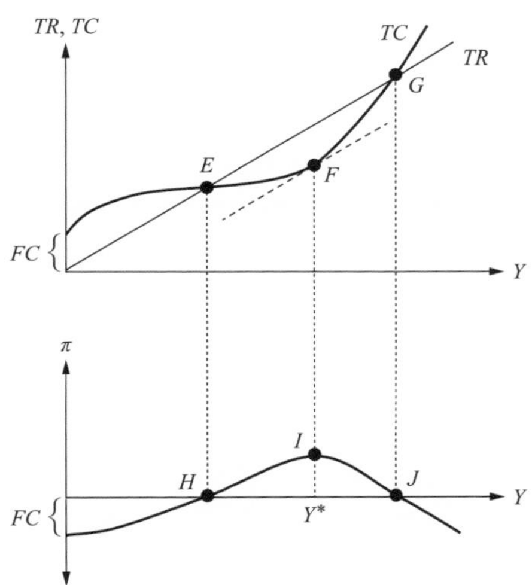

生産量 Y がゼロのときには，総収入 TR はゼロで総費用 TC は固定費用 FC の分だけかかっていますので，利潤 π はマイナスです。生産量を増やしていくと総費用も増えていきますが，総収入の方がより速いペースで増加し，やがて E 点で総収入と総費用が一致します。このとき，利潤のグラフは H 点でゼロになります。さらに生産量を増やしていくと，F 点で利潤が最大になります。それ以上生産量を増やすと，今度は総収入よりも総費用の増加ペースの方が早くなり，利潤は減少していきま

す。やがて，G点で利潤は再びゼロとなり，それ以降は利潤がマイナスになります[3]。

下の利潤のグラフに注目すると，利潤が最大となるI点では接線の傾きがゼロになっています。つまり，微分した値がゼロになるため，

$$\frac{d\pi}{dY}=\frac{d(TR-TC)}{dY}=\frac{d(pY-TC)}{dY}=p-MC$$

→ここで$=0$を挿入　→　$p-MC=0$　→　$p=MC$

となります[4]。この$p=MC$が**利潤最大化条件**となります。pは，総収入曲線TRの傾きで，MCは総費用曲線TCの接線の傾きになります。つまり，F点で総費用曲線に接線を引くと，その傾きは総収入曲線TRの傾きpと等しくなります。総収入曲線をずらして総費用曲線に接するようにすると，その接点が利潤最大化条件を満たす点になります。

CHECK POINT

$p=MC$は重要な公式ですから，暗記する必要があります。一般的な利潤最大化条件は$MR=MC$ですが（→第5講），完全競争企業ではpとMRが等しくなります。

Excersize 15

ある財の平均可変費用が$AVC=2Y-20$で固定費用が500であるとする。この財の価格が120であるとき，企業はこの財をいくつ生産するか。

Anser 15

・TC求めてからMCを求める

$TC=AVC\times Y+FC$であることから，

$$TC=(2Y-20)\times Y+500=2Y^2-20Y+500$$

$$MC=\frac{d(2Y^2-20Y+500)}{dY}=4Y-20$$

・利潤最大化条件を使う

3　E点の左やG点の右では，資本の量を調節する必要がありますが，短期では資本を調整できずに利潤がマイナスになってしまいます。

4　総費用TCを生産量Yで微分すると，限界費用MCになります。

$p = MC$ より，

$120 = 4Y - 20 \quad \rightarrow \quad 4Y = 140 \quad \rightarrow \quad Y = 35$

平均費用や平均可変費用から限界費用を求めるためには，生産量をかけて総費用にした後に微分して限界費用にします。総費用から限界費用にする際に定数で示される固定費用は微分の計算で消えるため，設問に固定費用が明示されていなくても問題を解くことができます。

◆利潤がマイナスなら生産を止めるのか

もう一度，限界費用曲線 MC，平均費用曲線 AC，平均可変費用曲線 AVC をグラフに描いてみましょう。利潤最大化を図ろうとする企業は $p = MC$ を満たすように行動するため，MC を見れば価格 p も分かります。p は企業にとっての製品 1 個当たりの収入，AC は製品 1 個当たりの費用ですので，この差額は製品 1 個当たりの利潤になります。

$\pi = TR - TC$　の両辺を Y で割ると，$\dfrac{\pi}{Y} = \dfrac{pY}{Y} - \dfrac{TC}{Y} = p - AC$

K 点では，MC が AC よりも上にきています。つまり，L 点で測る製品 1 個当たりの費用 AC よりも K 点で測る製品 1 個当たりの収入 p の方が大きく，利潤はプラスになっています。次に，M 点では，MC と AC が重なっており，収入と費用が等しくなっています。このときには企業の利潤はゼロになっています。

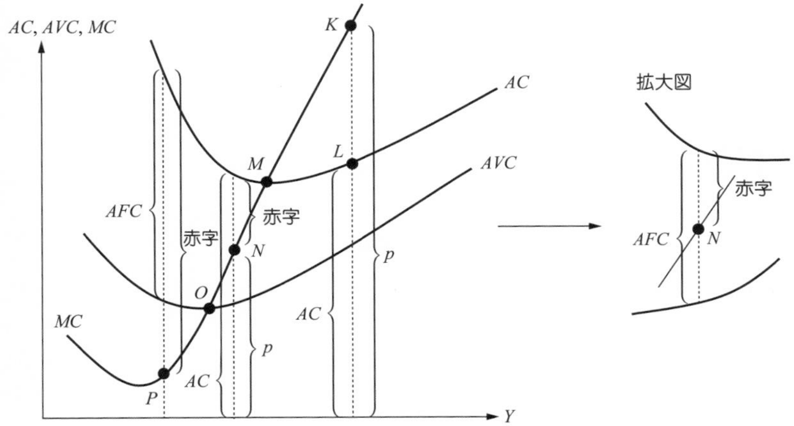

N 点では製品 1 個当たりの収入 *p* よりも製品 1 個当たりの費用 *AC* の方が大きくなっており，利潤はマイナスになっています。赤字になるのであれば生産を止めるのでしょうか？　生産を止めるかどうかは，生産を続けた場合と止めた場合の比較に基づいて決めます。*N* 点の状況で生産を止めると収入はゼロになりますが，固定費用はかかります。製品 1 個当たりの固定費用は平均固定費用ですから，*AC* と *AVC* の間で測ることができます。*N* 点では生産を続けたときの赤字が生産を止めたときの平均固定費用よりも小さくなっています。つまり，*N* 点では赤字にもかかわらず企業は生産活動を続けます[5]。

O 点になると，生産を続けたときの赤字と生産を止めたときの平均固定費用が等しくなります。*O* 点では生産を続けても止めても同じ結果となり，それよりも左側では生産を止めます。*P* 点では，赤字よりも平均固定費用の方が小さく，企業は生産を止めます。

M 点よりも左側ではすべて利潤がマイナスになり，右側では利潤がプラスになります。境目となる *M* 点は**損益分岐点**といいます。*O* 点を含めて右側では生産を行い，左側では生産を止めることから，*O* 点を**操業中止点**といいます。

❖ 生産量と生産活動 ❖

	利潤	生産	
K 点	＋	○	
M 点	±0	○	損益分岐点
N 点	−	○	
O 点	−	○×	操業中止点
P 点	−	×	

企業は，*O* 点も含めて右側で生産を行います。*MC* 曲線に沿って，価格が高くなればなるほど生産量も増加します。*MC* 曲線は企業の生産活動を表す曲線，つまり，**供給曲線** *S* になります。

CHECK POINT

操業中止点も含めてそれよりも右上の限界費用曲線 *MC* が供給曲線 *S* ということが分かったので，今後は供給曲線と限界費用曲線を同一のものとして扱います。

5　長期的には，企業は固定費用を削減させて赤字に対応します。*AC* が下にシフトすれば，利潤をプラスにすることも可能です。具体的には，生産設備の売却，人員の削減を行います。

◆市場はどこで落ち着くか

資本設備も変更できる長期では，市場で活動する企業数が変化します。利潤がプラスのときには，利潤を目当てに生産活動を始める企業が増えます。これを，市場への**参入**といいます。参入が生じると，価格競争が起こって市場価格は徐々に下落し，企業の利潤は次第に小さくなり，やがてゼロになります。また，利潤がマイナスであれば，生産を止める企業が次第に増えます。これを，市場からの**退出**といいます。退出が生じる結果，競争は収まって価格が上昇し，利潤が増加してやがてゼロになります。

参入や退出が自由に行える完全競争市場では，長期的には全ての企業の利潤はゼロとなり，$MC=AC$ で価格と生産量が決まります。利潤がゼロというのは利益がゼロとは異なります。仕入れ代金，賃金，金利支払い，株主への配当金支払い，税金の支払い等を行った後で残るお金がゼロということです。利潤がゼロでも受け取るべき人はすべて受け取っており，企業は生産を続けます。

Excersize 16

以下の文章のうち正しいものはどれか。

1：一次同次の生産関数を持つ企業が資本と労働を5倍にすると，生産量もちょうど5倍になる。
2：労働の限界生産力は必ず逓減するが，設備の種類によっては資本の限界生産力が逓減しないケースもある。
3：企業が利潤最大化行動を取ると限界費用曲線の接線の傾きと価格が等しくなる。
4：企業の赤字が *MC* 曲線と *AVC* 曲線の間の距離よりも小さければ，利潤がマイナスでも生産活動を続ける。

Anser 16

1：正しい。規模に関して収穫一定とは，資本と労働の増加率と生産量の増加率が等しいことをいう。
2：誤り。資本の限界生産力も必ず逓減する。
3：誤り。総費用曲線の接線の傾き（限界費用）と価格が等しくなる。
4：誤り。*AC* 曲線と *AVC* 曲線の間の距離と比較する。

完全競争市場の効率性

これまで需要曲線と供給曲線について詳しく見てきたので，本講でもう一度，完全競争市場を振り返りましょう。完全競争市場は最も効率性の良い市場です。効率性を 2 つの視点から見ていきましょう。

1．余剰分析

◆市場が存在することによる利益

市場には消費者と生産者が多数集まっており，簡単に取引相手を見つけることができます。もし市場がなければ，消費者や生産者は相手を探さなければならず，そのための費用もかかります。市場は私たちの探索費用を節約する役割を持っています。しかし，市場の最も重要な機能は，**価格発見機能**です。需要曲線と供給曲線は目に見えませんが，多くの市場参加者が取引をすることで**均衡価格**が決まります。市場がなければ価格に関する情報が手に入らないため，高い価格で買ってしまったり，低い価格で売ってしまったりするかもしれません。しかし，市場があれば，いくらで取引すればいいのか簡単に判断できます。

需要曲線は右下がりの線ですが，消費者は購入数が少ないときには高い価格を支払っても仕方がないと考えています。一方で，生産者は販売量が少ないときには価格が安くても仕方がないと考えています。市場がなければ，取引量によって両者の希望価格が異なります。

❖ 市場がない場合 ❖

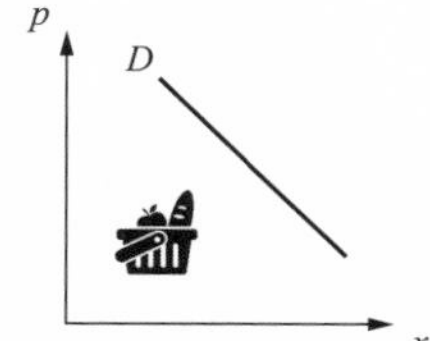

需要曲線：少量なら高く買っても仕方ない

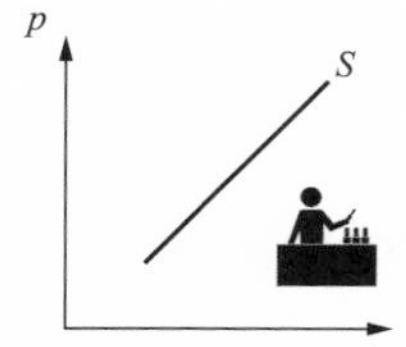

供給曲線：少量なら安く売っても仕方ない

しかし，市場があれば，消費者も生産者も均衡価格で取引できます。消費者は希望価格よりも安く買うことができ，生産者は希望価格よりも高く売ることができます。これを**余剰**と呼びます。余剰は完全競争市場のときに最も大きくなることが分かっています。

◆消費者余剰と生産者余剰

市場があることで消費者が節約できた金額を**消費者余剰** CS といいます。消費者余剰は消費者が購入したい希望価格である**需要価格**から市場価格を引いたものです。下の図で x_1 個だけ買いたいと思っている消費者の需要価格は需要曲線上で決まり，A 点で表される p_1 になります。しかし，実際には E 点で表される市場価格 p^* で購入することができるため，$p_1 - p^*$ だけ得をしています。これが消費者余剰です。購入数によって消費者余剰は異なるため，x^* よりも左側をすべて計算して足しておきます。そうすると，市場全体の消費者余剰は需要曲線と価格に囲まれた三角形 CEp^* の面積で表されます。

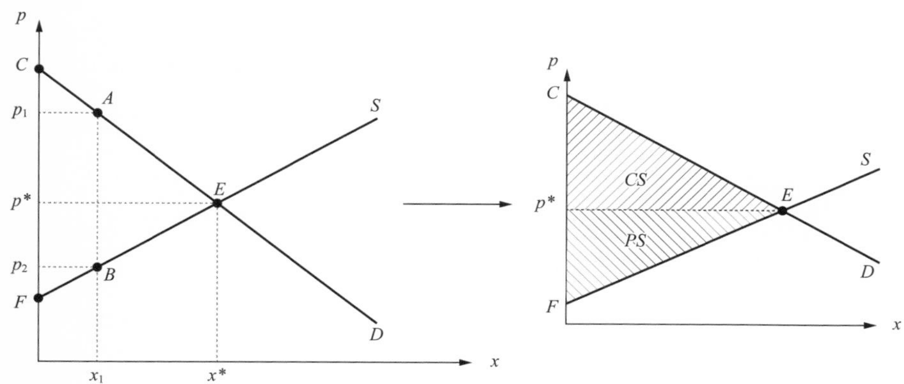

市場があることで生産者が利益を得た金額を**生産者余剰** PS といいます。生産者余剰は市場価格から生産者が販売したい希望価格である**供給価格**を引いたものです。x_1 個だけ売りたい生産者の供給価格は供給曲線上の B 点で表される p_2 になり，$p^* - p_2$ だけ得をしています。市場全体の生産者余剰は供給曲線と価格に囲まれた三角形 FEp^* の面積で表されます。

Excersize 17

需要曲線が $p=320-2x$，供給曲線が $p=20+x$ であるとき，消費者余剰，生産者余剰，社会的余剰を求める。

Anser 17

・均衡点を求める

$320-2x=20+x$ より，$3x=300 \rightarrow x=100$　これを需要曲線に代入して，$p=120$ となる。

・余剰を求める

以下の図から，

消費者余剰：$(320-120)\times 100\times\frac{1}{2}=10000$

生産者余剰：$(120-20)\times 100\times\frac{1}{2}=5000$

社会的余剰：$10000+5000=15000$

社会的余剰は，$(320-20)\times 100\times\frac{1}{2}=15000$ として求めることもできます。

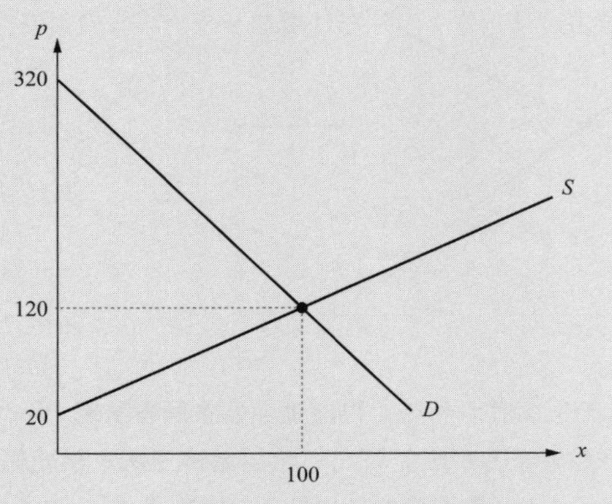

◆社会的余剰

消費者余剰と生産者余剰を足した三角形 *CEF* を**社会的余剰**（経済厚生）*SS* といいます。社会的余剰には，課税によって政府が得た税収も含まれますので，

社会的余剰＝消費者余剰＋生産者余剰＋税収など

となります。完全競争市場では社会的余剰が最大となり，課税によって市場が歪められたり独占企業が存在したりすると，社会的余剰は小さくなります。

2. 課税による社会的余剰の減少

◆従量税のおさらい

従量税は製品 1 個当たり t 円を課税するという方式でした。企業の費用を増加させるため，供給曲線を上に t だけ平行シフトさせました（21 ページ）。従量税 T は，$T=tx$ という形で表されます。これが企業の総費用 TC に足されるため，$TC=FC+VC+T=FC+VC+tx$ となります。供給曲線 S は限界費用曲線 MC と同じでした。総費用を微分すると，tx の部分が微分されて t が残ります。つまり，切片が t の分だけ増加します。このとき，傾きは変わりません。

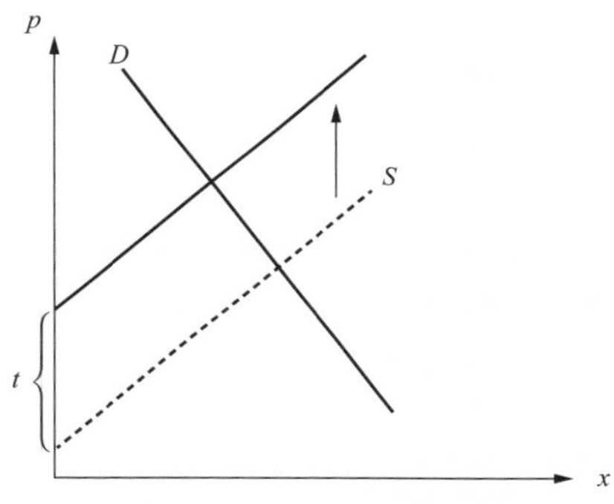

◆従量税の効果

それでは，課税によって余剰がどのように変化するのかをみてみましょう。課税前の社会的余剰は次ページの $G+H+I+J$ になります。ここで，従量税により供給曲線が上に平行シフトします。市場価格が上昇して取引量が減少するため，消費者余剰は G，生産者余剰は H になります。I の部分は，税収＝1 個あたりの税額×販売量の関係から，税収を表しています。税収は政府の収入になり，公共財（第 7 講）として役立てられるため，社会的余剰に含みます。

そうすると，課税後の社会的余剰は $G+H+I$ になります。課税前に比べると，社会的余剰が J の分だけ減少しています。社会的余剰の減少分 J を**死荷重**（死重損失，超過負担）DWL といいます。この説明は，左右どちらのグラフで行ってもかまいません。税収 I の形は違いますが，面積は同じです。

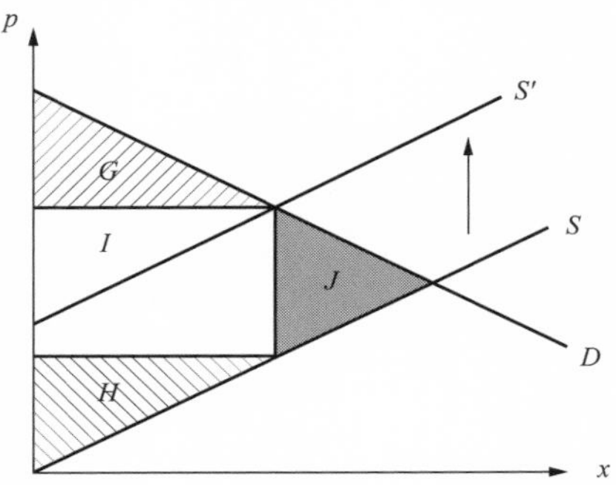

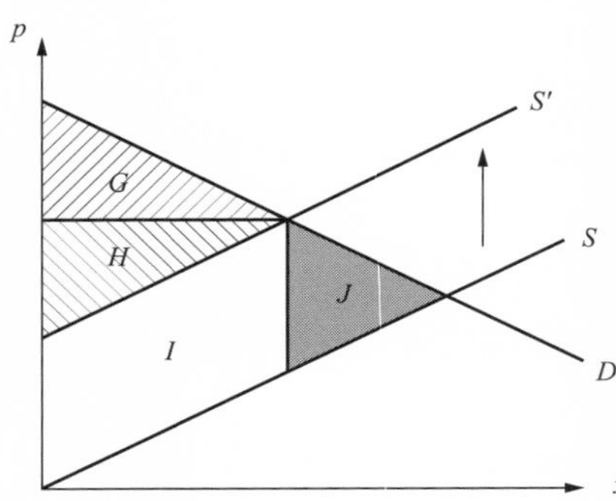

課税によって，社会的余剰は完全競争のときに比べて減少しています。課税は市場を歪めるものなのです。

Excersize 18

需要曲線が $p=320-2x$，供給曲線が $p=20+x$ であるとき，財 1 単位当たり 60 課税されると，死荷重はいくつになるか。

Anser 18

・課税前の均衡点を求める

$320-2x=20+x$ より，$3x=300$　→　$x=100$　これを需要曲線に代入して，$p=120$ となる。

・課税後の均衡点を求める。

供給曲線：$p=20+x+60$　→　$p=80+x$

$320-2x=80+x$ より，$3x=240$　→　$x=80$　これを需要曲線に代入して，$p=160$ となる。

・死荷重を求める

$$死荷重=60\times(100-80)\times\frac{1}{2}=600$$

死荷重は，グラフの網掛け部分になります。横は $(100-80)=20$ と計算して求めますが，縦は計算して求める必要はなく，税額の 60 を代入すれば OK です。

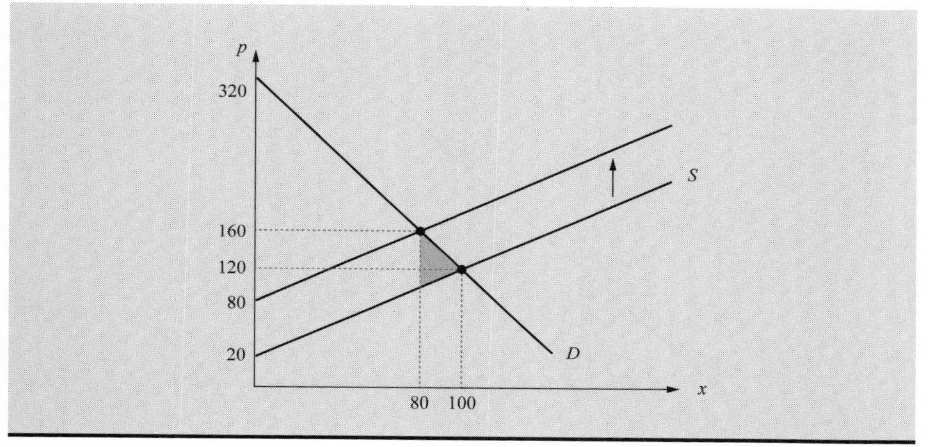

◆作りすぎの市場

ここでは，生産量が均衡点よりも多い，作りすぎについて考えてみましょう。農産物の市場でよく見られます。次ページの図では，本来の市場の均衡点は K 点ですが，生産量がそれよりも多い x_1 になっています。市場が均衡点にない場合の価格は，需要曲線上の需要価格 L 点で決まり，x_1 のときの価格は p_1 となります。

L 点での消費者余剰は，$M+N+P$ と非常に大きくなります。価格が低くなり，今までと同じ予算でより多く買えるようになるためです。生産者余剰は，$O-P-Q$ になります。生産者余剰は市場価格－供給価格です。O の部分では供給価格の方が市場価格よりも低くなっているため生産者余剰はプラスになりますが，P と Q の部分では供給価格の方が市場価格よりも高くなっています。生産者はもっと高い価格で売りたいのに，市場に製品があふれたために価格が下がってしまい，P と Q の部分では生産者余剰はマイナスになります。社会的余剰は，消費者余剰$(M+N+P)$＋生産者余剰$(O-P-Q)=M+N+O-Q$ となります（P は消費者余剰のプラスと生産者余剰のマイナスが相殺されて消えます）。つまり，Q の部分が死荷重になります。

作りすぎによって生産者余剰はマイナスになることもあり，その結果，赤字生産になる可能性もあります。一時的には価格が安くなることは消費者にとって朗報ですが，赤字生産の企業が撤退すると長期的には市場全体の生産量が減少し，供給曲線が左にシフトして市場価格は高くなってしまいます。企業は赤字生産を避けるために，生産物の一部を廃棄して，市場への供給量を減らそうとします。L 点から K 点まで市場への供給量が減少すれば，生産者は適正な収入を得ることができるよう

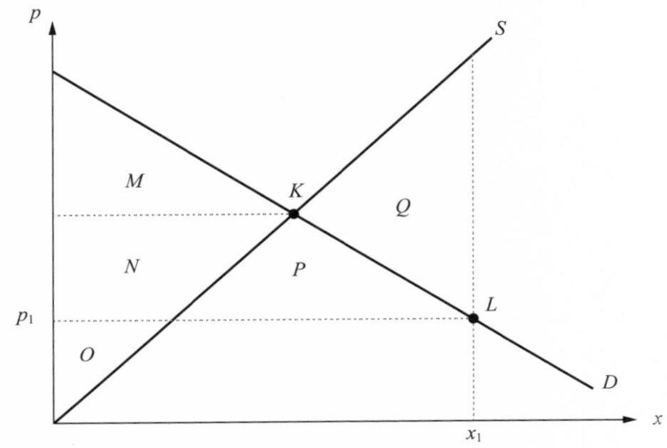

	点K（適正量）	点L（作りすぎ）
消費者余剰	M	$M+N+P$
生産者余剰	$N+O$	$O-P-Q$
社会的余剰	$M+N+O$	$M+N+O-Q$

になり，経済全体の余剰＝社会的余剰が最大になります。作りすぎの農産物を廃棄する行為は，心情的には様々な意見がありますが，経済学的には合理性のある行為だといえます。

3. パレート最適

◆最適を測る基準

「何が最適なのか」という問題に対しては，経済学でもいくつかの基準がありますが，本書では**パレート最適**を取り上げます[1]。最適かどうかの判定は，「現在の状況を改善させることができないのであれば，既に現在の状況が最適になっている」という手順で進めます。パレート最適かどうかの判定は，「ある一方の状況を改善させるためには，他の状況を悪化させなければならない」という少しややこしい基準を用います。

図は一定の予算のもとでの消費の問題です。x財の消費量とy財の消費量をそれぞれ一方と他方の状況と考えてみましょう。R点はパレート最適でしょうか？　予

1　経済学では量に関して最適かどうかを判定します。社会にとって何が正しいのか，という問いに経済学が答えるのは難しいのが現状です。

❖ **パレート最適の基準** ❖

現状がパレート最適

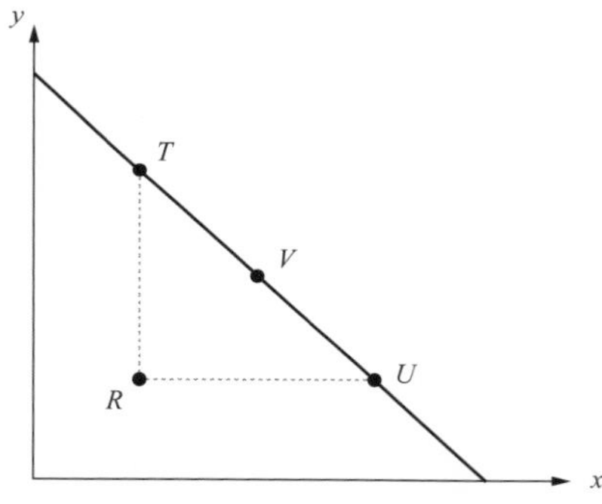

算の範囲内で R 点よりもより良い点があれば R 点はパレート最適ではなく，良い点がなければ R 点がパレート最適だということになります。R 点から x 財の消費量を固定したまま y 財の消費量を増やして，点 T にすることができます。同様に，R 点から y 財の消費量を固定したまま x 財の消費量を増やして，U 点にすることもできます。x 財と y 財の消費量を同時に増やして V 点にすることもできます。つまり，R 点は「パレート最適ではない」というわけです。

T 点，V 点，U 点はどうでしょうか。これらの点からは，y 財を増やす上方向にも x 財を増やす右方向にも行くことができません。予算が足りないためです。これらの点から x 財の消費量を増やすためには必ず y 財の消費量を減らさなければならず，y 財の消費量を増やすためには必ず x 財の消費量を減らさなければなりません。一方を増やそうとすると他方を減らさなければならないため，T 点，V 点，U 点は全てパレート最適だといえます。

パレート「最適」という言葉からは解が 1 つしかないように感じますが，実際には TU 間の予算制約線上は全てパレート最適になります。x 財と y 財の消費量は小数なども可能であることから，パレート最適な点は無数にあることになります。この問題では R 点が出発点になっていますが，特に問題の出発点を決めなければ予算制約線全体がパレート最適になります。たくさんあるパレート最適な点の中から 1 点を選び出すためには，他の条件が必要です。消費者行動の理論では，無差別曲線を描いて，予算制約線との接点を探す必要がありました（効用最大化条件，31 ページ）。

◆２人で取引する

次に，x 財と y 財を持った A さんと B さんの２人が，２財を交換し合う状況を考えます。このような問題を**純粋交換経済**といいます。遠足でのお菓子交換をイメージしてみましょう。子供たちがそれぞれ持ち寄ったお菓子を交換します。自由に交換できる状況ができれば（＝つまり完全競争市場です），チョコ１個に対してあめ３個というような交換比率（＝**均衡価格**）が決まるはずです。このとき，２人はパレート最適に達することができるのか，考えてみましょう。

まずは，２人の無差別曲線を準備します。無差別曲線は原点から遠いほど効用が高くなる性質があります（→第２講）。左側には A さんの無差別曲線，真ん中には B さんの無差別曲線があります。B さんのグラフをひっくり返して A さんのグラフにくっつけると，箱のような形になります。この箱型のグラフを**エッジワースのボックスダイアグラム**（エッジワースボックス）といいます。

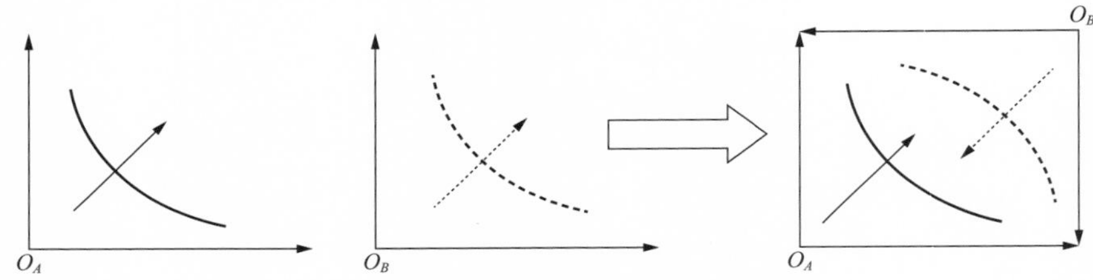

ボックスの左下は A さんの原点で，ボックスの右上は B さんの原点です。遠足でお菓子を交換する前の状態を初期保有量（初期賦存量）といい，C 点で表されています。この点を初期保有点といいます。ボックスの横の長さは２人が持っている x 財（チョコ）の合計量，縦の長さは２人が持っている y 財（あめ）の合計量になります。２人が交換をすると，初期保有点はボックスの中の他の点に移動します。

まずは，交換前の C 点がパレート最適かどうかチェックしましょう。C 点よりも良い点があるかどうか探してみます。まずは，E 点です。A さんから見ると，E 点は C 点から y 財（あめ）を手放して x 財（チョコ）を手に入れています。E 点と C 点は同じ無差別曲線 U_{A1} の上にあるため，A さんにとっては C 点と E 点の効用は同じです。B さんは x 財を手放して y 財を手に入れていますが，C 点の無差別曲線 U_{B1} に比べて E 点の無差別曲線 U_{B2} は右上の B さんの原点から遠くなっており，B さんの効用は増加しています。C 点から E 点に移動すれば，A さんの効用を下げることなく B さんの効用を高めており，より良い状況に移動しています。つまり，C 点は

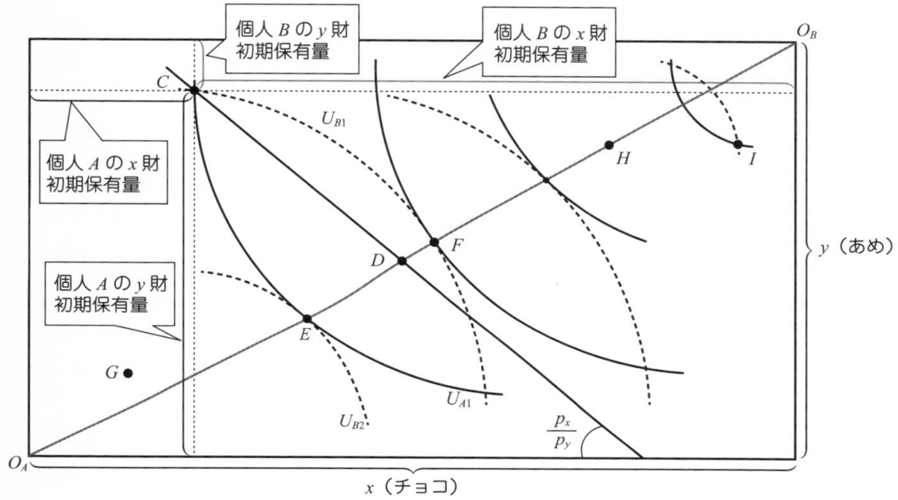

パレート最適ではありません。

E 点はどうでしょうか。E 点より左下，例えば G 点に移動すると，B さんの効用は増加しますが A さんの効用は減少します。E 点より右上，例えば D 点に移動すると，A さんの効用は増加しますが B さんの効用は減少します。E 点から上下左右どちらに移動してもどちらか一方の効用が減少するため，E 点はパレート最適です。E 点では，2 人の無差別曲線が接しています。2 人の無差別曲線の接点はすべてパレート最適になります。2 人の無差別曲線の接点を結んだ線を**契約曲線**といいます。

出発点を特に決めない場合は，O_AO_B 間の契約曲線上全てがパレート最適になります。C 点を出発点とした場合，パレート最適な点は EF 間になります。出発点を決めるとパレート最適の範囲が限定されますが，この限定された部分を**コア**といいます。コアの中にもたくさんのパレート最適な組み合わせがありますが，ここから 1 点を選ぶためには別の基準，**効用最大化条件**が必要となります。

効用最大化条件は，予算制約線と無差別曲線の接点で効用が最大になる，というものです。C 点は 2 人が家から持ってきた x 財と y 財の量であり，これが予算となるため，予算制約線は C 点を通る直線になります。図では省略されていますが，予算制約線と契約曲線が交わる D 点でも 2 人の無差別曲線が接しています。A さんの限界代替率（無差別曲線の接線の傾き）を MRS_A，B さんの限界代替率を MRS_B とすると，D 点では，

$$MRS_A = MRS_B = \frac{p_x}{p_y}$$

が成り立ちます。これを**パレート最適条件**といいます。

CHECK POINT

無差別曲線はあくまでも大小関係を比べるだけで，数値での比較はできません。E 点と F 点はどちらもパレート最適ですが，どちらがより優れているのかは判定できません。判定するためには，無差別曲線のもととなる効用関数の式を決める必要があります。

◆完全競争市場の役割

完全競争市場があれば，x 財も y 財も価格は 1 つに決まり，予算制約線の傾き $\frac{p_x}{p_y}$ も 1 つに決まります。市場がきちんと機能せず，**価格発見機能**が失われてしまうと，パレート最適条件が成立しなくなります。完全競争市場では，価格発見機能がきちんと機能して，パレート最適がいつも成り立ちます。これを**厚生経済学の第一定理**といいます。第一定理は「競争均衡はパレート最適である」とも言い換えられます。競争均衡は初期保有点に大きく依存します。初期保有点が B さんの原点に近い I 点の場合，A さんは x 財も y 財も多く保有しており，B さんはほとんど保有していません。この場合のコアは B さんの原点の近くにあり，A さんと B さんの間の保有量の差は解消されていません。

この差を解消することは理論的には可能です。政府が課税や社会移転などの再分配政策（第 17 講）を行い，H 点のような状況にすることができます。これを**厚生経済学の第二定理**といいます。第二定理によると，たとえ完全競争市場が存在しなくても政策でパレート最適が達成できます。しかし，社会的に望ましいパレート最適な配分を政府が探し出すことは理論的には可能であっても，現実的にはほぼ不可能だといえます。日本には 1 億人以上が住んでいます。ボックスは 1 億次元の非常に複雑な形になり，計算は事実上不可能です。一方で完全競争市場では，「神の見えざる手[2]」によって自動的にパレート最適が達成できます。第二定理はあくまでも理論的な可能性にすぎません。

Excersize 19

以下の文章のうち正しいものはどれか。

1：消費者余剰は需要価格－市場価格で求められ，需要曲線と価格に囲まれた三角形の面積で表される。
2：生産者余剰は供給価格－市場価格で求められ，供給曲線と価格に囲まれた三角形の面積で表される。
3：一方の状況を変化させずにもう一方の状況を改善できるときは，現状がパレート最適になる。
4：エッジワースのボックスダイアグラム上で初期保有点が決められているときには，契約曲線上がすべてパレート最適な組み合わせになる。

Anser 19

1：正しい。
2：誤り。生産者余剰は市場価格－供給価格で求められる。
3：誤り。一方の状況を悪化させないと他方の状況を改善できないときのみ，現状がパレート最適になる。
4：誤り。初期保有点が決められている時には，契約曲線上の一部（コア）のみがパレート最適な組み合わせになる。

2　アダムスミスが『国富論』で提示した概念。家計や企業などの経済主体が自由に競争すれば，市場で効率的で望ましい状況が実現すると主張しました。本書での完全競争市場や第一定理を表しています。ただし，アダムスミスは，人々は相手の気持ちを思いやる共感（シンパシー）を持っているので自由に競争してもよいのだと主張しています。自分さえ得をすればいいという弱肉強食の市場を想定していたわけではありません。現在の経済学では，共感は理論に取り入れられていません。

不完全競争市場

本講では，売り手の数が少ない不完全競争市場について見ていきます[1]。売り手の数や条件に応じていくつかのタイプがありますが，生産量のコントロールを通じて間接的に価格をコントロールできるという共通点があります。

1．完全競争市場との違い

◆売り手が少ないと生産量をコントロールできる

完全競争市場では，ある生産者が生産量を増やしても減らしても市場には影響がありません。ライバルとなる生産者が無数に存在するからです。しかし，不完全競争市場では事情が異なります。他のライバルが少ないため，企業は完全競争市場の価格よりも高い**需要価格**で財を売ることができます。生産量を減らすことで価格を吊り上げることも可能です。

市場に企業1，企業2，企業3と3社存在する場合には，市場全体の供給量xは，3社の供給量の合計$x=x_1+x_2+x_3$になります（3社の生産量に添え字を付けてあります）。需要曲線は，$p=a-bx$という形をしていますが，市場に3社存在する場合の需要曲線は，$p=a-bx=a-b(x_1+x_2+x_3)$になります。

生産量によって販売価格が異なるため，企業の総収入は複雑な形になります。需

❖ 生産量と価格 ❖

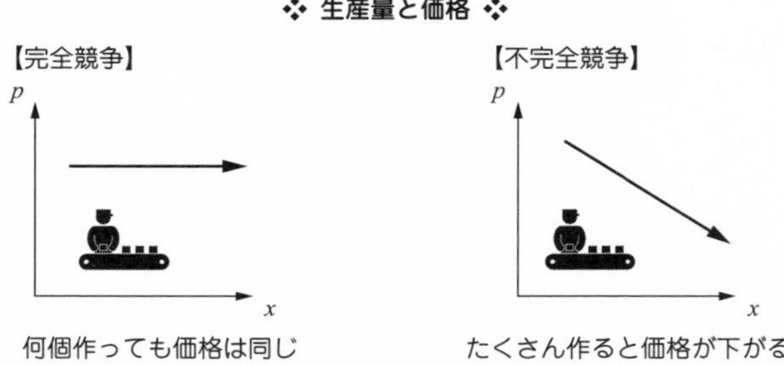

1　買い手の数が少ない不完全競争市場もあります。本講の「売り手」と「買い手」をひっくり返すことで市場を記述することができます。

要曲線が $p=p(x)$ であるときには，総収入 TR は，$TR=p(x)\times x$ となります。需要曲線が $p=a-b(x_1+x_2+x_3)$ のときには，企業１の総収入 TR_1 は，$TR_1=px_1=(a-b(x_1+x_2+x_3))\times x_1$ となります。

2. 独占市場

◆独占企業の利潤最大化

独占市場では，独占企業の生産量がそのまま市場全体の供給量になります。利潤は，$\pi=TR-TC$ ですが，**利潤最大化条件**は利潤の式を生産量で微分して $=0$ とすれば得られます。完全競争市場では，総収入は $TR=px$ と簡単な形をしていたため，総収入を微分すると価格 p になります。しかし，独占では総収入が $TR=p(x)\times x$ と複雑な形をしているため，微分した値も複雑になります。そこで，総収入 TR を生産量 x で微分したものを**限界収入** MR とします。限界収入は，生産量が１増えたときの追加的な収入です。作れば作るほど価格が下がっていくため，限界収入は生産量に応じて低下します。利潤最大化条件は，

$$\frac{d\pi}{dx}=\frac{d(TR-TC)}{dx}=MR-MC \quad \rightarrow \quad \text{これを}=0\text{とおく} \quad \rightarrow \quad MR-MC=0$$

$$\rightarrow \quad MR=MC$$

となります。利潤最大化条件によって，独占企業の生産量が決まります。価格は需要価格で決まります。

Excersize 20

需要曲線が $p=380-x$，独占企業の供給曲線が $p=20+x$ であるとき，価格と生産量を求める。

Anser 20

・MR を求める

$TR=p(x)\times x$ であるため，$TR=(380-x)\times x=380x-x^2$　これを x で微分して，$MR=380-2x$ となる。

・生産量を求める

$MR=MC$ より，$380-2x=20+x \quad \rightarrow \quad 3x=360 \quad \rightarrow \quad x=120$

・価格を求める

$x=120$ を需要曲線に代入する　→ $p=380-120=260$

需要曲線が $p=a-bx$ のように直線の式の場合，MR は $p=a-2bx$ のように需要曲線の傾き 2 倍の直線になります。総収入が，$TR=(a-bx)\times x=ax-bx^2$ になることから，x で微分すると $MR=a-2bx$ となります。

なお，限界費用曲線 MC は供給曲線 S と同じでした。復習しておきましょう。

この問題をグラフにすると以下のようになります。完全競争市場での均衡点は需要曲線と供給曲線の交点である B 点になり，価格も数量も B 点で決まります。独占では，数量（生産量）は $MR=MC$ となる A 点で決まり，価格はそこから需要曲線にぶつかるまで上に行った C 点で決まります。価格が決まる C 点は，**クールノーの点**といいます。完全競争市場と独占の違いは表のようになります。

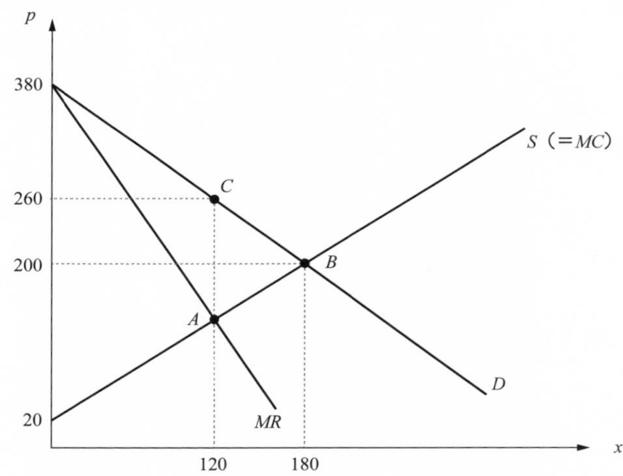

	完全競争市場	独占市場
価格のコントロール	できない	生産量のコントロールを通じて可能
利潤最大化条件	$p=MC$	$MR=MC$
数量	B 点	A 点
価格	B 点	C 点
利潤	ゼロ	プラス *or* ゼロ *or* マイナス

CHECK POINT

生産量が $MR=MC$，価格がクールノーの点（需要価格）で決まるというのは，独占だけでなく，複占や寡占など他の不完全競争市場でも成り立ちます。

◆独占企業は儲かるか

上の表では，独占企業の利潤がプラスになったりマイナスになったりしています。独占企業はライバルがなく，価格を完全競争市場よりも吊り上げることができます。黒字になるのではないでしょうか？

利潤がプラスになるかどうかは，費用の構造によって決まります。AC_1 のように平均費用が販売価格よりも低ければ，独占企業は製品１個当たり（$C-E$）だけのプラスの利潤を上げることができます。しかし，コストが高すぎて AC_2 になる場合には，製品１個当たり（$F-C$）だけ赤字になってしまいます。

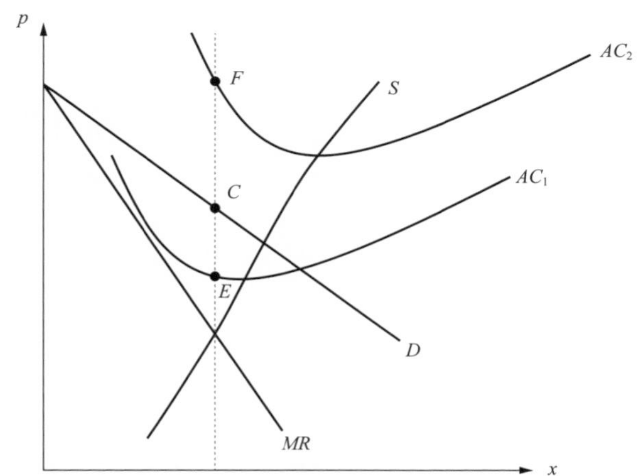

◆独占による死荷重の発生

独占は完全競争に比べて生産量が低く，価格が高くなっています。これが余剰にどのような影響を与えるのか見てみましょう。次ページの左図は完全競争市場の消費者余剰 CS と生産者余剰 PS です。CS と PS を足したものが社会的余剰になります。独占の右図では，消費者余剰が小さくなっています。生産者余剰は三角形から台形に形が変わっています。多くの場合，生産者余剰は完全競争のときよりも大きくなります。それでも社会的余剰は完全競争のときよりも小さくなっており，死荷重 DWL が発生しています。

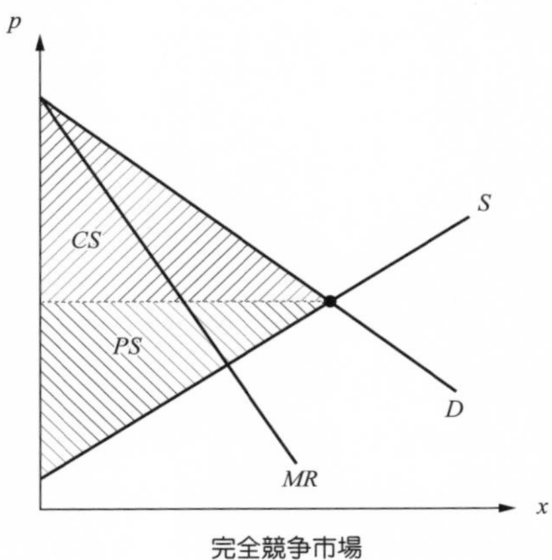

完全競争市場

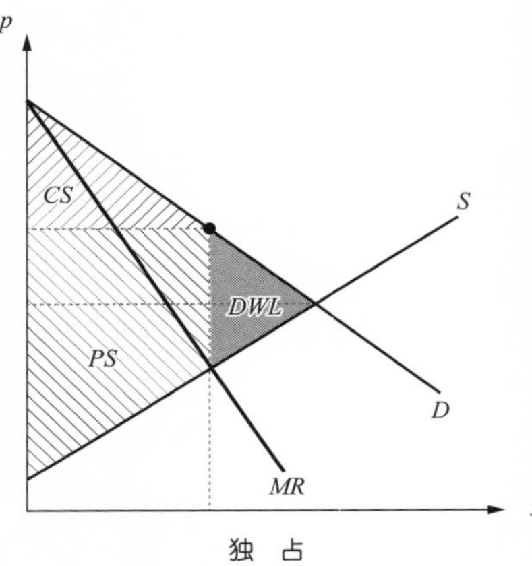

独　占

Excersize 21

需要曲線が $p=380-x$，独占企業の供給曲線が $p=20+x$ であるとき，独占による死荷重はいくつになるか。

Anser 21

・完全競争の生産量を求める

需要曲線と供給曲線の交点を求める。

$380-x=20+x \quad \rightarrow \quad 2x=360 \quad \rightarrow \quad x=180$

・独占の生産量と価格を求める

$MR=MC$ より，$380-2x=20+x \quad \rightarrow \quad 3x=360 \quad \rightarrow \quad x=120$

$x=120$ を需要曲線に代入する　$\rightarrow p=380-120=260$

・$MR=MC$ のときの p を求める

$x=120$ を供給曲線に代入する　$\rightarrow p=20+120=140$

・死荷重を求める

$$死荷重=(260-140)\times(180-120)\times\frac{1}{2}=3600$$

Excersize 21 を図示すると，以下のようになります。

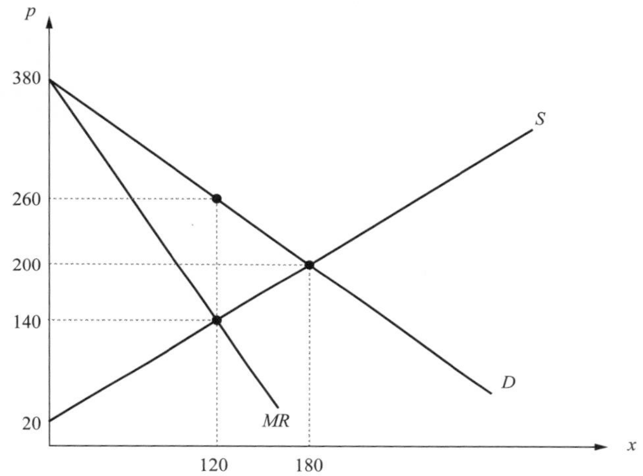

完全競争と独占の余剰は以下のようになります。

	完全競争市場	独占市場
消費者余剰	$(380-200)\times 180\times \frac{1}{2}=16200$	$(380-260)\times 120\times \frac{1}{2}=7200$
生産者余剰	$(200-20)\times 180\times \frac{1}{2}=16200$	$(140-20)\times 120\times \frac{1}{2}+(260-140)\times 120=21600$
社会的余剰	$16200+16200=32400$	$7200+21600=28800$
死荷重	なし	$(260-140)\times(180-120)\times \frac{1}{2}=3600$

3. 複占市場

◆ 2 企業による競争

複占とは，市場が 2 企業で占められている状態を指し，2 企業の合計生産量が市場の供給量になります。相手が大量に生産したときに自分も大量に生産すると，市場の供給量が大幅に増えて価格が大きく下がります。相手の行動が自分の行動に影響を与えるという点が独占とは異なります[2]。競争の条件によっていくつかのパターンがありますが，本講では互いに相手の情報を事前に知らない中で生産量を調

2　本書では 2 企業が競争するという話をしますが，2 企業の合計利潤が最大になるように生産量を調整するなど，2 企業が協調するモデルもあります。

❖ 複占の種類 ❖

【クールノー均衡】

互いに同じ条件で数量競争

【シュタッケルベルク均衡】

一方が情報優位な状況で数量競争

【ベルトラン均衡】

互いに同じ条件で価格競争

【ナッシュ均衡】

互いに同じ条件で戦略競争

整するという，**クールノー均衡**を見ていきます。

◆クールノー均衡

2つの企業に1，2の番号を付けます。それぞれの企業の生産量に添え字をつけて x_1，x_2 とすると，市場全体の供給量は $x=x_1+x_2$ となります。利潤，総収入，総費用にも1と2の添え字をつけると，企業1と企業2の利潤は，

$$\pi_1 = TR_1 - TC_1, \qquad \pi_2 = TR_2 - TC_2$$

となります。それぞれの企業が利潤最大化を図ると，

$$MR_1 = MC_1, \qquad MR_2 = MC_2$$

が成り立ちます。需要曲線が $p=a-bx$ のとき，2企業の生産量を代入すると，$p=a-b(x_1+x_2)=a-bx_1-bx_2$ となります。これをもとにそれぞれの限界収入 MR を求めてみましょう。

$$TR_1 = px_1 = (a-bx_1-bx_2)\times x_1 = ax_1 - bx_1{}^2 - bx_1x_2$$

$$\rightarrow \quad MR_1 = \frac{d(ax_1 - bx_1{}^2 - bx_1x_2)}{dx_1} = a - 2bx_1 - bx_2$$

$$TR_2 = px_2 = (a-bx_1-bx_2)\times x_2 = ax_2 - bx_1x_2 - bx_2{}^2$$

$$\rightarrow \quad MR_2 = \frac{d(ax_2 - bx_1x_2 - bx_2{}^2)}{dx_2} = a - bx_1 - 2bx_2$$

となります。需要曲線に x_1 と x_2 が両方入っているため，MR にも x_1 と x_2 が両方残っています。$MR_1=MC_1$ と $MR_2=MC_2$ で式が2つ，x_1 と x_2 で文字が2つありますので，2つの式を連立させれば x_1 と x_2 を求めることができます。

また，各企業の MR を需要曲線と比べてみると，需要曲線から自分の生産量の係数を2倍すればいいことが分かります。独占のときと同じように，需要曲線からすぐに MR を求めることができます[3]。

$MR_1=MC_1$ と $MR_2=MC_2$ はグラフに描くことができ，これらを**反応関数**といいま

す。2 本の反応関数の交点がクールノー均衡の答えとなります。

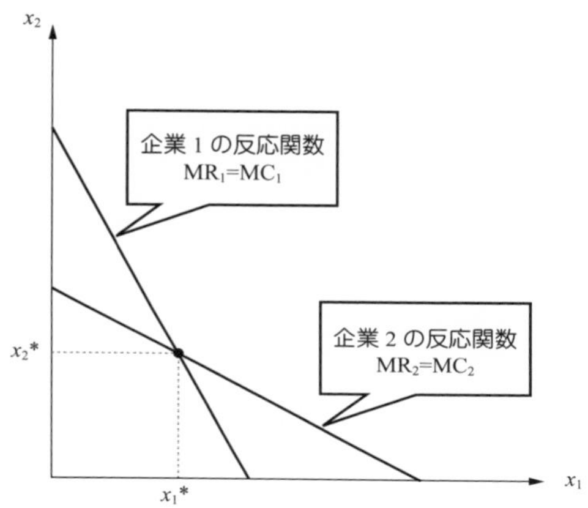

Excersize 22

2 企業で占められている市場の需要曲線が $p=460-x$ であり，2 企業の費用関数がそれぞれ $TC_1=x_1{}^2-40x_1+100$，$TC_2=x_2{}^2-40x_2+400$，であるとき，それぞれの生産量はいくつになるか。

Anser 22

・需要曲線と MR を求める

需要曲線：$p=460-x=460-(x_1+x_2)=460-x_1-x_2$

各企業の MR は，

$MR_1=460-2x_1-x_2$,　　$MR_2=460-x_1-2x_2$

・TC を微分して MC を求める

$MC_1=2x_1-40$,　　$MC_2=2x_2-40$

・利潤最大化条件を用いる

$MR_1=MC_1$　→　$460-2x_1-x_2=2x_1-40$　→$4x_1+x_2=500$

$MR_2=MC_2$　→　$460-x_1-2x_2=2x_2-40$　→$x_1+4x_2=500$　→$x_1=500-4x_2$

3　この関係は，需要曲線が $p=a-bx$ という直線の形をしているときだけです。$p=a-bx^2+cx$ のように 2 乗などが入っているときには使えません。

2番目の式を1番目に代入すると，

$4(500-4x_2)+x_2=500$ → $2000-16x_2+x_2=500$ → $15x_2=1500$ → $x_2=100$

これを代入して，$x_1=500-4x_2$ → $x_1=500-4\times100=100$

なお，市場価格は，生産量を需要曲線に代入して，

$p=460-(x_1+x_2)=460-(100+100)=260$

この問題では，企業1と企業2の生産量が同じ100になっています。理由は，費用の構造が2つの企業で同じだからです。利潤最大化条件 $MR=MC$ をまとめた式，$4x_1+x_2=500$ と $x_1+4x_2=500$ は，x_1 と x_2 が入れ替わっているだけです。この関係が分かっていれば，$MR_1=MC_1$ の計算をした後に，$x_1=x_2=x$ として，$4x_1+x_2=500$ → $4x+x=500$ → $5x=500$ → $x=x_1=x_2=100$ と簡単に答えを出せます。簡単な方法が使えるのは，費用関数が同型のときだけです。

CHECK POINT

費用関数が同型かどうかは，総費用 TC ではなく限界費用 MC の形で判定します。

$TC_1=x_1{}^2-40x_1+100$ → $MC_1=2x_1-40$

$TC_2=x_2{}^2-20x_2+100$ → $MC_2=2x_2-20$

この場合は，同型ではありません。

◆企業の数が多いとき

MC が同型の企業が3社ある場合を考えて見ましょう。市場全体の供給量は $x=x_1+x_2+x_3$ になるため，先ほどの問題の需要曲線 $p=460-x$ に代入すると，

$$p=460-x=460-(x_1+x_2+x_3)=460-x_1-x_2-x_3$$

となります。企業1の限界収入 MR_1 は，

$$MR_1=460-2x_1-x_2-x_3$$

となります。$x=x_1=x_2=x_3$ を使うと，

$$MR_1=460-2x-x-x=460-4x$$

となります。企業が2社の場合は，$MR_1 = 460 - 3x$，3社の場合は $MR_1 = 460 - 4x$ となることから，企業の数が分かれば MR の x の係数は（企業数＋1）となります。この方法は MC が同型のときしか使えないという点を注意しておいてください。

4. 差別価格

◆ 2つの市場に2つの価格

同じ商品であっても販売する市場によって異なる価格にすることを**差別価格**といいます。同じ商品に複数の価格を付ける戦略です。人々が価格に敏感であれば，価格を引き上げると売り上げが大幅に減少します。一方で，人々が価格をあまり気にしなければ値上げをしても売り上げはあまり減りません。図で p_1 から p_2 に価格が上昇したとき，**需要の価格弾力性**が小さい需要曲線 D_1 では需要はあまり減少していませんが，需要の価格弾力性が大きい需要曲線 D_2 では需要が大幅に減少しています。顧客層や地域によって需要曲線の形が違うのであれば，それぞれの市場で異なる価格を付ける戦略が成り立ちます[4]。

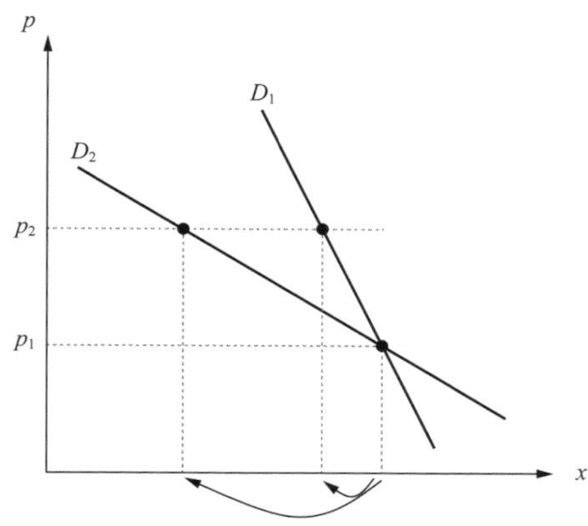

次ページの図のように，需要の価格弾力性が小さい第1市場と需要の価格弾力性が大きい第2市場がある場合，企業は $MR_1 = MR_2 = MC$ となるようにそれぞれの市場の生産量を決めます（ここでは簡略化して MC を一定の数値としてあります）。第1市場では G 点で生産量が決まり，クールノーの点である H 点で価格を決めます。

4　このような戦略は不完全競争市場でのみ成り立ちます。完全競争市場では企業は価格をコントロールすることができません。

同じように第2市場ではI点で生産量が決まり，J点で価格が決まります。電車の運賃を決めるときに，会社が定期代を出すため価格に鈍感な社会人向け（＝第1市場）には高い価格，自分で定期を買うために価格に敏感な学生向け（＝第2市場）には低い価格を付けることは，経済的合理性のある行動だといえます[5]。

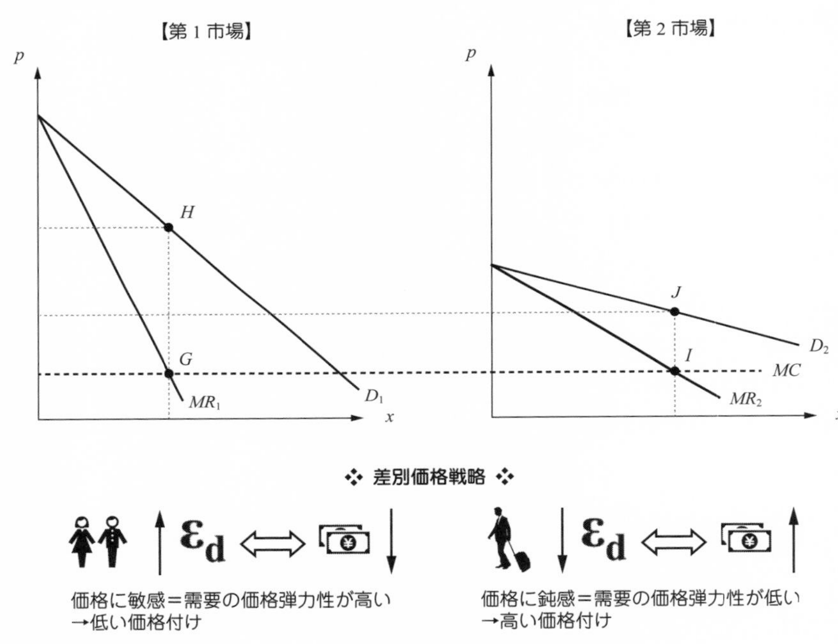

5. 費用逓減産業

◆大規模設備を使い切れない

通常，発電所は100％の能力で発電せずに余力を残した状態で操業しています。普段から100％の能力を使うと，猛暑でエアコン利用が急増して電力需要が増えたときなどに対応できないためです。また，設備能力を100％使うということは限界まで稼働させているということでもあり，トラブルが生じやすくなることから，安全性を考慮して余力を残して稼働させます。電力・ガス・水道などの大規模な資本

5　図では紙幅の都合で第2市場の需要曲線が低い高さから始まっています。第1市場と同じ高さから需要曲線が始まっている場合には，グラフのずっと右の方でMR＝MCとなり，やはり第1市場よりも低い価格になります。

設備を必要とする産業では，生産余力を残して稼働させます。

このような場合，平均費用曲線 AC や限界費用曲線 MC は最低点よりも左側，つまり，右下がりの状態で需要曲線と交わっています。この部分では生産量を増やせば増やすほど費用が下がることから，**費用逓減産業**と呼ばれています[6]。

◆独占企業として行動すると問題が

費用逓減産業も完全競争ではないため，$MR = MC$ で生産を行い，生産量は K 点，価格は L 点で決まります。インフラ部門で完全競争に比べて供給量が少なく価格が高い状況は，社会的に望ましくありません。電力の絶対量が不足して全員が使えず，高い価格を支払える人だけが使えるような状況は好ましくありません。

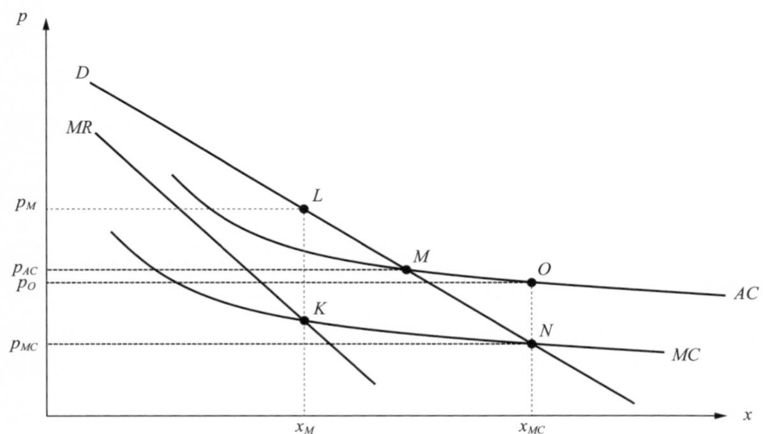

このような問題を解決する方法として，以下のものがあります。

平均費用価格形成：平均費用曲線 AC と需要曲線 D の交点で生産を行います（M 点）。販売価格と平均費用が等しくなるため，企業の利潤はゼロになります。

限界費用価格形成：限界費用曲線 MC と需要曲線 D の交点で生産を行います（N 点）。MC は AC よりも下にあることから，企業の利潤は，製品 1 個当り ON の分だけマイナスになります。

6　費用逓減産業にはエネルギーやインフラ事業などが当てはまりますが，必要となる設備が大規模すぎて参入が難しく，独占になりやすいことから**自然独占**といわれることもあります。

これらを実施するためには，価格を許認可制にして，政府の許可がなければ料金の変更ができないようにする方法があり，日本でも電力やガスなどで導入されています。限界費用価格形成は，需要曲線と供給曲線の交点での生産を要求することと同じであり，完全競争市場と同じ条件での生産を求めています。一見いいように見えますが，企業は赤字生産を強いられて長期的な存続が危ぶまれます。他にライバルとなる企業がいないため，この企業が倒産すると市場に財が供給されなくなってしまいます。そこで，ホテリングは企業の赤字額＝製品1個当たりの赤字額×生産量＝($p_O ONp_{MC}$)に相当する額を政府の補助金で賄うことを主張しました。

その他には，**二部料金制度**や**基本料金制度**があります。二部料金制度は，工場などの電力需要が減る夜間の家庭向け電力を割引して，電気温水器などの稼働を昼間から夜間に誘導するような制度です。こうすることで，昼間に発電量を増やして夜間に減らすといった調整を少なくすることができます。基本料金制度は，赤字額相当を基本料金として徴収しておき，財の単価を下げる方法です。基本料金で赤字を吸収できれば，長期的に経営を続けることができます。

6. 売上高最大化

◆利潤ではなくシェア

これまでは，企業は利潤最大化を行うという仮定をしましたが，実際には，企業は**シェア**（市場占有率）を追い求めます。市場で圧倒的な知名度を獲得すれば，広告宣伝を効率化でき，価格のコントロールも可能になるかもしれません。このような状況では，企業は利潤最大化ではなく，**売上高最大化**を図ります。売上高最大化仮説は，ボーモルによるものです。

CHECK POINT

売上高最大化で生産量を求めるときには，$p=MC$ または $MR=MC$ を使うことができません。どちらも，利潤最大化条件だからです。

利潤のグラフと利潤最大化条件は，生産者行動の理論（49ページ）で確認しておきましょう。

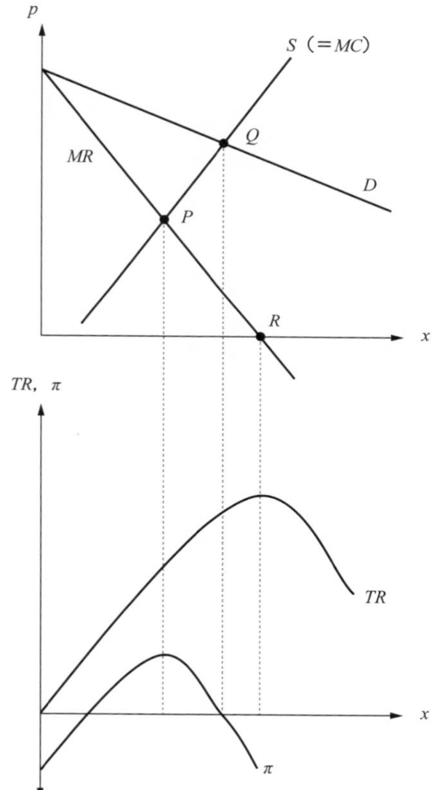

図で利潤が最大になる点は $MR=MC$ になる P 点です。ここから生産を１単位増やすと，限界収入 MR だけの追加収入を得られます。MR がプラスということは，増産によって総収入 TR をまだ増やすことができます。ただし，利潤を最大にする生産量を上回っているため，利潤は徐々に減少します。

Q 点では，$p=MC$ となり利潤はゼロになりますが，MR はまだプラスを保っているため，増産によって TR を増やすことができます。

R 点になると，$MR=0$ となり，これ以上生産量を増やすと今度は TR が減少してしまいます。そのため，売上高を最大にする生産量は R 点となり，$MR=0$ が**売上高最大化条件**となります。

Excersize 23

以下の文章のうち正しいものはどれか。

1：独占企業は限界収入と限界費用が等しくなるように生産量を決める。市場にライバルがいないため，独占企業は黒字になる。
2：2社で市場が占められている場合，2社の費用の構造が同じであれば，2社の生産量も同じになる。
3：電力やガスなどの公益事業では，需要曲線と供給曲線の交点で生産すれば企業の利潤はゼロになる。
4：売上高最大化を図る企業は，$MR=MC$ に基づいて生産量を決める。

Anser 23

1：誤り。平均費用が販売価格よりも高ければ赤字になる。
2：正しい。
3：誤り。限界費用価格形成では企業の利潤はマイナスになる。
4：誤り。$MR=0$ に基づいて生産量を決める。

ゲーム理論

第6講

ゲーム理論は，企業など複数の経済主体が互いに複数の戦略の中からどれを選択するのかを考える分野です。ゲーム理論では確率を駆使して数学的に分析しますが，本講では表を使ってゲーム理論の基本的な考え方を見ていきます。ゲーム理論は，フォン＝ノイマンによって示され，ナッシュによって発展しました。現在では，経済学の多くの分野で採用されており，欠かせないツールとなっています。

1．ナッシュ均衡

◆相談できない２人のゲーム

まずは**囚人のジレンマ**というゲームを見てみましょう。ゲームに登場する２人をプレイヤーと呼びましょう。各プレイヤーはいくつかの選択肢＝戦略を持っており，「各プレイヤーは，自己の利得が最大になるような戦略を選択する」というルールに基づいて行動します。**利得**とはゲームの得点のことで，**利得表**という表で得点が事前に示されています。

> あなたと相棒は，銀行強盗の容疑をかけられています。2人は犯行を自供しないので，看守は一計を案じることにしました。
> まず，2人を別々の部屋に入れて相談ができないようにします。そうして，2人に同じ条件を提示します。そうして，「相棒も同じ事をしている」と告げるのです。
> さて，あなたはどうしますか？

看守が２人に見せたのは次の利得表です。２人のプレイヤーは「黙秘」と「自白」の２つの戦略が与えられています。表の数字は（あなたの利得，相棒の利得）を表しています。刑に服するのはマイナスのことであるため，懲役３年を－３年という形で表現しています。

あなたの戦略		相棒の戦略	
		黙秘	自白
	黙秘	(−3年，−3年)	(−10年，−1年)
	自白	(−1年，−10年)	(−5年，−5年)

あなたが自白して相棒が黙秘すると，利得は左下の（−1年，−10年）になり，あなたは懲役1年，相棒は懲役10年となります。互いに相談できないため，相手が何を選択するのか分かりません。このような状況でどのように考えたらいいでしょうか？

◆ゲームを解く

相棒が何を選択するのか分からないので，黙秘と自白の両方のパターンを考えましょう。まずは，相棒が黙秘を選んだ場合，つまり，利得表の左半分を考えます（右半分は隠しておきましょう）。あなたが黙秘をすると利得は−3，自白をすると利得は−1となります。この場合，−1を選んだ方が利得が大きくなります。あなたの戦略ということで，左下のあなたの利得の下に○を付けておきましょう。次に，相棒が自白を選んだ場合，利得表の右半分です。あなたが黙秘すると利得は−10，自白すると−5になりますので，自白を選びます。○を付けておきましょう。

次に相棒を考えます。あなたが黙秘した場合（利得表の上半分），相棒が黙秘すると利得は−3，自白すると−1になるので，相棒は自白を選びます。相棒の利得の下に△を付けておきます。あなたが自白した場合に相棒が黙秘すると利得は−10，自白すると利得は−5になるので，相棒は自白を選びます。

マークを付けた利得表は以下のようになります。

あなたの戦略○		相棒の戦略△	
		黙秘	自白
	黙秘	(−3年，−3年)	(−10年，−1年) △
	自白	(−1年，−10年) ○	(−5年，−5年) ○　△

○と△が両方とも付いているところが**ゲームの解**となります。ゲームの解は**ナッシュ均衡**ともいいます。右上や左下のように○と△のうち1つだけのところは，ゲームの解にはなりません。

◆囚人のジレンマの特徴

このゲームの解にはいくつかの特徴があります。まずは，ゲームの解が1つあるということです。ゲームの解がどこになるのかは利得表の数値次第です。数値によってゲームの解は0から2つになりますが，囚人のジレンマではゲームの解は1つです。次は，ゲームの解が**支配戦略均衡**になっているということです。相手がどの戦略を選んだとしても自分の戦略が1つに決まることを**支配戦略**といいます。囚人のジレンマでは2人とも自白という支配戦略を持っており，このようなゲームの解を支配戦略均衡といいます。最後は，ゲームの解が**パレート最適**ではないということです。このゲームでは明らかに（自白，自白）よりも（黙秘，黙秘）の方がいい結果になります。プレイヤーは互いに利得表を知っているにもかかわらず，2人とも（黙秘，黙秘）を選択しようとしていません。2人が合理的に行動しているにもかかわらず，その結果は望ましいものにならないのが囚人のジレンマの最大の特徴です。

CHECK POINT

このゲームでは，ナッシュ均衡＝支配戦略均衡となっています。支配戦略均衡であれば，それは必ずナッシュ均衡になりますが，逆は必ずしも成立しません。ナッシュ均衡は存在しても，支配戦略均衡は存在しないというゲームもあります

◆支配戦略のないゲーム

次の利得表を使ってナッシュ均衡のルールでゲームを解いてみましょう。

		*B*の戦略△	
		P	*Q*
*A*の戦略○	*P*	（14，12） ○　△	（6，4）
	Q	（2，2）	（11，13） ○　△

・*A*の戦略

*B*が*P*→*A*は*P*

*B*が*Q*→*A*は*Q*

・*B*の戦略

*A*が*P*→*B*は*P*

*A*が*Q*→*B*は*Q*

となるため，ゲームの解は（*P*，*P*）と（*Q*，*Q*）の2つになります。このゲームに

は，ゲームの解は2つ，支配戦略がない，ゲームの解はパレート最適になっている，という特徴があります。このタイプのゲームは逢引のジレンマとも呼ばれます。*A* と *B* がどこで逢引（デート）するのかを決めるゲームですが，2人が別々の場所に行くのは意味がなく，利得が低くなっています。逢引のジレンマでは，*A* と *B* のどちらが交渉力が強いのかなど他の要素がないとゲームの解が1つに決まりません。

2. ミニマックス均衡

◆損をしないように考える

ミニマックス均衡では，各プレイヤーが「相手が自分にとって最も都合の悪い戦略を選択する」と予想した上で，その予想の下で自らの利得が最大になるような戦略を選択します。ナッシュ均衡ではプレイヤーはできるだけ得をしようと考えるのに対し，ミニマックス均衡ではプレイヤーはできるだけ損をしないように考えます。ミニマックス均衡は**マクシミン均衡**と呼ばれることもあります。厳密にはミニマックスとマクシミンは違うのですが，公務員試験などでは同一のものとして扱われています。

次の利得表を解いてみましょう。ナッシュ均衡のルールでは，(②，II）がゲームの解になります。ゲームを自分で解いて確認してください。

		B の戦略	
		I	II
A の戦略	①	(20，25)	(10，15)
	②	(30，35)	(40，45)

ミニマックス均衡のルールで *A* の戦略を見てみましょう。*A* は相手 *B* が自分にとって都合の悪い戦略を選ぶと考えます。それぞれの戦略は以下のようになります，

・*A* の戦略

A が①→ *B* がIのとき *A* の利得が20，*B* がIIのとき *A* の利得が10

→ *B* はIIを選択すると予想

A が②→ *B* がIのとき *A* の利得が30，*B* がIIのとき *A* の利得が40

→ *B* はIを選択すると予想

→ *A* は①のときは利得10，②のときは利得30と考えて②を選択する

・B の戦略

B がⅠ→ A が①のとき B の利得が 25，A が②のとき B の利得が 35

→ A は①を選択すると予想

B がⅡ→ A が①のとき B の利得が 15，A が②のとき B の利得が 45

→ A は①を選択すると予想

→ B がⅠのときは利得 25，Ⅱのときは利得 15 と考えてⅠを選択する

→ミニマックス均衡は（②，Ⅰ）

利得表の数値によっては，ナッシュ均衡とミニマックス均衡が同じになることもあります。また，ナッシュ均衡がないこともあります。

3. ゲームの木

◆順番に選択する

これまでのゲームでは，2 人が同時に戦略を選びました。もし，あらかじめ選択する順序が決まっていたらどうなるでしょうか。このようなゲームは**展開型ゲーム**，**サブゲーム均衡**などと呼ばれます。このような場合は利得を表で書けないため，**ゲームの木**によって利得を記述します。

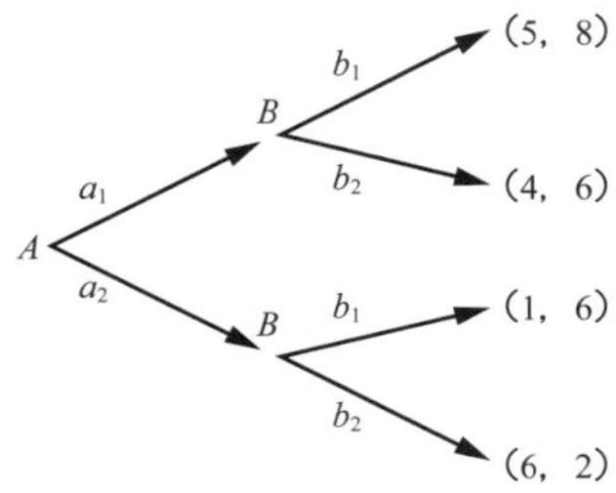

このゲームでは A が先に a_1 か a_2 を選択した後に，B が b_1 か b_2 を選択します。A が a_1 を選択すると，B は自分の利得が高くなる b_1 を選択することが予想できます。このときの A の利得は 5 です。A が a_2 を選択すると，B は b_1 を選択すると予想できます。このときの A の利得は 1 になります。両者を比較して，A は a_1 を選択するため，ゲームの解は（a_1，b_1）となります。（a_2，b_2）は A にとって都合がいいのですが，a_2 のときには B は b_2 を選択しません。

ゲームを解く際には，後から選択する B の行動から考え，先に選択する A の行動を後から決めます。他のタイプのゲームでも，最後の回のゲームを考えて，次に最後から2番目のゲームを考えて，次に最後から3番目のゲームを考えて…というように後ろから前に向かって戦略を決めていきます[1]。

Excersize 24

以下の文章のうち正しいものはどれか。

1：2人で行うゲームでは，必ずゲームの解が存在する。
2：ゲームにナッシュ均衡が存在するときには，両者は必ず支配戦略を採っている。
3：囚人のジレンマのゲームでは，ゲームの解はパレート最適にはならない。
4：マクシミン均衡が存在するゲームでは必ずナッシュ均衡が存在する。

Anser 24

1：誤り。利得表によってはゲームの解がないこともある。ただし，各プレイヤーが戦略を確率によって決める際には，ゲームの解が存在する。
2：誤り。支配戦略均衡→ナッシュ均衡は必ず成立するが，ナッシュ均衡→支配戦略均衡は成り立たないケースもある。
3：正しい。
4：誤り。利得表の数値によってはナッシュ均衡がない場合もある。

1　囚人のジレンマを繰り返すゲームを考えてみましょう。いつゲームが終わるか分かっているときには，最終回は互いに相手を裏切る（自白する）ことが予想されます。次に，最後から2番目のゲームでは最終回に相手が裏切ることが分かっているので，自分は相手を裏切ります。相手も同じように考えるので互いに相手を裏切ります。このようにして，第1回目から最終回まで互いに相手を裏切り続けます。しかし，いつゲームが終わるのか分からないときには，互いに相手に協力する（黙秘する）ことでゲーム全体の利得を大きくできます。これはアクセルロッドが行った実験で確かめられました。

公共財・外部効果

市場では消防サービスを取引することができません。このような財やサービスは政府が公共財として提供します。公共財の特徴を見ていきましょう。また，環境汚染など市場の外部で起きたことを市場分析で取り扱う工夫を見ていきましょう。

1. 公共財

◆政府が供給する財とサービス

一般道路や公園などは，基本的に無料で利用できます。このような財は生産に費用がかかってもその費用が回収できないために，民間企業が生産のための費用を負担できません。消防などのサービスも民間企業が供給することはできますが，消火活動が有料になればサービスを買えない家計も出てくるため，火災が広がってしまいます。このような財やサービスは政府が費用を負担して提供する方が望ましいといえます。

政府が供給する財（サービス）を**公共財**といい，民間企業が供給する財を**私的財**といいます。パンなどの私的財は消費者が食べてしまうと他の人が消費できませんが，橋などの公共財は多くの人が同時に消費する（橋を渡る）ことができます。この性質を**非競合性**といいます。また，パンはお金を支払って買う必要がありますが，一般道路は対価を支払うことなく利用できます。この性質を**非排除性**といいます。全ての公共財が2つの特徴を両方とも持っているわけではありませんが，公共財の基本的な性質です。

非競合性と非排除性

【非競合性】

複数の人が同時に消費できる

【非排除性】

お金を支払わなくても消費できる

◆公共財の需要と供給

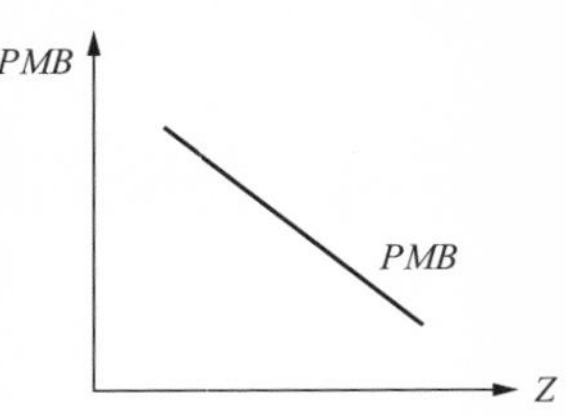

公共財にも需要と供給がありますが，私的財とは考え方が異なります。公共財は無料で使えるため，効用最大化条件が使えません。しかし，私的財と同じような考え方をすることができます。

公共財 Z を利用すると便益（ベネフィット）が得られます。便益は効用と似ていて，公園や行政サービスを利用することが，消費する個人にとってどれくらい役立つのかを表します。公共財が1増えることによる追加的な便益を個人の**限界便益**（限界評価）PMB といいますが，PMB は公共財が増えれば増えるほど小さくなります。公園にすべり台が1台あると限界便益は大きいですが，2台，3台と増えるに従ってすべり台を有効に使えなくなり，限界便益が小さくなります。

限界便益曲線 PMB は需要曲線とよく似ています。グラフは個人の PMB ですので，経済全体の限界便益を出す必要があります。社会的限界便益 SMB は，個人の限界便益を合計すると得られ，需要曲線のような右下がりの線になります。

CHECK POINT

個人 A と個人 B の限界便益をそれぞれ，

$PMB_A = -aZ + s$

$PMB_B = -bZ + t$

とすると，社会的限界便益は，$SMB = PMB_A + PMB_B = -aZ + s - bZ + t$
$= -(a+b)Z + (s+t)$ となります。

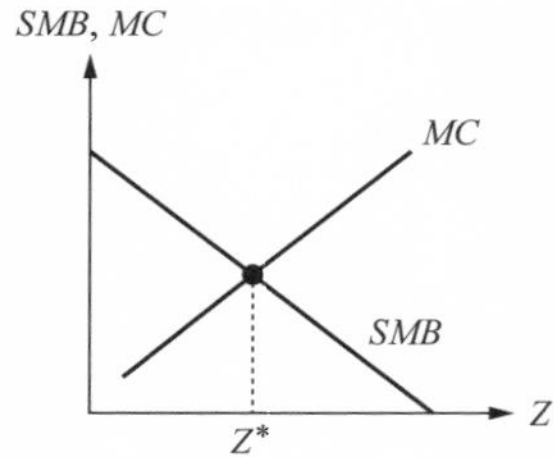

公共財と私的財の大きな違いは販売価格にあるため，生産面では大きな違いがありません。公共財の費用は私的財の費用と同じように考えることができ，限界費用曲線 MC が公共財の供給曲線になります。そのため，公共財の供給量は，

$$SMB = MC$$

で決まり，これを**公共財最適供給条件**といいます。

Excersize 25

2人の個人からなる社会において，各個人の限界評価が$MB=200-Z$，この公共財の限界費用が40であるとき，この公共財はいくつ供給されるか。

Anser 25

・2人の限界評価を足す

$SMB=(200-Z)+(200-Z)=400-2Z$

・生産量を求める

$SMB=MC$ より，$400-2Z=40$ → $2Z=360$ → $Z=180$

◆誰が費用を負担するのか

公共財を作るのには費用がかかりますが，販売によって費用を回収することができません。誰がいくら負担をするべきでしょうか。**リンダールモデル**では，限界便益の高い人がより多く負担すべきだとしています。公園にブランコを作る場合，子供がいてブランコを利用することが多い人はブランコの限界便益を高く評価しますが，独身の人はブランコの限界便益を低く評価します。この場合は，子供がいる人がより多く負担すればいいというのがリンダールモデルの考え方です。

非常に合理的な決め方ですが，リンダールモデルには問題があります。「私はブランコを全然使わないので限界便益はゼロ」と主張する人は負担率も0%になりますが，ブランコができた後に利用を阻止することができません。つまり，限界便益をゼロと偽申告して費用負担を逃れつつも公共財を使用する**フリーライダー**（ただ乗り）の発生を止めることができません。フリーライダーの成功を見た人は，次の公共財の負担を決める際に自分もフリーライダーになろうとします。公共財の生産に必要な費用が集まらなくなり，社会に必要な公共財が提供されなくなってしまいます。

公共財の生産に必要な費用を集めるために，**受益者負担**の原則に基づいて公共財の使用料を取る，税などによる**強制徴収**などの対策があります。高速道路は政府の負担で作られていますが，利用しない人もいます。そこで，高速道路を利用する人は便益を得ているのでその分の負担をすべきだという考え方が受益者負担です。手数料などの名目で多くの公共財に導入されています。街灯の明かりも公共財ですが，受益者負担による料金徴収は向きません。街灯の真下を通る人は料金が高く，反対側の道路を歩く人は料金が低い，というような料金設定や料金の受け渡しは現実的ではありません[1]。そのような場合は，強制徴収された税金から電気代を払う方がいいでしょう。

2. 外部効果

◆市場で消化されないもの

外部効果（外部性）とは，市場を通さないで他の経済主体に影響を与えることをいいます。例えば，川上の企業が排水を川に流すと，川下で水を使う企業が汚水の悪影響を受けることを指します。他の経済主体に良い影響を与えることを**外部経済**（正の外部効果），悪い影響を与えることを**外部不経済**（負の外部効果）といいます。

外部効果は企業の費用に影響を与えており，外部効果を発生させている企業と影響を受けている企業の供給曲線（限界費用曲線 MC）が乖離します。外部効果を発生させている企業の私的限界費用曲線を PMC，影響を受けている他の企業の社会的限界費用曲線を SMC としましょう。

外部経済が発生している場合，他の企業は外部経済による恩恵を受けており，その分だけ費用が低くなっています。そのため，社会的限界費用曲線 SMC は私的限界費用曲線 PMC よりも下にあります。2つの線の差が外部効果となります（次ページ左図）。一方，外部不経済のケースでは，他の企業は外部不経済の悪影響のために費用が高くなっており，SMC は PMC よりも上にあります（右図）。

外部経済を発生させている企業は A 点で販売しますが，他の企業は B 点で販売できます。そのため，外部経済を発生させている企業の生産量は少なく，価格は高くなってしまいます。また，外部不経済を発生させている企業は E 点で販売しますが，他の企業は F 点で販売します。そのため，外部不経済を発生させている企業の生産量は多く，価格は低くなります。

1　現実的ではない，という言葉には料金徴収などの費用が徴収される料金に比べて割に合わない，という意味も含まれます。社会的に公平な手段であっても，それを維持するための費用が経済的でなければ，他の方法を考えるべきです。

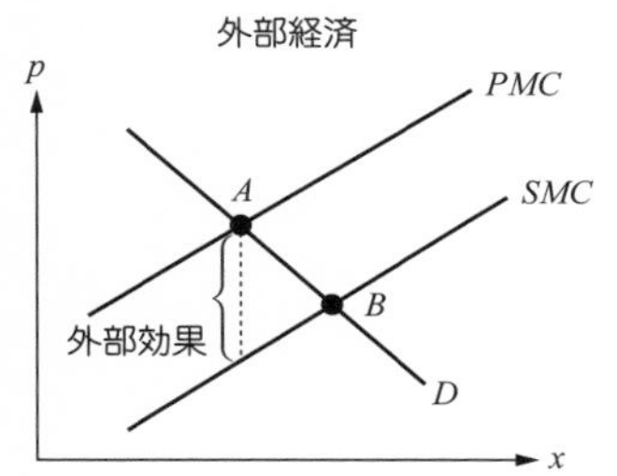

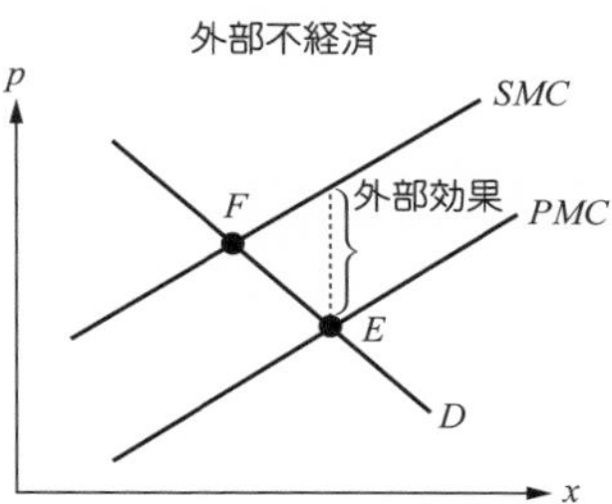

◆外部効果が生み出す死荷重

外部効果が発生している市場では，死荷重が発生して社会的余剰が小さくなります。また，外部効果によって価格が歪められます。市場の価格発見機能が損なわれることから，パレート最適も成り立たなくなります。ここでは，外部不経済が引き起こす死荷重を見ていきましょう。

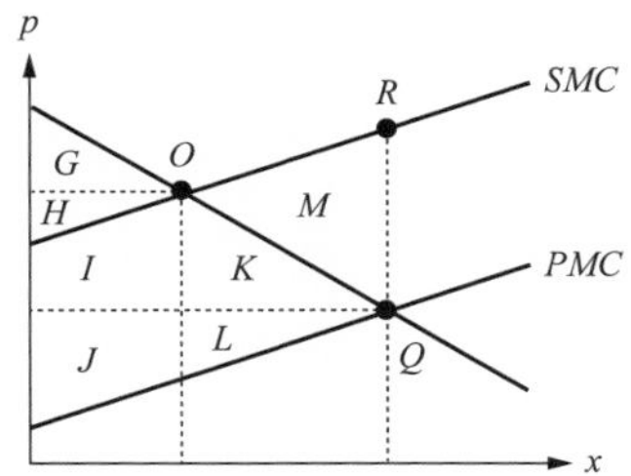

もし外部不経済がなければ，均衡点は O 点であり，消費者余剰は G，生産者余剰は H，社会的余剰は $G+H$ となります。外部不経済があると価格は Q 点で決まります。このときの消費者余剰は $G+H+I+K$ と非常に大きくなります。PMC の企業の生産者余剰は $J+L$ になりますが，SMC にとっては R 点の価格で販売したいのに Q 点の価格でしか販売できないため，$I+K+J+L+M$ の分だけ損失を被っています。これらをすべて足し合わせると，社会的余剰は，

$$
\begin{aligned}
\text{社会的余剰} &= \text{消費者余剰} + PMC\text{ 企業の生産者余剰} + SMC\text{ 企業の生産者余剰} \\
&= (G+H+I+K) + (J+L) - (I+K+J+L+M) \\
&= G+H-M
\end{aligned}
$$

となり，M の部分が死荷重となります。

Excersize 26

需要曲線が $p=420-2x$ であり，私的限界費用曲線が $p=60+x$ であるとする。この企業が財 1 単位当たり 60 の外部不経済を発生させているとき，死荷重はいくつになるか。

Anser 26

・PMC と需要曲線の交点を求める

需要曲線：$p=420-2x$，$PMC=60+x$ より，

$420-2x=60+x \rightarrow 3x=360 \rightarrow x=120$

・SMC と需要曲線の交点を求める

需要曲線：$p=420-2x$，$SMC=120+x$ より，

$420-2x=120+x \rightarrow 3x=300 \rightarrow x=100$

・死荷重を求める

死荷重 $=(120-100)\times 60\times 1/2=600$

問題文より PMC と SMC の差は 60 と分かっているため，x を求めるだけで死荷重が分かります。

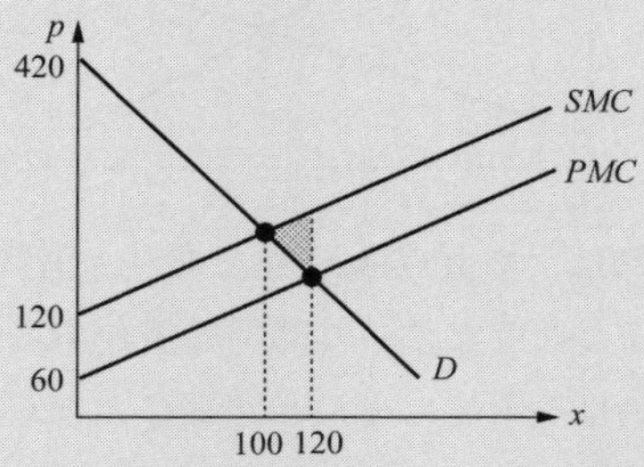

◆外部効果の内部化

外部効果は PMC と SMC が乖離することですから，何らかの方法で 2 つの MC を一致させれば外部効果がなくなります。これを**内部化**といいます。従量税や補助金を用いることで PMC や SMC をシフトさせて内部化でき，このような課税や補助金を**ピグー税**（ピグー的政策）といいます。

外部不経済を発生させている企業に対して課税を行うことで，PMC が上にシフトします。SMC と重なるまでシフトさせることで外部不経済を内部化できます。外

部不経済を発生させている企業から税を徴収して他の企業に補助金として与えることで，*PMC* の上シフトと *SMC* の下シフトを同時に起こさせることもできます。

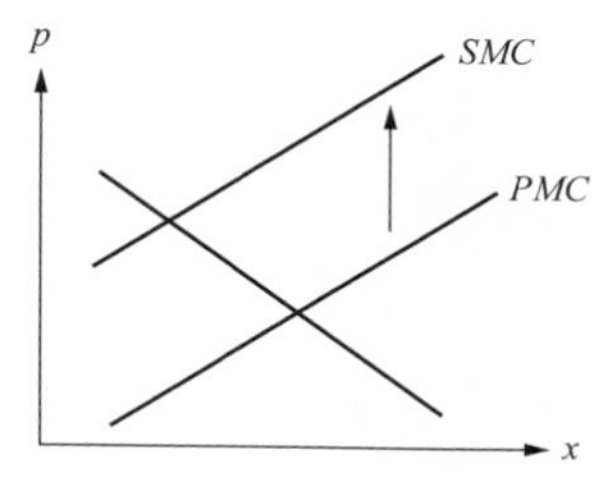

また，例えば汚水を川に流している企業に対して，水の浄化装置を設置することを条件に補助金を渡すという政策もあります。もし補助金を受け取らなければ，汚染企業は補助金の分だけ損をします。対策を取らずに補助金が受け取れないという逸失利益は**機会費用**として認識されます。機会費用も費用ですので，その分だけ *PMC* が上にシフトします。汚染企業に補助金を渡すのは心情的に抵抗がありますが，汚染という外部効果の内部化には有効な手段です。

外部効果は，当事者間での交渉によっても解決できます。**コースの定理**は，当事者間の交渉費用がゼロであるならば交渉によって外部効果を内部化できる，というものです。現実には企業間の交渉費用をゼロにするのはかなり困難です。簡単な話し合いで解決する見込みは少なく，訴訟に発展すれば長い時間と費用がかかります。外部不経済には公害や環境汚染の問題が含まれます。近年は気候変動による災害が多くの地域で発生しており，経済活動に悪影響を与えています。

コースの定理に近い制度を取り入れている分野もあります。**排出権取引**は，企業や団体が割り当てられた温室効果ガスの排出量を取引します。それぞれの企業には，年間 15 トンなど二酸化炭素に換算した温室効果ガスの排出量が割り当てられています[2]。日本のように火力発電が主力の国では，電力を使うことは多くの温室効果ガスを発生させることになってしまいます。

❖ 排出権取引の仕組み ❖

割当量を下回る排出　　割当量を超えて排出

割当量　排出量　CO_2　差額を市場で売却　CO_2　差額を市場で購入　排出量　割当量　CO_2

2　二酸化炭素の排出量は重さで定義されています。二酸化炭素は冷暖房や運輸だけでなく通信でも発生し，e メールを 1 通送信すると 4 グラムの二酸化炭素が排出されるといわれています。

二酸化炭素を割り当てよりも多く排出した企業は多額の罰金を払う必要があります。しかし，排出量が割り当てに達していない企業から排出権を購入して罰金を逃れることができます。欧州などでは，排出権を取引する市場が発達しています。個別に企業同士が交渉すると費用がかさみますが，市場で取引することによって費用を削減できます。コースの定理が要求する取引費用ゼロではありませんが，直接交渉や裁判よりもはるかに効率的に外部効果の内部化が達成できます。

3. アローの不可能性定理

◆自由投票の役割

完全競争市場では経済主体が集まって売買を行っています。価格が高すぎれば買わない，価格が低すぎれば売らないという行動は，投票に似ています。完全競争市場は自由に投票ができる場だと考えることもできます。自由な投票で社会的に望ましい状況に到達することはできるでしょうか。**投票のパラドクス**を見ていきましょう。

投票予定順位	Aさん	Bさん	Cさん
1番	X	Z	Y
2番	Y	X	Z
3番	Z	Y	X

Aさん，Bさん，Cさんの3人の有権者が3人の候補者（X, Y, Z）が立候補している選挙に投票しようとしています。AさんはXを最も気に入っており，Zは気に入っていません。BさんはZを，CさんはYを最も気に入っています。このような状況で投票を行うと，AはXに，BはZに，CはYに投票するため，3名の候補者がそれぞれ1票を得ることになり1人を選出することができません。そこで，まず2人で予備投票を行い，その勝者ともう一人で決選投票を行う方式を考えてみましょう。そうすると，

①XとYで選挙する：勝者X　→XとZで選挙する→当選者：Z
②XとZで選挙する：勝者Z　→ZとYで選挙する→当選者：Y
③YとZで選挙する：勝者Y　→YとXで選挙する→当選者：X

①ではXとYで選挙するとAさんとBさんがXに，CさんがYに投票するためXが勝ちます。次にXとZで選挙すると，AさんがXに，BさんとCさんがZに投票

するためＺが勝ちます。②と③のように選挙の順序を入れ替えることで当選者をコントロールすることが可能になります。この分野を研究したアローは，有権者の意向を完全に反映させる投票システムが存在しないことを数学的に証明しました。これを**アローの不可能性定理**といいます。万能な投票システムはないため，政府にはできるだけ社会的に望ましい投票ルールを作る責務があるといえます。経済学は，経済主体の行動を理解したうえで適切なルールを考える学問領域だともいえます。

Excersize 27

以下の文章のうち正しいものはどれか。

1：公共財とは誰でもお金さえ払えば自由に消費できる財を指す。
2：公共財の費用負担を利用希望に比例させると，公共財の供給が過少になる。
3：よい外部効果を発生させている企業の生産量は，他の企業の生産量よりも多い。
4：コースの定理によると，多少費用がかかっても企業同士の交渉によって環境汚染問題を解消できる。

Anser 27

1：誤り。公共財は無料で複数の人が同時に消費できる財を指す。
2：正しい。フリーライダーが発生して生産のための費用が不足するため。
3：誤り。外部経済を発生させている企業の生産量は他の企業よりも少ない。
4：誤り。コースの定理では交渉費用がゼロになる必要がある。

情報の経済学

完全競争市場ではすべての市場参加者が十分な情報を持っていますが，現実には情報は何らかの形で不完全になっていることがほとんどです。情報が不完全だと市場にどのような影響が及ぶのか，また，どのような解決法があるのかを見ていきます。

1. 不完全な情報

◆「情報がない」を２つに分ける

完全競争市場は情報を全ての市場参加者が持っている完全情報の世界です。しかし，現実には十分な情報がないというケースも多くあります。「情報がない」というのは，**情報の不確実性**と**情報の非対称性**に大別できます。

❖ 不完全な情報 ❖

【不確実性】　【非対称性】

情報の欠如：確率で解決　情報の偏在：契約で解決

情報の不確実性とは「何が起きるか分からない」ことを表しています。明日の天気は晴れか曇りか雨のどれかだということは分かりますが，そのうちどれが実現するのかは分かりません。このようなときには，明日の降水確率は50%というように確率を使って解決します。

情報の非対称性とは「情報を持っている人と持っていない人がいる」ことを表しています。親が子供に勉強をしているかと問いかけたとき，子供は自分のことなので勉強しているかどうか知っていますが，親には情報がありません。このようなときには，テストで80点以上取ったらご褒美などの契約を使って解決します。

2. 情報の不確実性

◆天候のリスク

スキー場は雪がたくさん降ると営業期間が長くなり，収入が増えます。雪が少ないと収入は大きく減ります。スキー場経営者は雪がどのくらい降るのか分からないという情報の不確実性に直面しています。豪雪になる確率が 50%，小雪になる確率も 50%であり，豪雪の場合は 1600 万円，小雪の場合は 400 万円の収入が得られるとしましょう。スキー場経営者は表のような状況に置かれています。

❖ 雪の量とスキー場の収入 ❖

	大雪	小雪
確率	0.5	0.5
収入	1600	400

スキー場の収入は 1600 万円か 400 万円です。長く経営を続けると 1600 万円と 400 万円は半分ずつ出てきますので，平均的な収入は，

$$E(\text{収入}) = \frac{1}{2} \times 1600 + \frac{1}{2} \times 400 = 1000$$

になると考えられます。ここで，$E(\cdot)$ は**期待値**を表します。カッコの中の「・」の部分には，収入や効用など様々なものが入ります。期待というのは「予想」という言葉に置き換えてもいいですが，日常用語では期待は都合のいい予想のみを指すのに対して，経済学では都合の悪い予想も期待といいます。この場合，E（収入）は期待収入といいます。

不確実な状況に置かれたスキー場経営者の効用も期待値の計算方法を使って算出します。効用関数を $U = x^{\frac{1}{2}} = \sqrt{x}$ とすると，**期待効用**は，

$$E(U) = \frac{1}{2} \times \sqrt{1600} + \frac{1}{2} \times \sqrt{400} = \frac{1}{2} \times 40 + \frac{1}{2} \times 20 = 20 + 10 = 30$$

となります。期待効用＝Σ（確率×値）で計算できます。Σ（シグマ）は足し算をするという意味の記号です。豪雪と小雪の 2 パターンがある場合は 2 つを足し算，中雪も含めて 3 パターンある場合には 3 つを足し算します。

CHECK POINT

効用関数が，$U=\sqrt{x}$ なので，「値」のところには $\sqrt{x}$ を使っています。もし，効用関数が，$U=x^2$ ならば，「値」のところには x^2 を代入します。確率は必ず，40％＝0.4 のように，分数または小数に変換してから計算しましょう。

◆効用関数のグラフで表す

スキー場経営者の効用関数は以下のようなグラフになります。このグラフは一度見たことがあります。第 2 講の消費者行動の理論（25 ページ）では，パンを食べれば食べるほど効用が大きくなるグラフを見ましたが，グラフは同じ形をしています[1]。

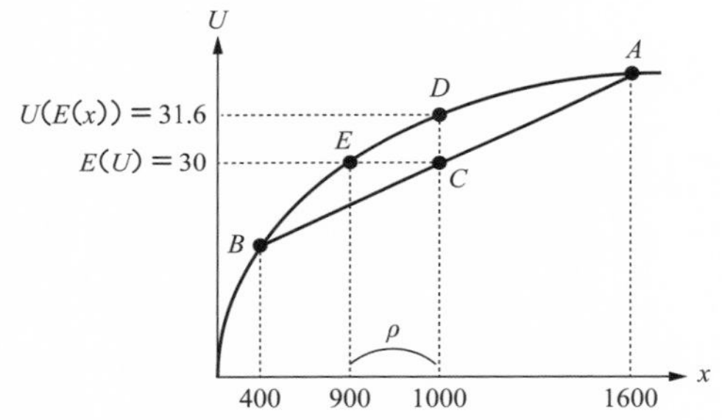

大雪のときの効用は A 点で決まり，$\sqrt{1600}=40$ になります。小雪のときは B 点で決まり，$\sqrt{400}=20$ になります。期待収入は 1000 ですが，このときの期待効用は C 点で決まり，30 になります[2]。ところで，D 点の効用は，$\sqrt{1000}\fallingdotseq 31.6$ です。D 点と C 点は何が違うのでしょうか。

D 点は毎回確実に 1000 の収入が得られる場合の効用を表しています。公務員のような毎月の給料の変動がほとんどない場合です。一方で C 点は収入が 1600 か 400 で変動する不確実な状況に置かれたときの効用です。どちらも長期的には毎年 1000 の期待収入がありますが，このスキー場経営者は不確実な状況よりも確実な状況の方が効用が高くなっています。不確実よりも確実を好む経済主体を**危険回避者**とい

1　25 ページのグラフでは限界効用は逓減していました。ここでも，収入が増えれば増えるほど追加収入から得られる効用（限界効用）が小さくなっています。

2　このような点を内分点といいます。C 点は，A 点と B 点を結んだ直線上にあります。この図では A 点（大雪）になる確率と B 点（小雪）になる確率が 50％ずつなので C 点は直線の中間になりますが，A 点になる確率が高ければ C 点は A 点の方に近づきます。

います。一般に，家計は危険回避者になりやすいと考えられています。一方で，確実よりも不確実を好む経済主体は**危険愛好者**といいます。企業はリスクを負って事業を行うことから危険愛好者になりがちです。家計と企業をつなぐ金融機関はリスクに対して中立的に行動することから，**危険中立者**といいます。

もし不確実な状況を回避して確実な状況になるような保険があれば，危険回避者は保険の加入を検討します。保険に加入するためには保険料（この場面では**リスクプレミアム**ともいいます）が必要ですが，いくらまでなら払えるでしょうか。保険に加入する前の効用は30です。効用が30を下回るときには保険に加入しません。そこで，C点から左に行って効用関数にぶつかったE点よりも右側なら保険に加入します。言い換えると，C点とE点の幅（$=\rho$：ギリシャ語のロー）までなら保険料を支払ってもいいと考えています。リスクプレミアムは払ってもいいと考えている保険料の最大値であり，このケースでは$1000-900=100$になります。

❖ 危険とリスクプレミアム ❖

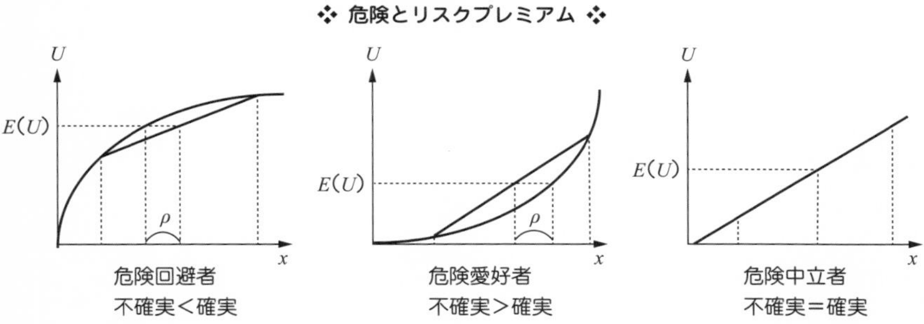

スキー場経営者が保険に入るときと入らないときの収入は下の表のようになります。大雪のときには保険は使いませんが，保険料の100を支払うので収入は1500です。小雪のときにはスキー場からの収入は400になりますが，保険金600が支払われて合計は1000になります。ただし，保険料を100支払っているので合計の収入は900になります。確実に900が手に入るときの効用は30ですので，不確実なC点の効用と同じです。しかし，保険に入ることで収入が400しかないという状況からは脱しています[3]。

3　保険会社の立場からすると，大雪のときには100の収入，小雪のときには500の支出（100の保険料収入－600の保険金支出）になります。大雪と小雪がそれぞれ50％の確率で起こると保険会社の期待収入はマイナスになってしまうため，このような保険を販売できません。ミクロ経済学では保険を購入する人の立場からしか分析していませんが，現実の社会を見るときには保険会社の収益も考慮する必要があります。

	大雪	小雪
保険に入らない	1600	400
保険に入る	1500＝1600－保険料 100	900＝400－保険料 100＋保険金 600

Excersize 28

80％の確率で 2500，20％の確率で 900 の収入が得られる人の効用関数が $U=\sqrt{x}$ であるとき，リスクプレミアムはいくつになるか。

Anser 28

・期待収入を求める

$E(x)=0.8\times2500+0.2\times900=2000+180=2180$

回答には関係ないが，このときの効用は，$U(E(x))=\sqrt{2180}=46.7$

・期待効用を求める

$E(U)=0.8\times\sqrt{2500}+0.2\times\sqrt{900}=0.8\times50+0.2\times30=40+6=46$

・$U=46$ のときの x を求める

$46=\sqrt{x}\ \rightarrow\ x=(46)^2\ \rightarrow\ x=2116$

・リスクプレミアムを求める

$\rho=2180-2116=64$

3. 情報の非対称性

◆非対称性が招く非効率

親が子供に勉強をさせる場面をイメージしてみましょう。子供は自分のことなので勉強をしているかどうか情報を持っていますが，親は持っていません。親は子供に勉強をしてほしいという**依頼人（プリンシパル）**で，勉強をすることを課せられた子供は**代理人（エージェント）**です。このような関係を**エージェンシー問題**といいますが，患者と医師，株主と企業経営者，クライアントと弁護士など様々な場面で登場します。依頼人にとって，代理人が真面目に仕事に取り組んでいるのかどうか分からないというのは問題です。

❖ エージェンシー問題 ❖

【代理人】【依頼人】

自分が努力しているか
どうか情報がある

相手が努力しているか
どうか情報がない

情報の非対称性を克服する方法の 1 つに**モニタリング**があります。代理人がきちんと仕事に取り組んでいるかどうか依頼人が監視する方法です。モニタリングは有効ですが，依頼人は常に代理人を見ていなければならず，依頼人自身の活動ができません。誰か第三者の人に監視させることも考えられますが，今度は第三者の人との間にエージェンシー問題が発生します。何か工夫が必要です。

このようなときには，成功報酬や歩合制賃金などの**インセンティブ契約**を結ぶことが効果的です。インセンティブ契約は成果に応じて報酬を支払うもので，期末試験が 70 点ならおこずかい 3000 円，90 点なら 5000 円というように細かく条件を設定することもできます。報酬をもらうために代理人が努力することが予想されるため，モニタリングの必要がありません。似たような契約に，ペナルティ契約があります。これは失敗に対して罰を与えるものですが，一般に，インセンティブ契約よりも代理人の努力水準が下がると考えられています。

情報の非対称性を無くすのではなく，契約を用いることで情報の非対称性があっても目的を達することができる，というところがポイントです。

◆経営者のやる気を高める契約

インセンティブ契約の応用例として**ストックオプション**があります。ストックと

❖ ストックオプション ❖

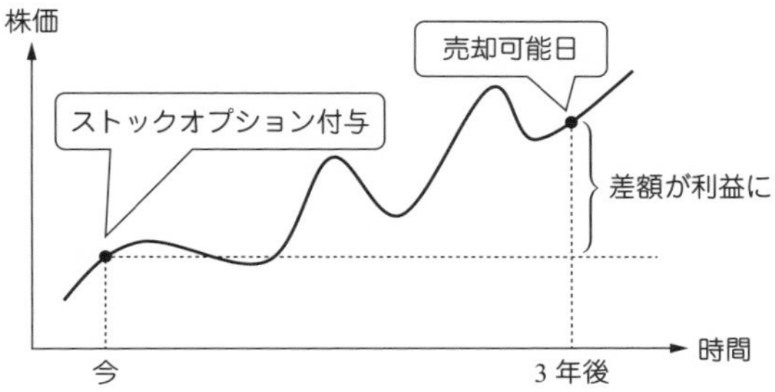

は株式のことで[4]，企業経営者に報酬として株式を付与することを指します。例えば，1万株の株式を報酬として支払いますが，売却できるのは3年後だとしておきます。現在の株価が1株1000円であれば1万株には1000万円の価値がありますが，3年間で株価が2倍の1株2000円になれば，報酬も2倍になります。株主が経営者をモニタリングしなくても経営者は自分の報酬を高めるために努力することが予想されます。ストックオプションには税制上の問題点もありますが徐々に広がってきており，従業員に付与する例も出てきています。

◆情報の非対称性が引き起こす問題

情報を持っている方は情報がない方に比べて有利に取引を進めることができます。情報を持っていない方は何とか合理的に取引を進めようとしますが，これがかえって悪い結果を招くことがあり，**逆選択**といいます[5]。逆選択を中古車市場の例で説明した**レモンの原理**は有名です。

中古車販売店では，ピーチと呼ばれる質のいい中古車とレモンと呼ばれる質の悪い中古車が売られています。売り手の販売店はレモンとピーチを見分けられますが，買い手には見分けがつきません。ピーチは高い価格で，レモンは低い価格で売られているはずですが，販売店は情報の非対称性を利用してレモンに高い価格を付けているかもしれません。そこで，買い手はレモンとピーチの間の価格で買いたいと申し出ます。レモンとピーチが半々で存在すると予想していれば，購入希望価格はレモンとピーチのちょうど中間になります。これは合理的な方法ですが，販売店はこの価格ではレモンしか売りません。市場にレモンしかないと気付いた買い手は，いつもレモンの価格で買おうとし，ピーチの取引がなくなってしまいます。良いものを買おうと知恵を絞らせた結果，悪いものを手にしてしまう逆選択の一例です。

解決方法の一つは**シグナル**です。中古車情報誌が第三者の目で見て中古車に三つ星や四つ星などの**格付け**を付与すれば，買い手は車に詳しくなくても状態を把握することができます。ブランドも一種の格付けです。また，品質保証を付けることで

4　株式市場については，川野祐司『これさえ読めばすべてわかる　国際金融の教科書』文眞堂の第2章を参照のこと。

5 「悪貨は良貨を駆逐する」という**グレシャムの法則**も逆選択を表しています。金貨が使われていた時代，コインの縁をわずかに切り取った金貨は悪貨，縁がきれいな金貨は良貨として扱われていました。人々は悪貨を手に取るとすぐに使い，良貨を使わずにしまい込んだため，町には悪貨のみが流通することになったことを表しています。

買い手が品質について情報収集する必要がなくなります。壊れたら保証を使って無料で修理してもらえるからです。このような工夫も，情報の非対称性があるままで問題を解決するものです。

◆モラルハザード

モラルハザードとは，保険に入ることで保険加入者の行動が悪化することをいいます。保険は保険商品に限らず，損失をカバーできるものであれば何でも当てはまります。「大学の試験の点数が低かったとしてもレポートを出せば単位を認定する」という方式では，レポートが保険の役割を果たしています。試験勉強をせずに点数が低くてもレポートがあれば単位が認定されるため，学生があまり勉強をしなくなることがモラルハザードです。

自動車保険に入ると修理代が保険で賄えることから運転が荒くなる，銀行が破綻しても税金で救済されるため経営者がリスクの高い経営をするようになる，などもモラルハザードの例です。

Excersize 29

以下の文章のうち正しいものはどれか。

1：情報を持っている人と持っていない人の間に発生する問題を解決するためには，確率を使うのがよい。
2：医師が適切な治療を行うかどうかが分からないことをモラルハザードという。
3：リスクを取り扱う保険会社は危険愛好者である。
4：喫煙者と禁煙者に同じ金額の保険料を課すと逆選択が生じる。

Anser 29

1：誤り。契約を使うのがよい。
2：誤り。エージェンシー問題という。
3：誤り。保険会社は危険中立者である。
4：正しい。喫煙者にとっては保険料が割安になるため保険に加入し，禁煙者にとっては保険料が割高になるため保険に加入しない。結果として保険契約者は死亡率の高い喫煙者ばかりになる。

Part Ⅱ

マクロ経済学

GDP とマクロ経済

経済規模や経済成長率を端的に表す指標が*GDP*（国内総生産）です。本講ではまず*GDP*の中身を見た後に，経済全体を俯瞰してみましょう。

1．*GDP* の計算方法

◆ *GDP* は総付加価値

経済の大きさを測る方法はいくつかあります。企業の生産額を国全体で足す方法が考えられ，**産出**といいます。分かりやすい方法ですが，工業製品などは部品の生産額が何重にも計算されるという問題があります。

❖ 材料の二重計算を防ぐ ❖

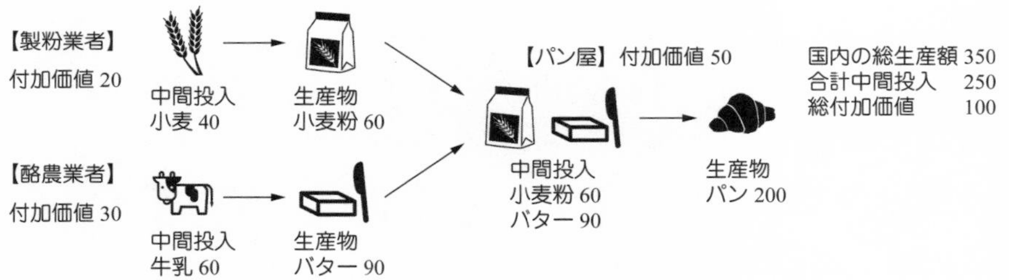

この例では，生産額の合計は350になります。パンの生産額200のうち150は製粉業者や酪農業者の生産額としてすでにカウントされており，生産額をカウントすると小麦粉やバターは二重計算されることになります。産出から原材料の**中間投入**を引いた**付加価値**を使えば二重計算の心配はなくなります。国全体では，

総付加価値＝(産出)－(中間投入)

と計算されます[1]。総付加価値を**国内総生産** *GDP* といいます[2]。

1　付加価値は新たに付け加えられた価値を表すため，中古品の売り上げは付加価値に含みません。中古品は新品を作った時点ですでに付加価値として計算されているためです。ただし，中古品の修理は付加価値とみなします。また，土地の売買も付加価値には含めません。

◆ 3つの計算式

付加価値を生み出すのは企業です。企業が生み出した付加価値は，従業員の賃金や政府への税金などに分配され，分配されたお金は消費や投資などに使われます。企業が生み出した付加価値を分かち合う場面でもそれを使う場面でも *GDP* を計算することができます。つまり，*GDP* の計算式は3通りあります。

生産面：*GDP*＝（産出）－（中間投入）

分配面：*GDP*＝（雇用者報酬）＋（営業余剰）＋（固定資本減耗）
＋（間接税－補助金）

支出面：*GDP*＝（消費）＋（投資）＋（政府支出）＋（輸出－輸入）

GDP は3つの面のどの式を使っても等しくなります。これを**三面等価の法則**といいます[3]。分配面の式を見てみましょう。雇用者報酬は賃金として支払われたもので家計が受け取ります。営業余剰は企業内に蓄えられるお金で，内部留保とも呼ばれます。固定資本減耗は設備などの固定資本の購入費用であり，減価償却費とも呼ばれます[4]。間接税は政府が受け取ったお金，補助金は政府が支払ったお金です。こうして，企業が生み出した付加価値は，家計，企業，政府に分配されます。

（間接税－補助金）を**純間接税**ということもあります[5]。「純」は英語で net といい，「差し引きをした」という意味で用いられます。小麦粉の袋には NET 1Kg と書いてありますが，これは全体の重さから袋の重さを差し引くとちょうど 1Kg だということを表しています。

支出面の式はよく使いますので，アルファベットでも覚えておきましょう。

2　*GDP* は市場価格で測ることを原則としていますが，市場価格を把握することが難しいもの，国による慣行の違いに対して工夫が施されています。代表的なものに**帰属計算**があります。農家が作った作物を自分で食べた場合や持ち家の家賃では支払いが発生しませんが，自分で自分に支払ったという前提で *GDP* の計算に含めます。一方，主婦（主夫）の家事労働はサービスとして *GDP* に含めるべきですが，計算が困難であることから *GDP* には計上しないことになっています。

3　3つの *GDP* はそれぞれ異なる統計を基にして計測されているため，計算結果がずれてしまうことがあります。これを統計上の不突合といい，分配面の式に加えます。

4　固定資本の購入価格は高いため，会計上，費用を複数年に分散させて支払ったことにします。このような会計処理を減価償却といいます。1億円の機械を購入する場合，購入年に1億円支払いますが，会計上は10年にわたって毎年1000万円ずつ支払ったことにします。2年目は実際には機械への支払いがありませんが（1年目に1億円支払っている），1000万円分の購入費用を計上します。この1000万円が固定資本減耗になります。

5　企業が支払う法人税は直接税で消費税などの税金が間接税であるため，分配面の計算式での間接税という用語は誤解を招きやすい表現です。そこで，実務や政府公表値では「生産物・生産に課される税・補助金」という呼び方を使います。

$$Y = C + I + G + (X - M)$$

GDP を Y とおき，消費や投資など英語の頭文字を使っています。輸出と輸入の部分にはカッコが付いていますが，なくてもかまいません。$C+I+G$ は国内要因で決まるので内需，$X-M$ は外国要因で決まるので外需ともいいます。輸入にマイナスが付いていますが，輸入元の国の GDP にプラスで計算されています。貿易に関する部分は世界全体を足すとゼロになるように作られています。

CHECK POINT

投資は以下の3つの項目からなっています。

（投資）＝（設備投資）＋（住宅投資）＋（在庫品増減）

投資項目のうち，（設備投資）＋（住宅投資）を「総固定資本形成」といいます。住宅は家計が住む目的で購入するため消費に入りそうですが，長期に渡って住み続けることができるため投資に分類します。自動車などは耐久消費財として消費に分類します。

在庫投資は忘れやすいので注意しましょう。売れ残りの在庫は GDP の式に入る場所がありません。そこで，在庫は来期売るために今期多めに作っておいた，と解釈して投資の項目に含めます。

Excersize 30

以下の資料から政府支出を求める。

雇用者報酬	320	民間最終消費支出	280	総固定資本形成	140
在庫品増加	10	営業余剰	120	固定資本減耗	60
輸出	100	輸入	90	間接税－補助金	20

Anser 30

・分配面の式から GDP を求める

$$GDP = 320 + 120 + 60 + 20 = 520$$

・支出の GDP は

$$GDP = 280 + 140 + 10 + G + 100 - 90 \quad \rightarrow \quad GDP = 440 + G$$

・3 面等価の法則から，
$520 = 440 + G \rightarrow G = 80$

◆ GDPの変動と景気

日本の *GDP* は以下のようになっています。

❖ 2019 年の日本の *GDP* ❖

単位（兆円）

	名目	%	実質	%	
国内総生産	554.0	1.2	536.1	0.7	*Gross Domestic Product*
民間最終消費支出	305.8	0.5	299.3	0.2	*Private Consumption*
民間投資	106.7	1.6	102.8	1.2	
民間住宅	17.0	3.2	15.4	2.0	*Private Residential Investment*
民間企業設備	88.4	1.0	86.0	0.7	*Private Non-Resi. Investment*
民間在庫品増加	1.4	*na*	1.4	*na*	*Change in Private Inventory*
公的需要	140.1	2.7	136.0	2.1	*Public Demand*
政府最終消費支出	110.8	2.3	109.2	2.3	*Government Consumption*
公的固定資本形成	29.3	4.5	26.8	4.5	*Public Investment*
財貨・サービスの純輸出	1.4	7.9	−2.4	−59.0	*Net Exports of Goods & Service*
財貨・サービスの輸出	96.8	−4.5	91.7	−1.8	*Exports of Goods & Service*
財貨・サービスの輸入	95.4	−4.6	94.2	−0.8	*Imports of Goods & Service*
（参考）国民総所得	573.8	1.2	559.3	0.8	*Gross National Income*
総固定資本形成	134.7	2.0	128.1	1.3	*Gross Fix Capital Formation*

注：*na* はデータがないという意味

消費はあまり大きく変動しませんが，投資は消費よりも大きく変動します。*GDP* は増減を繰り返しており，その変動の要因の一つが投資だと考えられています。山の頂点から山の頂点（または谷底から谷底）までの期間を 1 つのサイクルとみなして，波の幅や要因について研究が行われてきました。現在では 4 種類の波があるとされています。

ただし，産業構造の転換，在庫管理の適正化，自社工場を持たないファブレス製造業の登場，経済のサービス化・デジタル化などが進展しており，これらの波が今後も見られるとは限りません。

景気の波	周期	要因
キチンの波	3 年程度	在庫投資
ジュグラーの波	10 年程度	設備投資
クズネッツの波	20 年程度	住宅投資
コンドラチェフの波	50 年程度	技術革新

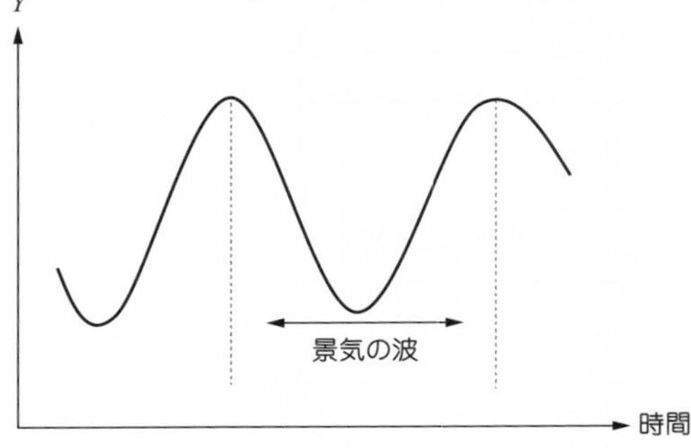

◆日本人の活動を計算する

国内には自国の経済主体だけでなく外国の経済主体も活動していますが，*GDP* は経済主体の国籍に関係なく国内での経済活動を集計したものです。自国の経済主体の活動を表す指標に**国民総所得** *GNI* があります。*GNI* と *GDP* の関係は，

$$GNI = GDP + (\text{海外からの要素所得の受け取り} - \text{海外への要素所得の支払い})$$

となります。要素とは生産要素（38 ページ）を表しており，資本と労働に関するお金の受け払いが計算されます。図では日本人，外国人と書いていますが，企業も含まれます。

❖ ***GDP* と *GNI*** ❖

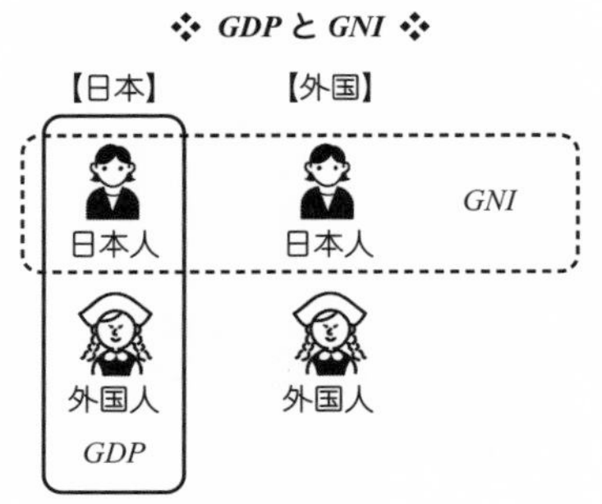

GDP は，家計調査，法人企業統計，鉱工業指数，貿易統計などの様々な統計から計算されています。これらの統計は一次統計と呼ばれ，一次統計を加工して作られた *GDP* 統計は二次統計と呼ばれます。*GDP* は**国民経済計算** *SNA* という計算方法によって作成されています。国によって細かな差異はあるものの，同じ方法によって作成されているため，国際比較が容易に行えます。国民経済計算の他には，以下の

ようなマクロ統計があります。

資金循環表：家計・企業・政府・民間非営利団体などの経済主体間の金融取引
国際収支表（BoP）：居住者と非居住者との取引（→第16講）
産業連関表（I/O）：産出や中間投入の関係
国民貸借対照表：国内の金融・実物資産や負債の状況

◆ストックとフロー

*GDP*は**フロー**の経済指標です。フローとは一定期間のうちに増減した数値を表しています。*GDP*は四半期ごとに作成されますが，3カ月間に新たに生み出された付加価値を記録しているため，フローになります。一方，**ストック**はある時点での残高を表しています。資産残高などがストックの指標です。2020年の残高が230，2021年の残高が250であるとき，230や250がストック，この間に増加した20がフローになります。

2. 需要面と供給面の*GDP*

◆貯蓄と投資は均衡する

支出面の*GDP*の式は，財を買うという立場から記述されています。これを需要面の*GDP*といいます。政府が支出するためにはお金が必要で，そのお金を供給するのは**租税**Tです。*GDP*は供給面からも記述することができ，

$$GDP=(\text{消費})+(\text{貯蓄})+(\text{租税})=C+S+T$$

となります。租税Tと政府支出Gが等しく（これを**均衡予算**といいます），輸出Xと輸入Mも等しいと仮定すると，需要面と供給面の*GDP*は，

需要面の*GDP*：$Y=C+I$
供給面の*GDP*：$Y=C+S$

となります。2つの*GDP*が一致するときには，

$$C+I=C+S \quad \rightarrow \quad S=I$$

が成り立ちます。つまり，貯蓄と投資は等しくなります。貯蓄は家計が貯めている

お金ですが，金融市場を通じて企業の投資に使われます。お金を貯蓄している経済主体を資金余剰主体，投資のために資金を必要としている経済主体を資金不足主体といいます。資金余剰主体と資金不足主体を結ぶ仕組みを金融といい，銀行が仲介するシステムを間接金融，証券市場が仲介するシステムを直接金融といいます。

政府も金融市場に参加しています。多くの国では，政府支出 G が租税 T よりも大きく，資金不足主体となっています。国債という証券を発行して，不足する資金を調達するのが一般的です。国債は政府にとっては借金ですが，国債の購入者にとっては定期的に利子が手に入る金融商品となります[6]。

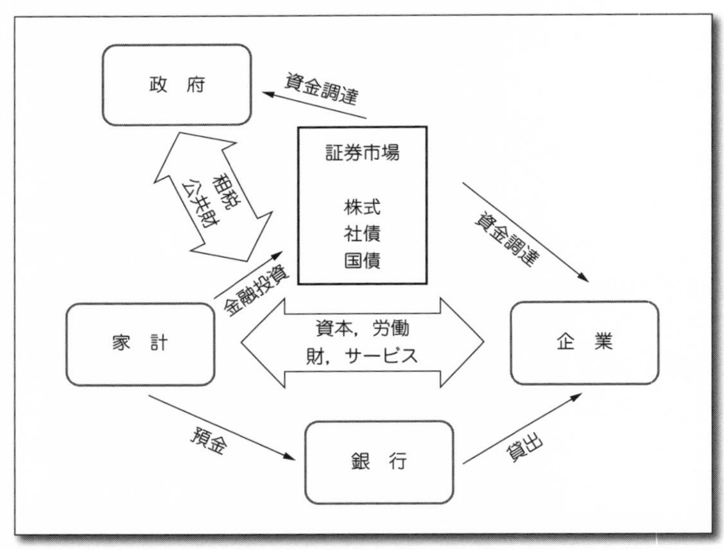

◆貿易も考える

これまでは輸出と輸入が等しいとしてきましたが，等しくないケースが一般的です。$(X-M)$ を**貿易収支**といい，$X>M$ を貿易黒字，$X<M$ を貿易赤字といいます。貿易黒字の国では，輸出代金の受け取りが輸入代金の支払いよりも多く，貿易によって資金余剰になっています。同様に，貿易赤字の国では貿易によって資金不足になっています。貿易赤字の国は何とかして代金を支払う必要があります。*GDP* の需要面の式に輸出と輸入を戻すと，

6　詳しくは，川野祐司『これさえ読めばすべてわかる　国際金融の教科書』文眞堂の第 3 章を参照のこと。

　需要面の GDP：$Y=C+I+G+(X-M)$

　供給面の GDP：$Y=C+S+T$

となるので，需給が一致するときには，

$C+I+G+(X-M)=C+S+T$ → Cを消して左右を入れ替える

→ $S+T=I+G+(X-M)$ → $(S-I)+(T-G)=(X-M)$

となります。この式を，**ISバランス式**といいます。

Excersize 31

以下の資料から国内貯蓄を求める。

政府最終消費支出	130	総固定資本形成	120	在庫品増加	10
輸出	100	輸入	80	租税	90

Anser 31

問題文には消費額が示されていないので，ISバランス式を求めてから数値を代入する。

　需要面の GDP：$Y=C+I+G+(X-M)$

　供給面の GDP：$Y=C+S+T$

$C+I+G+(X-M)=C+S+T$ → $(S-I)+(T-G)=(X-M)$

・数値を代入する（カッコはなくてもよい）

$(S-(120+10))+(90-130)=(100-80)$ → $S-130-40=20$

→ $S=20+170=190$

後から検算しやすくするために，まず文字で計算を済ませてから，最後に数値を代入します。投資の項目には在庫も入ることを忘れずに。

ISバランス式は3つの部分から成り立っています。

$(S-I)+(T-G)=(X-M)$

$(IS$バランス$)+($財政収支$)=($貿易収支$)$

1番目の項目は貯蓄と投資の差額でISバランス（貯蓄投資差額）といい，国内の民間部門の貯蓄と投資の大小関係を表しています。2番目の項目は財政収支であり，多くの国で財政赤字になっています。右辺の項目は貿易収支です。3つの項目はそれぞれ相互に関係しあっており，どちらが先に決まるとか後に決まるとかはありません。*IS*バランス式の左辺は国内の貯蓄と投資，右辺は対外的な貯蓄と投資と言い換えることもできます。国内の経済と外国の経済は密接に関係していますが，当面は国内問題に限定して分析を続けていき，第16講で見ることにしましょう。

3つの項目のうち2つが分かれば，残りの1つを推測できます。$S>I$の貯蓄超過で財政黒字の場合，黒字＋黒字＝(黒字)となるため，貿易黒字になることが分かります。また，財政黒字で貿易赤字の場合，(赤字)＋黒字＝赤字となるため，$S<I$になることが分かります。ただし，推測できない場合もあります。*IS*バランスが赤字で財政黒字の場合，貿易収支は赤字も黒字もあり得ます。

❖ *IS*バランス式は万能ではない ❖

$$(S-I)+(T-G)=(X-M)$$

【*IS*バランス】	＋	【財政収支】	＝	【貿易収支】
－40（赤字）	＋	50（黒字）	＝	10（黒字）
－40（赤字）	＋	20（黒字）	＝	－20（赤字）

CHECK POINT

*IS*バランス式は統計がすべて出そろってから初めて成立します。このような関係を「事後的」といいます。マクロ経済学では事後的に成立する関係がいくつも出てきますが，事後的に成立する式は将来の予測には使えません。

Excersize 32

以下の文章のうち正しいものはどれか。

1：*GDP*は，民間最終消費支出，固定資本減耗，政府最終消費支出，輸出，輸入で計算される。
2：財政赤字で貿易赤字の国では，投資超過になることがある。
3：*GDP*の投資項目は，企業の設備投資と家計の住宅投資からなる。
4：*GDP*に海外への要素所得の支払いを足して受け取りを引くと*GNI*になる。

Anser 32

1：誤り。支出面の式は固定資本減耗ではなく固定資本形成を用いる。

2：正しい。$S<I$ も $S>I$ もある。

3：誤り。設備投資＋住宅投資＋在庫投資。

4：誤り。*GNI*＝*GDP*＋要素所得の受け取り－支払い。

財市場の分析

外国を考えないとすると，需要面の *GDP* は，$Y=C+I+G$ と表されます。消費，投資の性質について詳しく見ていきましょう。政府支出の規模は政府が決めることができます。政府支出が増えれば *GDP* を増やすことができます。その関係も見ていきましょう。

1. 消費関数

◆所得が多ければ消費も多い

第 2 講では，所得（予算）が多ければ多いほど予算制約線が原点から遠くなりました。所得が増えると下級財の消費は減少し，上級財の消費は増加します。個別の経済主体や財に注目すると所得と消費の関係は様々ですが，経済全体で見ると，所得が増加すると消費が増加します。所得と消費の関係を式で表したものを**消費関数**といい，$C=C(Y)$で表されます。具体的には，

$$C=cY+a$$

という形をしています。この形の消費関数を，ケインズ型ということもあります[1]。a は**基礎消費**といい，所得がなかったとしても，つまり $Y=0$ のときでも必要な消費水準を表しています。

c は**限界消費性向**といい，所得 Y が 1 増えると消費 C がどれくらい増えるのかを表しています[2]。「○○が 1 増えると××がどうなるのか」という計算は微分です。限界消費性向は消費 C を所得 Y で微分して求められ，

$$\frac{dC}{dY}=\frac{d(cY+a)}{dY}=c$$

となります。限界消費性向は 0 から 1 の間を取り，1 に近ければ近いほどより多く

1　ケインズは，マクロ経済学の基礎を築いた経済学者の一人です。第 10 講から第 12 講までは，**ケインズ派**の学説が中心となります。経済学には**古典派**の学説もあります。マクロ経済学では，2 つの学説の違いを整理することが理解への早道になります。

2　Y は *GDP* を表しています。Y のことを**国民所得**ともいいます。

の消費をする傾向にあります。所得が 1 万円増えたときに 8000 円を使う場合は，限界消費性向は 0.8 になります。消費額を所得額で割ったものを**平均消費性向**といいます。平均消費性向は所得の何割を消費に使っているのかを表しています。似たような用語で間違いやすいので，演習問題で確認しておきましょう。

Excersize 33

以下の資料から 2021 年の平均消費性向と限界消費性向を求める。

	2020 年	2021 年
所得額	240	320
消費額	140	160

Anser 33

・平均消費性向

$$\frac{C}{Y}=\frac{160}{320}=0.5$$

・限界消費性向

$$\frac{dC}{dY}=\frac{160-140}{320-240}=\frac{20}{80}=0.25$$

平均消費性向はある時点での消費割合を表しており，限界消費性向は所得の増加分に対して消費がどれくらい増加したのかを表しています。

◆所得は消費と貯蓄に使われる

所得のうち消費されなかった分は**貯蓄** S に回ります。租税を省略した供給面の GDP の式から，

$Y=C+S$ → $S=Y-C$ → 消費関数 $C=cY+a$ を代入
→ $S=Y-(cY+a)$ → $S=Y-cY-a$ → $S=(1-c)Y-a$

となります。この式は $S=S(Y)$ となっており，**貯蓄関数**といいます。ここで，$1-c$ を s と置き換えると，s は**限界貯蓄性向**になります。$1-c=s$ と置いたことから，$c+s=1$ という関係が成り立ちます。この式は，所得は消費か貯蓄に配分されるこ

❖ 消費と貯蓄を足すと所得額になる ❖

【所得】　【消費】　【貯蓄】

所得が 1 万円増える　7000 円消費 →限界消費性向 0.7　3000 円貯蓄 →限界貯蓄性向 0.3　——→ $c+s=1$

とを表しています。

CHECK POINT

$c+s=1$ は非常に重要な関係ですので覚えておきましょう。第 15 講でも使います。

消費関数も貯蓄関数も Y が増えれば増えるほど大きくなり，右上がりのグラフになります。右上がりのグラフは増加関数ですので，消費関数と貯蓄関数は Y の増加関数になります。

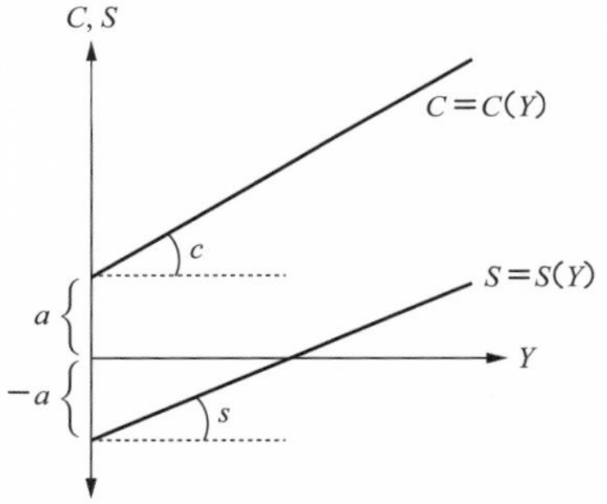

消費関数は基礎消費があるため切片が a から始まっています。貯蓄関数では a の分だけマイナスから始まっています。所得がゼロであっても食料などの消費が必要で，その分は貯蓄を取り崩しています。所得が増えていくと貯蓄の取り崩しの必要がなくなり，さらに所得が増えると貯蓄が増えていきます。2 つのグラフは，限界消費性向 c＝限界貯蓄性向 $s=0.5$ のときのみ平行になります。

2. 投資関数

◆なぜ企業は投資をするのか

企業が生産活動をするためには投資が必要です。製造業では工場や機械，小売業では店舗，ソフトウェア産業では PC や開発用ソフトなどが必要になり，定期的に設備を更新する必要があります。企業規模の拡大にも設備投資が必要です。投資に必要な金額は大きくなりがちなため，企業は外部から資金調達して投資を行うケースがほとんどです。様々な資金調達方法がありますが，ここでは，銀行から借り入れるとしておきましょう。

銀行から資金を借りると，利子（金利）を払う必要があります。企業は投資から得られる収益と利子の大小関係を比べて，利子よりも収益の方が大きければ投資を実行します。投資から得られる収益や銀行に支払う利子の金額は投資の規模によって異なります。そこで，規模の影響を受けない収益率と利子率を比べます。利子率と収益率が等しい時には，投資をしてもしなくても同じ（無差別）ですが，ここでは投資をするということにしておきます。

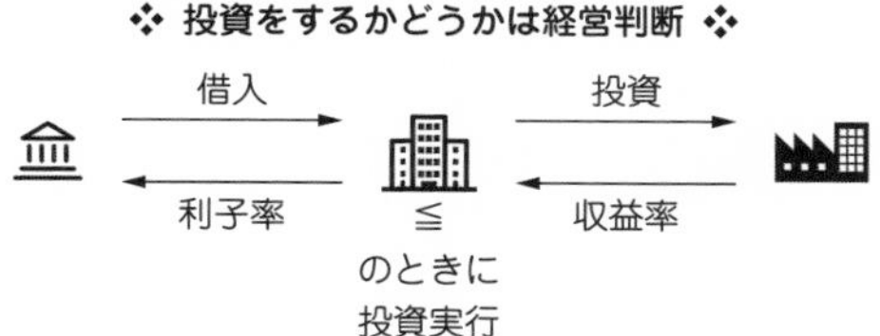

◆利子率を使うと時間を超えられる

100 万円を利子率 10％で預けると，1 年後には 110 万円になります。この計算はほとんどの読者が暗算ですぐにできたと思いますが，計算式を書いてください，というと戸惑う人が多いようです。

$$100+100\times0.1=100+10=110$$

となります。パーセントの数値は小数に，10％は 0.1 にして計算します。この計算で元本を a，利子率を r とすると，

$$a+a\times r=a(1+r)$$

となります。このまま，もう1年預けるとどうなるでしょうか，ちょっと複雑になりますが，計算の方法は同じです。

	元本	+	利子	=	元利合計
現在	100 a	+	0	=	100 a
1年後	100 a	+	10 $a\times r$	=	110 $a(1+r)$
2年後	110 $a(1+r)$	+	11 $a(1+r)\times r$	=	121 $a(1+r)+a(1+r)\times r=a(1+r)(1+r)=a(1+r)^2$
3年後	121 $a(1+r)^2$	+	12.1 $a(1+r)^2\times r$	=	133.1 $a(1+r)^2+a(1+r)^2\times r=a(1+r)^2(1+r)=a(1+r)^3$
：					
n年後	$a(1+r)^{n-1}$	+	$a(1+r)^{n-1}\times r$	=	$a(1+r)^n$

現在時点ではまだ利子をもらっていないので，利子は0になります。2年後の$a(1+r)+a(1+r)\times r$は，$a(1+r)$を一時的にAに置き換えると計算しやすくなります。$a(1+r)+a(1+r)\times r=A+Ar=A(1+r)$となるので，$A$を$a(1+r)$に戻すと，$a(1+r)(1+r)$になります。3年後も同様にして計算します。2年後には$(1+r)$に2乗が，3年後には3乗が付くことから，n年後にはn乗が付くことが分かります。利子率10%のときには，毎年10ずつ利子が付くのではなく，10，11，12.1，13.31というように徐々に利子の額が増えていきます[3]。

ある金額に$(1+r)$をかけると，時間を1年間未来方向に動かせます。同様に，ある金額を$(1+r)$で割ると，時間を1年間過去方向に動かせます。将来時点の金額をAとすると，

$$A=a(1+r)^n$$

となるので，両辺を$(1+r)^n$で割ると，将来の金額を現在の金額に戻せます。

$$a=\frac{A}{(1+r)^n}$$

この計算に使われるrは**割引率**といいます。利子率と割引率は同じもので，掛け算の計算のときには利子率，割り算の計算のときには割引率といいます。将来時点の金額を現在時点に戻したものを**現在価値**といいます。企業は3年後に収益が出る投

3　このような利子の付き方を「複利」といいます。毎年10だけ利子が付く計算方法を「単利」といいます。銀行預金や住宅ローンなど，実生活で使われる利子の計算のほとんどは複利で行われます。

資プロジェクト，5 年後に収益が出る投資プロジェクト，など，年限の異なる様々なプロジェクトを比較検討しています。現在価値を使えば現在時点で収益性を評価できるため，ビジネスの世界では現在価値はよく使われます。

Excersize 34

以下の 3 つのプロジェクトのうち，最も収益性が高いのはどれか。投資金額は 3 つとも 100 とし，向こう 5 年間の利子率は 8%とする。

プロジェクト X：3 年後に 140 が回収できる
プロジェクト Y：1 年後に 108 が回収できる
プロジェクト Z：5 年後に 150 が回収できる。

Anser 34

・それぞれのプロジェクトの現在価値を求める

プロジェクト X：$\frac{140}{(1+0.08)^3}=\frac{140}{1.26}=111.1$

プロジェクト Y：$\frac{140}{(1+0.08)^1}=\frac{108}{1.08}=100.0$

プロジェクト Z：$\frac{140}{(1+0.08)^5}=\frac{150}{1.47}=102.0$

よって，プロジェクト X の収益性が最も高い。

現在価値の計算では小数がよく出てきます。この問題では小数第 1 位まで求めていますが，場面によってはもっと細かく計算することもあります。

◆ 2 倍の法則

複利の計算は複雑で，小数も出てきます。ただ，元本を 2 倍や 3 倍にする期間や利子率を求めるのは簡単で，公式があります。

2 倍の法則：(年数) × (増加率) = 72
3 倍の法則：(年数) × (増加率) = 110

2 倍の法則や 3 倍の法則では，増加率の部分に%の数値をそのまま使います。例

えば，毎年3%のインフレが生じている国で物価が2倍になる年数を計算する場合は，

(年数)×3＝72　→　(年数)＝24

となり，年率3%のインフレが24年続くと物価が2倍になります。ちなみに，本書の執筆時点では，銀行の預金金利は0.001%です。何年で預金額が2倍になるでしょうか？

(年数)×0.001＝72　→　(年数)＝72000

72000年もかかります。日本の低金利がいかに異常なのかが分かります。

◆収益の高いプロジェクトから投資される

*ABC*の3つのプロジェクトがある場合，利子率と投資実行の関係は以下のようになります。

利子率	プロジェクト *A* 収益率 8%	プロジェクト *B* 収益率 5%	プロジェクト *C* 収益率 3%
10%	×	×	×
7%	○	×	×
4%	○	○	×
1%	○	○	○

利子率が高ければ高いほど投資は少なくなり，利子率が低ければ低いほど投資が増加します。上の表の場合，利子率が3%よりも低くなると3つのプロジェクト全てが実行されます。この関係をグラフにすると以下のようになります。

投資関数 $I=I(r)$ は利子率に対して右下りの減少関数となります。ここまでは企業の設備投資を念頭に話を進めてきましたが，家計による住宅投資も利子率の減少関数となります。利子率が下がれば下がるほど住宅ローンの金利も下がり，住宅が買いやすくなるためです。例えば，4000万円を借りて35年かけて返す住宅ローンでは（毎月返済，ボーナス払いなし），利子率が3%のときの返済総額は約6465万円，利子率が4%では約7439万円になります。わずかな利子率の低下でも，住宅ローンは大きな影響を受けます。

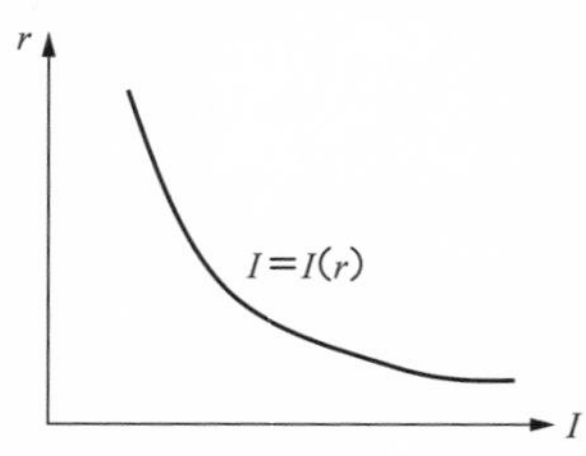

CHECK POINT

企業は物価を考慮した実質値を使います。そのため，投資関数で使われる利子率は「実質利子率 i」です。名目利子率 r と実質利子率 i との間の関係は，

$$r=i+\pi^e$$

です。π^e は期待インフレ率で，将来のインフレ予測値です。本書では，簡略化のために，$\pi^e=0$，つまり，$r=i$ として進めていきます。

名目と実質を変換するこの式は，**フィッシャー式**です（37 ページ）。

プロジェクトの収益率のことをケインズは**資本の限界効率**と呼びました。この用語を使うと，「投資は資本の限界効率が利子率よりも高いときに実行される」と言い換えることができます。資本の限界効率と利子率が同じときにも投資が実行されます。

CHECK POINT

資本の限界効率のことをビジネスの世界では内部収益率 *IRR* といいます。両者は名前が違うだけで，どちらもプロジェクトの収益率を指しています。

◆投資の利子弾力性

利子率が 1% 上昇すると投資が何 % 減少するか，という指標は**投資の利子弾力性**で測れます。計算式は，

$$\varepsilon_I=-\frac{\text{投資額減少幅}}{\text{利子率上昇幅}}=-\frac{\dfrac{dI}{I}}{\dfrac{dr}{r}}=-\frac{dI}{dr}\cdot\frac{r}{I}$$

となります。10% の利子率が 1% 上昇するというのは，$0.1\times0.01=0.001=0.1\%$ だけ上昇するということですが，投資の利子弾力性の計算では，10% から 11% への上昇を考えるのが普通です。この場合，利子率の上昇幅は 1 パーセンテージポイント（1% ポイント，または単に 1 ポイント）になります。パーセントとパーセンテージポイントは異なる数値になりますので注意しましょう。

❖ パーセントとパーセンテージポイント ❖

2％　→　3％

・増加率 50％（1.5 倍）
・1％ポイントの増加

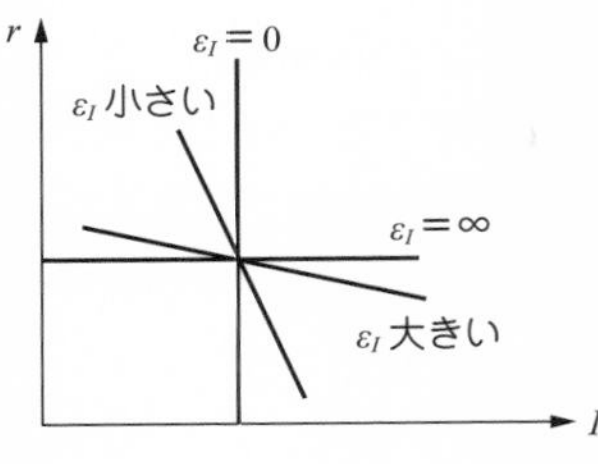

投資の利子弾力性が大きくなると，投資関数のグラフは水平に近くなります。弾力性がゼロのときには垂直，無限大の時には水平になります。投資の利子弾力性には，企業の先行き見通しが大きな影響を与えます。企業が楽観的であれば，利子率の低下がわずかでも投資が大きく増加します。一方，企業が悲観的になっていると利子率が低下しても投資は増えません。

3．政府支出と乗数

◆財源が経済に影響する

政府支出の金額は政府が決めることができ，公共事業費などに充てることができます。また，増税や減税も行うことができ，これらを合わせて**財政政策**といいます。財政政策は景気対策としても用いられます。政府支出を増やすにはお金が必要で，それを財源といいます。財源は 2 種類あります。第 1 は借金です。政府は国債という借用証書を発行して資金を賄います[4]。

第 2 は増税です。増税することにより資金を調達できますが，国民の**可処分所得**が減ることで *GDP* を減らす副作用もあります。可処分所得は所得から税を引いた，いわゆる手取りを指しています。財源を増税に頼る場合には，政府支出増による *GDP* 増加効果と増税による *GDP* 減少効果を両方考える必要があります。

4　年度の途中で国債を追加発行する際には，特例法を制定して国債を発行します。これを特例国債といいますが，一般には赤字国債と呼ばれています。法案が年度内に成立すれば，何度でも赤字国債を発行できます。満期が 10 年から 30 年の長期国債も発行されています。借金はいつかは返さなければなりませんが，現在の借金を最終的に負担するのは誰か，という点については，財政学の分野で様々な意見があります。

❖ 政府支出の財源 ❖

	資金調達		政府支出
【国債発行】		+	
	GDP 影響なし		GDP↑
【増税】	TAX	+	
	GDP↓		GDP↑

この図では，借金をしても *GDP* に影響を与えないと仮定していますが，政府の借金が *GDP* を減らすという学説もあります。第 17 講で見ましょう。

◆政府支出乗数

まずは，国債発行で資金調達するケースを考えてみましょう。調達面は経済に影響を及ぼさないとして，政府支出の増加が *GDP* を増やす効果だけを考えます。貿易を考えない需要面の *GDP* の式と消費関数は，

$GDP：Y=C+I+G$
消費関数：$C=cY+a$

になります。このように，経済をいくつかの式で表したものをマクロ経済モデルといいます。消費関数を *GDP* の式に代入してまとめると，

$$Y=C+I+G=(cY+a)+I+G \rightarrow cY\text{を左辺に移項} \rightarrow Y-cY=a+I+G$$

$$\rightarrow (1-c)Y=a+I+G \rightarrow Y=\frac{1}{1-c}(a+I+G)$$

となります。政府支出が 1 増えると *GDP* がどれくらい増えるのか，という計算は，Y を G で微分すれば求められますので，

$$\frac{dY}{dG}=\frac{d\left(\frac{1}{1-c}(a+I+G)\right)}{dG}=\frac{1}{1-c}$$

となります。a と I は G で微分すると消えてしまい，G は G で微分すると 1 になることから，$\frac{1}{1-c}$ だけが残ります。これを**政府支出乗数**といいます。乗数とは掛け

算するという意味ですが，政府支出 G に掛けて使うことから名前が付いています。微分の式中の d を Δ（デルタ）という記号に置き換えると，

$$\frac{\Delta Y}{\Delta G}=\frac{1}{1-c} \quad \rightarrow \quad \Delta Y=\frac{1}{1-c}\times \Delta G$$

となり，政府支出乗数は政府支出 G に掛け算する係数になっています。政府支出乗数の大きさを決めるのは，限界消費性向 c です。限界消費性向が大きければ大きいほど政府支出乗数も大きくなり，政策効果も大きくなります。

Excersize 35

以下の表を埋める。

c	$\frac{1}{1-c}$	ΔG	$\Delta Y=\frac{1}{1-c}\times \Delta G$
$c=0.5$		8	
$c=0.8$		8	

Anser 35

c	$\frac{1}{1-c}$	ΔG	$\Delta Y=\frac{1}{1-c}\times \Delta G$
$c=0.5$	$\frac{1}{1-c}=\frac{1}{1-0.5}=\frac{1}{0.5}=2$	8	$\Delta Y=2\times 8=16$
$c=0.8$	$\frac{1}{1-c}=\frac{1}{1-0.8}=\frac{1}{0.2}=5$	8	$\Delta Y=5\times 8=40$

この問題では，限界消費性向は 0.5 と 0.8 で 1.6 倍の違いがありませんが，乗数は 2 と 5 で 2.5 倍の違いがあります。限界消費性向が 0.9 のときには，政府支出乗数は 10 になります。限界消費性向は $0<c<1$ の値を取るため，政府支出乗数の分母の部分は 1 よりも小さくなり，政府支出乗数は 1 よりも大きくなります。

CHECK POINT

乗数を求める問題では，$Y=\cdots$ の形にする必要がありますが，その他の計算問題では，$(1-c)Y=a+I+G$ のままで進める方が早く計算できます。

$Y=\dfrac{1}{1-c}(a+I+G)$の式では，Gだけでなく，Iで微分することもでき，同じ答え$\dfrac{1}{1-c}$になります。Iで微分したものを**投資乗数**といい，投資が 1 増えたときに GDP がどれくらい増えるのかを表しています。

◆租税乗数

消費関数に税を入れてみましょう。私たちが消費に使えるお金は，所得 Y から租税 T を引いた可処分所得です。この場合のマクロ経済モデルは，

GDP：$Y=C+I+G$
消費関数：$C=c(Y-T)+a$

となり，2 つの式をまとめていくと，

$$Y=C+I+G=c(Y-T)+a+I+G \quad\rightarrow\quad Y-cY=-cT+a+I+G$$

$$\rightarrow\quad Y=\frac{-cT}{1-c}+\frac{1}{1-c}(a+I+G)$$

となります。租税 T を 1 増やすときの GDP の変化は，Y を T で微分して，

$$\frac{dY}{dT}=\frac{d\left(\dfrac{-cT}{1-c}+\dfrac{1}{1-c}(a+I+G)\right)}{dT}=\frac{-c}{1-c}$$

となります。2 番目の項には T が入っていないのですべて消えます。ちなみに，政府支出乗数と投資乗数はこれまでと同じ$\dfrac{1}{1-c}$です。T を増やすと増税になるため，家計の可処分所得が減って GDP を減らします。そのため，租税乗数にはマイナスが付いています。

Excersize 36

以下の表を埋める。

c	$\frac{-c}{1-c}$	ΔT	$\Delta Y=\frac{-c}{1-c}\times\Delta T$
$c=0.5$		8	
$c=0.8$		8	

Anser 36

c	$\frac{-c}{1-c}$	ΔT	$\Delta Y=\frac{-c}{1-c}\times\Delta T$
$c=0.5$	$\frac{-c}{1-c}=\frac{-0.5}{1-0.5}=\frac{-0.5}{0.5}=-1$	8	$\Delta Y=-1\times 8=-8$
$c=0.8$	$\frac{-c}{1-c}=\frac{-0.8}{1-0.8}=\frac{-0.8}{0.2}=-4$	8	$\Delta Y=-4\times 8=-32$

租税乗数では分数の分子の部分にも $-c$ が入っています。忘れずに代入しましょう。

限界消費性向が大きいほど増税の効果も大きくなることが分かります。

◆均衡予算乗数

増税分と同じだけ政府支出を増やすとどうなるでしょうか。これまでの例では，8 兆円増税して 8 兆円政府支出を増やすわけですから，*GDP* への効果はプラスマイナスゼロになるように思えます。実際に計算してみましょう。政府支出乗数と租税乗数はすでに求めているので，その結果を利用します。

c	$\frac{1}{1-c}$	ΔG	$\frac{-c}{1-c}$	ΔT	$\Delta Y=\left(\frac{1}{1-c}\times\Delta G\right)+\left(\frac{-c}{1-c}\times\Delta T\right)$
$c=0.5$	2	8	-1	8	$\Delta Y=(2\times 8)+(-1\times 8)=8$
$c=0.8$	5	8	-4	8	$\Delta Y=(5\times 8)+(-4\times 8)=8$

計算の結果，限界消費性向の大小に関係なく，*GDP* は 8 増加することが分かります。これは，政策規模に対して 1 倍の効果があるということです。もし政策効果がなければ，$\Delta Y=0$ になります。この理由は，租税乗数による *GDP* の減少効果＝租税乗数の絶対値[5] よりも，政府支出による *GDP* 増加効果＝政府支出乗数の絶対値の方

が大きいことからきています。

◆**比例税のケース**

ここまで見てきた租税は，所得に関係なく課税される**一括税**（固定税）です。1人当たり××円というタイプの税は，住民税の均等割りなど日本にも存在しますが，所得に応じて課税される**比例税**（累進課税）の方が経済に与える影響が大きいといえます。そこで，税率 t を使って，比例税 $T=tY$ のケースでは乗数がどのようになるのか計算してみましょう[6]。マクロ経済モデルは，

GDP：$Y=C+I+G$
消費関数：$C=c(Y-T)+a$
比例税：$T=tY$

となります。T を消費関数に代入して，消費関数を GDP の式に代入します。

$$Y=C+I+G=c(Y-tY)+a+I+G \quad \rightarrow \quad Y=c(1-t)Y+a+I+G$$
$$\rightarrow \quad Y-c(1-t)Y=a+I+G \quad \rightarrow \quad (1-c(1-t))Y=a+I+G$$
$$\rightarrow \quad Y=\frac{1}{1-c(1-t)}(a+I+G)$$

となり，比例税のときの政府支出乗数と投資乗数は $\frac{1}{1-c(1-t)}$ になります。一括税と比例税が両方とも導入されているときには，租税乗数は $\frac{-c}{1-c(1-t)}$，政府支出乗数は $\frac{1}{1-c(1-t)}$ になります。

5　絶対値はプラスやマイナスの符号を取って数値だけにしたものです。
6　日本をはじめ多くの国では，所得が高くなればなるほど税率も高くなる超過累進課税が導入されていますが，計算が難しくなるため，ここでは税率は全ての人で同率だとしておきます。

Excersize 37

以下のマクロモデルにおいて，限界消費性向 c が0.8，税率 t が25%であるときの政府支出乗数を求める。

GDP：$Y=C+I+G$

消費関数：$C=c(Y-tY)+a$

Anser 37

比例税のときの政府支出乗数は $\frac{1}{1-c(1-t)}$ になるため，

$$\frac{1}{1-c(1-t)}=\frac{1}{1-0.8(1-0.25)}=\frac{1}{1-0.8\times0.75}=\frac{1}{1-0.6}=\frac{1}{0.4}=2.5$$

この問題では，計算の順番が大切です。まずはカッコの中の $(1-t)$ を計算した後に，c と掛け算します。$1-c$ の計算に慣れてしまっているため，$(1-0.8)\times(1-0.25)=0.15$ としてしまうミスが起きやすくなります。

また，比例税の乗数の計算では，答えが簡単な数値になるように問題が作られていることもあります。その場合は，分数を使って計算するとミスが少なくなります。本問の場合は，

$$\frac{1}{1-c(1-t)}=\frac{1}{1-\frac{4}{5}\left(1-\frac{1}{4}\right)}=\frac{1}{1-\frac{4}{5}\times\frac{3}{4}}=\frac{1}{1-\frac{3}{5}}=\frac{1}{\frac{2}{5}}=\frac{5}{2}$$

というように計算できます。途中で $\frac{4}{5}\times\frac{3}{4}$ が約分できたことで計算が簡単になりました。

◆貿易を考えたときの乗数

第16講で詳しく見ますが，輸出は為替レート e の増加関数，輸入は GDP の増加関数だと考えられています。ここでは輸出は X のままにしておいて，輸入関数を $M=mY$ として乗数を計算してみましょう[7]。マクロ経済モデルは，

7　$M=mY$ の m を**限界輸入性向**といいます。単に輸入性向としているテキストも多くあります。

$GDP：Y=C+I+G+(X-M)$
消費関数：$C=cY+a$
輸入関数：$M=mY$

となるので，代入していくと，

$$Y=C+I+G+(X-M)=cY+a+I+G+X-mY$$
$$\rightarrow \quad Y-cY+mY=a+I+G+X \quad \rightarrow \quad (1-c+m)Y=a+I+G+X$$
$$\rightarrow \quad Y=\frac{1}{1-c+m}(a+I+G+X)$$

となり，政府支出乗数と投資乗数は $\frac{1}{1-c+m}$ となります。租税乗数は $\frac{-c}{1-c+m}$，比例税のときの政府支出乗数は $\frac{1}{1-c(1-t)+m}$ となるのはこれまでと同じです。

CHECK POINT

乗数を使う問題を解く場合，証明の必要がなく数値だけ分かればいいのであれば，乗数を公式として暗記した方が早く問題が解けます。基本形は $\frac{1}{1-c}$，租税乗数のときには分子が 1 から $-c$ になる，比例税があれば c のところに $(1-t)$ がつく，貿易がある場合は分母に $+m$ を付け加えるという法則が使えます。全ての乗数を丸暗記するのではなく，法則を覚える方が実用的です。

貿易がないときの政府支出乗数 $\frac{1}{1-c}$ と貿易があるときの政府支出乗数 $\frac{1}{1-c+m}$ を比べてみると，貿易がないときの政府支出乗数の方が大きくなります。例えば，

$c=0.8$，$m=0.3$ のとき，$\frac{1}{1-c}=\frac{1}{1-0.8}=\frac{1}{0.2}=5$，$\frac{1}{1-c+m}=\frac{1}{1-0.8+0.3}=\frac{1}{0.5}=2$

となります。

財政政策によって GDP が増加すると，家計の所得が増加します。貿易があるときには，家計は国内の財だけでなく外国の財も購入します。輸入が増えた分だけ

GDP が減少するため，トータルの政策効果が小さくなります。外国では輸出が増えるため，外国の *GDP* が増加します。国際経済を考えると，政策の効果が変わってくるという一例です。

❖ 政策の効果が外国に流れ出る ❖

【自国】

$$Y=C+I+G+(X-M)$$

$G\uparrow \rightarrow Y\uparrow\uparrow \rightarrow M\uparrow \rightarrow Y\downarrow$
$=Y\uparrow$

← 輸入　← 輸出

【外国】

$$Y^*=C^*+I^*+G^*+(X^*-M^*)$$

$X^*\uparrow = Y^*\uparrow$

外国の数値は*を付けて区別します。

Excersize 38

以下の文章のうち正しいものはどれか。

1：消費額を所得額で割ったものを限界消費性向という。
2：企業の先行き見通しが楽観的になると，投資関数のグラフは垂直に近づく。
3：5 兆円の増税と 5 兆円の政府支出増を行うと，*GDP* は 5 兆円増加する。
4：政府支出を減少させると，貿易がない国よりも貿易がある国の方が *GDP* が大きく減少する。

Anser 38

1：誤り。平均消費性向。
2：誤り。投資の利子弾力性が大きくなり，グラフは水平に近づく。
3：正しい。
4：誤り。貿易のある国では，政府支出減少→ *GDP* 減少→輸入減少が起きるため輸入が減少した分だけ *GDP* は増加する。この効果の分だけ *GDP* の減少幅が小さくなる。

通貨市場の分析

お金のことを通貨といいます。通貨にも需要と供給があります。どのようにして需要と供給が決まっているのか見ていきましょう。通貨の量は経済に影響を与えますが，ケインズ派と古典派で考え方が違います。この違いも見ていきましょう。

1．通貨とは何か

◆通貨の３つの機能

通貨は時代により形を変えています。古い時代には，貝殻や石などが通貨として使われていました。貨，貸，資など，お金に関する漢字には「貝」が含まれています。現在では，紙幣（お札）と硬貨（コイン）が通貨ですが，銀行預金も通貨です。

通貨は**価値尺度**，**流通手段**，**価値保存**という３つの機能を持ちます。

❖ 通貨の３機能 ❖

価値尺度とは，物の価値を計る機能です。日本では「円」を単位として，ノートは100円，ピザは2000円のように表します。近世以前では地域によって通貨の単位が違ったり，1つの地域の中で複数の種類の通貨が流通したりしていました。例えば中世のヨーロッパでは，スターリング銀貨，マルク銀貨，リーブル銀貨，ソルド銀貨などが各地域で流通していました。商人にとっては非常に不便だったため，グロ銀貨という計算上の銀貨を創って取引に使っていました。後に，実際にグロ銀貨を鋳造する地域も出てきています。統一的な価値尺度は取引を円滑にする役割を担っています。

流通手段は取引の仲立ちをする機能です。もし通貨がなければ経済は物々交換になり，パンを食べたい酪農業者は牛乳を必要としているパン屋を探す必要があります。この取引では，相手を探すのは比較的簡単ですが，ケーキを食べたい経済学者は経済学の講義を聞きたいケーキ屋を探す必要があり，相手を見つけるのは非常に困難です（経済学者としては残念です）。自分が持っているものを相手が欲しがらなければ取引が成立しないことを**要求の二重の一致**といいます。社会の規模が拡大して財の種類が多様化すると，要求の二重の一致は大問題になります。通貨があれば，経済学の講義をして通貨を手に入れ，その通貨でケーキを買うことができます。この面でも，通貨は取引を円滑にする役割を担っています。

価値保存とは，通貨を利用しないときに，保存が可能だということです。価値尺度と流通手段だけを見れば，イワシでも通貨の役割を担えます。しかし，冬にもらったイワシを夏に使おうとしても，イワシは腐って原形をとどめていないでしょう。通貨はある一定期間，形や価値を保つ必要があります[1]。そこで，金属が通貨として選ばれました。中でも金（きん）は少量で価値が高く，加工も簡単です。技術が未熟な時代には，人々は通貨そのものを資産として保有していました。現在では株式や債券，美術品や家具，土地など様々な資産を容易に購入することができるため，価値保存には通貨ではなく資産を保有すべきです。その理由の1つに，通貨はインフレに弱いという弱点があります。10000円札は，インフレが生じて物価が2倍になると，実質価値が5000円になります。株式などがインフレを避けるのに有用かどうかは意見が分かれていますが，インフレが生じると株価は上昇することが多く，インフレにある程度は対抗することができます。

◆何が「通貨」として認められるのか

通貨には3つの機能がありますが，電子マネーや商品券などもこれらの機能持っているといえます。しかし，日本の法律では通貨として認められていません。法律で認められた通貨を**法定通貨**（法貨）といい，日本の法定通貨は6種類の硬貨と4種類の紙幣です[2]。これらには強制通用力が付与されており，取引の際に，紙幣や硬貨の受け取りを拒否することができません[3]。逆に言えば，電子マネーで支払おうとする相手には，「お札にしてください」と要求することができます。電子マネーには強制通用力がないためです。

1　ここでいう価値は主観的な価値です。通貨となるものに自分が価値を認めるのではなく，取引相手が価値があると認めてくれることが大切です。

2　日本では過去に発行された100円札なども法的に有効となっています。

3　硬貨の強制通用力は額面の20倍までとなっています。つまり，10円玉では200円まで強制通用力があり，250円の買い物では店側が「50円玉や100円玉を使ってください」と要求できます。紙幣の強制通用力には制限がありません。

ビットコインなどの仮想通貨（暗号資産）は，法定通貨ではありませんが，世界中で利用実績が徐々に増えています。多くの人が使えば使うほど通貨としての役割を果たすようになる効果を，**ネットワーク外部性**といいます。

世界ではキャッシュレス化が進行しています。地域によって方法が異なりますが，デビットカードやクレジットカードを使う銀行預金の利用と電子マネーの利用に大きく分かれます。現金から銀行預金に移項するタイプのキャッシュレス化は，どちらも通貨に分類されるものを使っているため，通貨市場に大きな影響を与えません。電子マネーも現金や銀行口座からチャージするものがほとんどですので，*ATM* から現金を下ろすのと同じです。通貨市場への影響は小さいと考えられます。

近年は，中央銀行がデジタルな通貨を発行する動きが出ています。国際的には中央銀行デジタル通貨（*CBDC*）と呼ばれています。執筆時点では，電子マネーと同じ形のデジタル通貨が発行されていますが，銀行預金のように使えるものが発行されると，多くの人が銀行預金を解約すると考えられており，通貨市場や金融市場に大きな影響を与えると考えられています。

2．通貨需要

◆なぜお金が欲しいのか

通貨を欲しがるのは，通貨を使うためです。ケインズは，通貨の保有動機を**取引動機**，**予備的動機**，**投機的動機**の 3 つに分類しました。

> **CHECK POINT**
>
> 「通貨の需要」とは，株や債券，土地などで保有している資産を通貨に換金したい，ということです。ただ単に，お金がほしいということではありません。

取引動機は，財を買う取引のための通貨需要です。所得が多ければ多いほど取引量も増えていくため，取引動機は *GDP* の増加関数になります。予備的動機は，現在使う予定がなくても，通貨が必要になるかもしれないことから，多めに通貨を手元に置いておくという通貨需要です。これも *GDP* の増加関数になります。取引動機と予備的動機を合わせて L_1 とすると，$L_1=L_1(Y)$ となります。

投機的動機は，金融商品の売買に伴う通貨需要です。本書では，国債という金融商品を考えます。国債価格が低いときには人々は国債を買おうとし，高いときには売ろうとします。後で詳しく見ますが，国債価格は利子率と反対方向に動きます。つまり，国債価格が高いとき＝利子率が低いときに通貨需要が増え，国債価格が低いとき＝利子率が高いときに通貨需要が減るため，投機的動機に基づく通貨需要 $L_2 = L_2(r)$ は利子率の減少関数になります。

◆通貨需要を式とグラフで表す

L_1 と L_2 をもう少し詳しく見てみましょう。L_1 は，

$$L_1 = kY$$

という式になります。ここで，k は**マーシャルの** $\boldsymbol{k}$ といい，*GDP* と国内の通貨残高の比率を表します。グラフは切片のない直線になります。

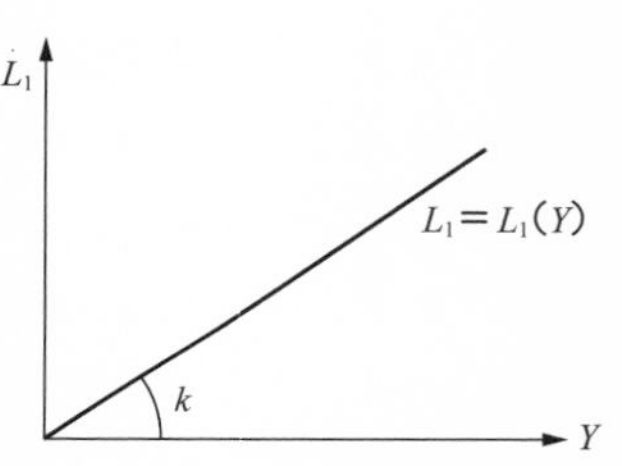

L_2 のグラフを描く前に，国債価格と利子率の関係を確認しましょう。国債は，借入額の元本と利子のクーポンから成り立っており，図のようなイメージの証券です。国債は半年に 1 度，利子（クーポン）が支払われます。図の国債はクーポンが 20 個ついているので，10 年間借金をする 10 年国債です[4]。

❖ **10 年国債のイメージ** ❖

額面（元本）：100			
クーポン	クーポン	クーポン	クーポン
クーポン	クーポン	クーポン	クーポン
クーポン	クーポン	クーポン	クーポン
クーポン	クーポン	クーポン	クーポン
クーポン	クーポン	クーポン	クーポン

クーポンは国債の発行時にすでに印刷されているため，国債が返還（償還といいます）されるまで一定です。クーポン 1 枚当たり 1 だとすると，図の国債は 100 の元本に対して毎年 2 の利子がもらえる国債になります。

4　日本の国債は電子化されていますので，図のような紙は発行されていません。

国債は証券市場で売買されており，価格が刻々と変化しています。クーポンは固定ですが価格が変動するため，国債の利子率も刻々と変化します。その関係は，

$$r=\frac{\text{クーポン}}{\text{国債の市場価格}}$$

となり，国債の市場価格と利子率は逆比例することが分かります。10年国債から計算される利子率を長期金利といい，長期金利は新聞やWebで確認できます。

❖ 債券価格と利子率の関係（クーポンを年間2とする）❖

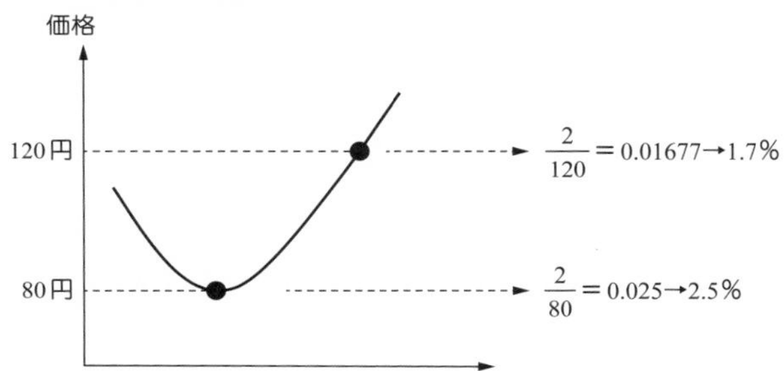

利子率が高いときには，国債価格が低く，将来の値上がりが期待されます。人々は国債を買おうとしますが，これは通貨を手放す行為と同じで，通貨への需要は減少します。利子率が低いときには，国債価格が高く，将来の値下がりが期待されます。人々は国債を売ろうとしますが，これは通貨を欲しがる行為と同じで，通貨への需要は増加します。

❖ 利子率と L_2 の関係 ❖

利子率（r）	国債価格	将来の予想	行動	通貨需要 L_2
高い	低い	国債価格の上昇	通貨→国債	減少
低い	高い	国債価格の下落	国債→通貨	増加

利子率と通貨需要の関係が分かればこの表は両端だけ見ればよく，通貨需要 L_2 は利子率 r の減少関数になり，次ページのグラフになります。通貨需要 L_2 が利子率 r の影響を受けるという説は，ケインズが**流動性選好説**として主張しました。

利子率が非常に低いとき（$\underline{r}$）には，国債価格が非常に高くなっています。多くの人が国債を売ろうとしますが，国債の価格が高すぎて買ってくれる相手が見つかりません。誰も買ってくれないので，これ以上の値上がりが続かず，利子率が低下しなくなります。利子率が下がらない中で国債を売って通貨に変えたいという通貨需

要がどんどん増えていき，L_2のグラフは水平になります。この状態を**流動性のわな**といいます。流動性とは，通貨への換金のしやすさを指します。通常は，国債は簡単に売って通貨に変えられる金融商品ですが，流動性のわなの状況では換金ができなくなってしまいます[5]。流動性のわなは経済や政策に大きな影響を与えます。

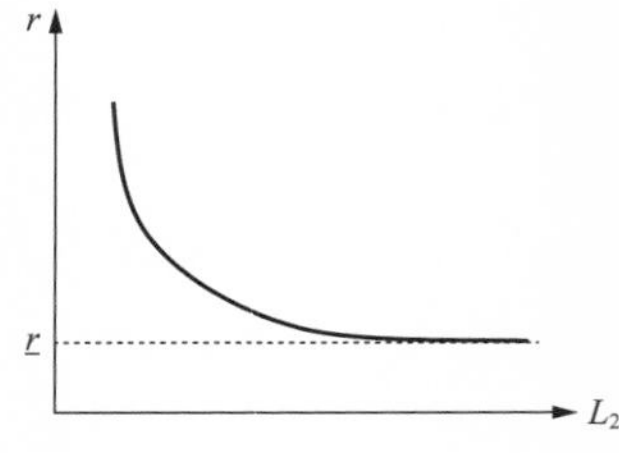

通貨需要Lは，

$$L = L_1(Y) + L_2(r)$$

と表すことができます。この式は複雑ですので，グラフに描くのが難しく，工夫が必要です。第12講で考えましょう。

Excersize 39

以下の文章のうち正しいものはどれか。

1：取引動機に基づく通貨需要は*GDP*の増加関数であるが，予備的動機に基づく通貨需要は*GDP*の減少関数になる。
2：国債価格と利子率には正比例の関係がある。
3：利子率が非常に高くなると流動性のわなが発生する。
4：投機的動機に基づく通貨需要は利子率の減少関数になる。

Anser 39

1：誤り。どちらも*GDP*（国民所得）の増加関数になる。
2：誤り。逆比例の関係がある
3：誤り。利子率が非常に低くなると発生する。
4：正しい。

5　グラフでは$\underline{r}$はプラスになっていますが，2010年代に入ると日本やヨーロッパで長期金利がゼロを下回ってマイナスになっています。20世紀には利子率がマイナスにならないという「金利の非負制約」は重要な法則でしたが，21世紀には非負制約が破られています。

3. 通貨供給

◆通貨を供給するのは誰か

通貨の発行者は**中央銀行**と市中銀行です。まずは中央銀行から見ていきましょう。

日本の中央銀行は**日本銀行**で，日本の**金融政策**を担当しています。金融政策は非常に複雑な政策ですが，マクロ経済学では国内の通貨残高を変化させることで経済に影響を与える政策だとされています[6]。

中央銀行には，紙幣の管理業務である**発券銀行**[7]，政府資金の管理を行う業務である**政府の銀行**，市中銀行と資金のやり取りを行う**銀行の銀行**という機能があります。このうち，マクロ経済学で重要なのは銀行の銀行です。

市中銀行は中央銀行に**準備預金**という口座を開いています。準備預金は市中銀行同士の振り込みや中央銀行との通貨の受け渡しに使われ，口座の中のお金も準備預金と呼ばれます。日本では**日本銀行当座預金**（日銀当預）と呼ばれます。

❖ 準備預金の受け渡し ❖

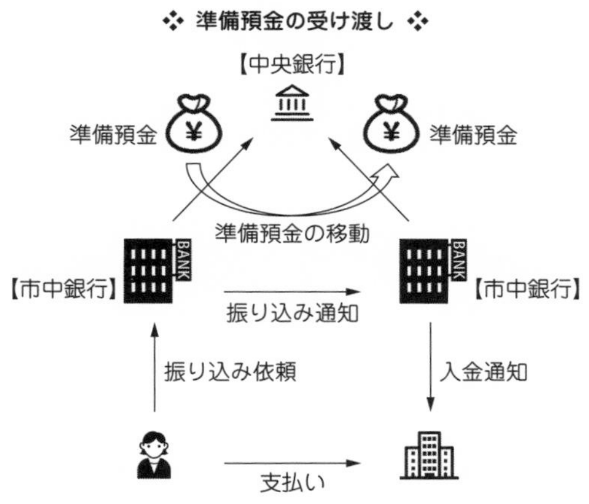

図は，旅行会社への旅費の振り込みのような，家計から企業へ銀行振り込みをする場面です。振り込みの依頼を受けた銀行は，準備預金を使って企業が口座を開い

6　金融政策には，決済システムや金融システムの監督業務などもあります。詳しくは川野祐司『これさえ読めばすべてわかる　国際金融の教科書』文眞堂の第 10 章を参照のこと。

7　日本の紙幣の正式名称は日本銀行券で，日本銀行が発行を管理しています。一方，硬貨の発行を管理しているのは政府（財務省）です。現金の発行主体は分かれていますが，硬貨の発行残高が小さいことから，マクロ経済学では，現金はすべて日本銀行が発行したことにしています。

ている市中銀行へとお金を移動させます。お金の移動は中央銀行の中で行われるため，銀行同士の物理的な距離が離れていても素早く安全にお金の移動が完了します。このようなシステムを**決済システム**といいます[8]。

中央銀行が発行する通貨は，現金と準備預金になります。両方合わせたものを，**ハイパワードマネー**（ベースマネー）Hといいます。中央銀行は準備預金の量をコントロールすることが可能なため，大きな力を持っている，という意味の用語になっています。

家計や企業が市中銀行に口座を開くと，市中銀行は預金を作ってくれます。これを預金通貨の発行といい，国内の通貨残高に含めます。国内の通貨残高のことを**マネーストック**（外国ではマネーサプライ）Mといいます。輸入の記号もMですので，前後の文脈を見て間違えないように注意しましょう。

◆通貨の種類

通貨には種類がありますので，確認しておきましょう。

❖ 通貨の種類 ❖

ハイパワードマネー：現金発行残高＋日本銀行当座預金
$M1$：現金通貨＋要求払い預金（普通預金，当座預金など）　＊ゆうちょ銀行等を含む
$M2$：$M1$＋定期預金，外貨預金　＊ゆうちょ銀行等を除く
$M3$：$M2$と同じだがゆうちょ銀行（信金・信組・農漁協なども）を含む

$M1$はエムワン，$M2$はエムツーと読みます。$M1$にはすぐに引き出したり振り込んだりできる預金通貨が含まれており，現金のように取引に使うことができます。当座預金は主に企業が使う預金で，小切手という証書を作ることができます。

CHECK POINT

ハイパワードマネーの現金発行残高と，$M1$の現金通貨はほぼ同じものです。銀行の*ATM*や銀行の金庫に保管されている現金に違いがあり，ハイパワードマネーにはこれらの現金が含まれますが，$M1$には含まれません。

8　日本銀行が運営している決済システムを日銀ネットといいます。日銀ネットは使用料が高いため，旅行代金のような少額の振り込みには全銀システムという別の決済システムが使われています。どちらの決済システムも，国内の送金にしか使えません。

❖ 日本のマネーストック ❖

（2020 年 1 月　単位　兆円・億枚）

	残高		硬貨	枚数		紙幣	枚数
$M2$	1042.9		1 円	376.0		1000 円	4.3
$M3$	1379.1		5 円	106.4		2000 円	1.0
$M1$	812.0		10 円	194.3		5000 円	6.8
現金	104.6		50 円	44.9		10000 円	100.9
預金通貨	716.4		100 円	110.6			
ハイパワードマネー	517.2		500 円	48.1			
日銀当座預金	403.3						
日本銀行券発行高	109.0						

出所：日本銀行ホームページ。

表では $M2$ が一番上に記載されていますが，日本銀行の統計もこの順番になっており，$M2$ がマネーストックとして重要な指標であることが分かります。現金は約 110 兆円発行されていますが，そのほとんどが 10000 円札であることも分かります。しかし，多くの 10000 円札は日々の取引に使われておらず，保管されていると考えられています。

ハイパワードマネーとマネーストックの間には約 2 倍の開きがあります。この関係をもう少し詳しく見てみましょう。

◆通貨市場の乗数

市中銀行は家計や企業から預かったお金の一部を貸出に回します。家計や企業から預かった預金を企業などに貸し出して金利を得る預貸業務が銀行の基本的な業務です。しかし，預かったお金を全て貸出に回してしまうと，預金の引き出しに対応できません。そこで，銀行は預かった預金の一定割合を手元に残します。この比率を**支払準備率**といいます。支払準備率が 40％の場合，1 億円を預かった銀行は 4000 万円を手元に残して 6000 万円を貸し出します。銀行が現金を貸すことはほとんどなく，通常は企業の口座に振り込みます。この時点で，銀行は初めに預かった 1 億円を預金通貨として発行し，さらに企業に貸した 6000 万円も預金通貨として発行しています。1 億円をもとに，合計で 1 億 6000 万円の預金通貨を発行しています。このようなプロセスを信用創造といいます。

このケースでは，銀行が初めに預かる 1 億円は現金ですので，これはハイパワードマネーに含まれます。預かった 1 億円は金庫で保管するか，日本銀行に預けて準備預金にします。どちらのケースもマネーストックの統計からは外れます。一方で，銀行は1億6000万円の預金通貨を発行しており，この時点でマネーストックは1億6000万円になります。こうして，信用創造によってハイパワードマネーHが膨らんでマネーストックMが大きくなります。最終的には，

$$M=\frac{1}{r_c}\times H$$

となります。r_cは支払準備率で，$\frac{1}{r_c}$を**信用乗数**といいます。

Excersize 40

銀行の支払準備率が10%であるとき，ハイパワードマネーが500増えると，銀行の信用創造でどれくらいのマネーストックが増えるか。

Anser 40

信用乗数は，$\frac{1}{r_c}=\frac{1}{0.1}=10$となるため，$H=500$を代入すると，

$$M=\frac{1}{r_c}\times H=10\times 500=5000$$

となり，マネーストックは5000増加する。題意より，銀行が増やした分は，$5000-500=4500$となる。

信用乗数を使う問題では，マネーストックの5000を答える問題と，信用創造で増えた分の4500を求める問題があります。問題文をよく読んで，どちらを答えるべきか判断する必要があります。通貨乗数では，このようなひっかけがありません。

ハイパワードマネーHとマネーストックMの統計からも乗数を導くことができ，これを**通貨乗数**（貨幣乗数）といいます。まず，ハイパワードマネーとマネーサプライを以下のように定義します。

$H=C+R$　　C：現金通貨，R：法定準備額
$M=C+D$　　C：現金通貨，D：預金通貨

ハイパワードマネーに含まれるCとマネーストックに含まれるCは厳密には違い

ますが，統計上はほとんど差がないため，ここでは同じものと考えます。通貨乗数は，マネーストック M とハイパワードマネー H の比率になるため，

$$\frac{M}{H}=\frac{C+D}{C+R}$$ → 分数の上と下をそれぞれ D で割り算する

$$\rightarrow \quad \frac{C+D}{C+R}=\frac{\frac{C}{D}+\frac{D}{D}}{\frac{C}{D}+\frac{R}{D}}=\frac{c+1}{c+r_l}$$

となります。ここで，$\frac{C}{D}=c$ は現金・預金比率，$\frac{R}{D}=r_l$ は**法定準備率**です。市中銀行が家計や企業から預かった預金の一定割合を準備預金に入金しなければならないという準備預金制度があり，ここで使う一定割合のことを法定準備率といいます[9]。支払準備は銀行が自主的に手元に置いておくお金ですが，法定準備は法律によって必ず中央銀行に入金しなければならないお金です。

❖ **支払準備と法定準備** ❖

◆通貨量のコントロール

中央銀行は，ハイパワードマネーの量を増減させたり，銀行の行動を変えたりすることで，マネーストックの量をコントロールできます。このような政策を金融政策といいますが，中央銀行は**公開市場操作**，**公定歩合操作**，**準備率操作**の 3 つの金融政策手段を持っています[10]。

公開市場操作は，中央銀行が国債を売買することで，ハイパワードマネーの量を増減させる政策です。公開市場操作は英語でオペレーション（オペ）というため，中央銀行が国債を買う操作を**買いオペ**，国債を売る操作を**売りオペ**といいます。

9　準備預金制度がない国もあります。

10　これは日本でのマクロ経済学で使う用語です。後述するように，日本銀行は公定歩合という用語を使っていませんし，国際的には，公開市場操作，常設ファシリティ，準備預金制度という用語が使われています。

買いオペをすると，中央銀行は市中銀行の準備預金の口座に国債の代金を入金します。ハイパワードマネー H が増加してマネーストック M も増加します。売りオペをすると，市中銀行の準備預金が減るため，ハイパワードマネーが減少してマネーストックも減少します。

公定歩合は，市中銀行が中央銀行からお金を借りるときの金利です[11]。公定歩合を引き上げると，市中銀行は金利の負担を嫌って中央銀行からの借り入れを減らそうとします。お金が不足しないように，市中銀行は支払準備率 r_c を引き上げます。そうすると，信用乗数 $\frac{1}{r_c}$ が低下してマネーストック M が減少します。公定歩合を引き下げる市中銀行は中央銀行から借り入れがしやすくなるため，支払準備率 r_c を引き下げます。その結果，信用乗数 $\frac{1}{r_c}$ が上昇してマネーストック M が増加します。

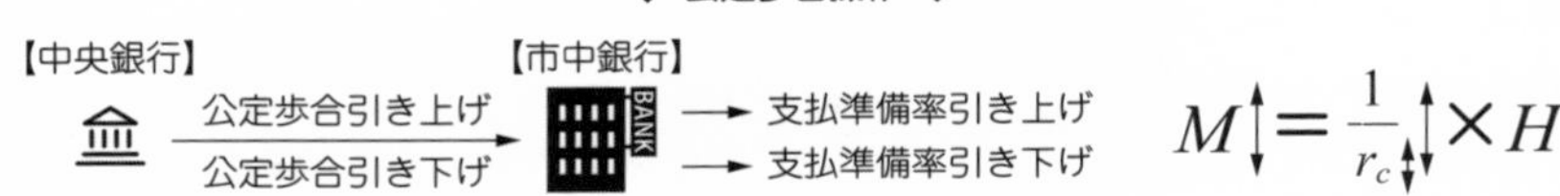

準備率操作は，中央銀行が法定準備率を上下させる政策です。準備率を引き上げると，市中銀行は準備預金を増やそうとします。その結果，通貨乗数が低下してマネーストックが減少します。準備率を引き下げると，通貨乗数が上昇してマネーストックが増加します。

11　日本では，基準割引率及び基準貸付利率といいます。

❖ 準備率操作 ❖

【中央銀行】　法定準備率引き上げ／法定準備率引き下げ　【市中銀行】 BANK → 準備預金の積み増し／→ 準備預金の取り崩し

$$M\updownarrow = \frac{c+1}{c+r_l\updownarrow}\updownarrow \times H$$

3 つの政策手段をまとめると以下のようになります。

(1)　公開市場操作

　買いオペ→ H の増加→ M の増加

　売りオペ→ H の減少→ M の減少

(2)　公定歩合操作

　引き下げ→ r_c の低下→ M の増加

　引き上げ→ r_c の上昇→ M の減少

(3)　準備率操作

　引き下げ→ r_l の低下→ M の増加

　引き上げ→ r_l の上昇→ M の減少

◆通貨市場の需要と供給

通貨市場で通貨需要 L と通貨供給 M が一致すると，

$$\frac{M}{P} = L_1(Y) + L_2(r)$$

となります。ここで大文字の P は**物価水準**を表します。物価と経済の関係は第 14 講で見ていきましょう。物価を考慮すると複雑になるため，$P=1$ とする問題も多く出題されます。

4.　古典派の貨幣数量説

◆古典派が考える通貨市場

ここまでの解説はケインズ派の通貨市場の姿です。古典派は**貨幣数量説**によって通貨市場を捉えています。貨幣数量説は以下の式で表されます。

$$MV = PY$$

Mはマネーストック，Pは物価，YはGDP，Vは**通貨の流通速度**です。流通速度とは，ある通貨が1年間に何回取引に使われたか，を表しています。パン屋がお客さんからもらった1000円札で仕入れをすると，1000円札は2回使われたことになり，流通速度が2になります。貨幣数量説の式の右辺は経済活動を表しており，左辺はそれに必要な通貨の量をあらわしています[12]。この式を両辺Pで割って，マーシャルのkを使って$V=\dfrac{1}{k}$とすると，

$$MV=PY \quad \rightarrow \quad \frac{MV}{P}=Y \quad \rightarrow \quad \frac{M}{P}\times\frac{1}{k}=Y \quad \rightarrow \quad \frac{M}{P}=kY$$

となります。このように変形すると，左辺は通貨供給，右辺は通貨需要を表しています。古典派の経済観では，通貨需要は$L_1(Y)$で成り立っていることが分かります。貨幣数量説が誕生した背景には，「通貨量が突然2倍になると経済にどのような影響が出るのか」という問題があります。マーシャルのkやGDPは短期間に大きく変動することはありません。そのため，右辺は一定だと考えます。そのため，通貨量（＝マネーストックM）が2倍になると，物価Pが2倍になります。

◆古典派とケインズ派の違い

古典派の考え方のポイントは，マネーストックを増やす金融政策はGDPに影響を与えず物価のみを上昇させる，という点にあります。つまり金融政策は無効なのです。それに対してケインズ派では，金融政策によってGDPが増加する，つまり金融政策は有効であると考えています。

両者の違いは，利子率が果たす役割にあります。古典派は，財市場は生産・流通・消費といった経済の実体部分を表すのに対して，通貨市場は物価水準を決めるだけであり，2つの市場は別々に機能するという**古典派の二分法**を基礎にしています。通貨は経済の実体ではなく，物価水準という飾りに過ぎないという「貨幣ベール観」ともいいます。経済を考えるときに名目値ではなく実質値を見るべきだ，という主張につながります。ただし，現在の古典派は利子率も通貨需要に関係していると考えています。

これに対してケインズ派は，利子率が財市場と通貨市場を結び付けるカギだと考えています。財市場では投資の項目に，通貨市場では通貨需要の項目に利子率が

12　本書では名目と実質を区別していませんが，本来は，マクロ経済学ではYは実質GDPを表していますので，PYは名目GDPになります。

入っており，財市場と通貨市場が同時に均衡することで利子率も決まると考えています。このような経済モデルを *IS–LM* モデルといい，次の第 12 講で見ていきます。

古典派とケインズ派の意見の違いは経済政策の効果にも及びます。

Excersize 41

以下の文章のうち正しいものはどれか。

1：古典派の通貨需要関数は国民所得と利子率の関数，ケインズ派の通貨需要関数は国民所得の関数となる。
2：日本銀行が発行した通貨をマネーストック，国内の通貨残高をハイパワードマネーという。
3：現金預金比率が 20%，法定準備率が 10%のときには通貨乗数は 0.7 になる。
4：公定歩合引き上げと準備率引き上げはマネーストックに対して同じ効果がある。

Anser 41

1：誤り。ケインズ派と古典派が逆。
2：誤り。説明が逆。
3：誤り。20%を 0.2，10%を 0.1 として計算すると，通貨乗数は 4 となる。
4：正しい。どちらもマネーストックを減少させる。

IS–*LM* モデル

第10講では財市場，第11講では通貨市場を分析しました。ここでは，2つの市場を1つのグラフに描けるようにしましょう。財市場と通貨市場が両方とも均衡する点では，国民所得（*GDP*）Yと利子率rが決まります。その後，財政政策と金融政策の効果も見ていきましょう。

1．*IS* 曲線

◆財市場の需要と供給

貿易を考えないことにすると，財市場の需要と供給は，

$$\text{需要}：Y = C(Y) + I(r) + G$$
$$\text{供給}：Y = C(Y) + S(Y) + T$$

となります。財市場の需給が一致しているとき，

$$C(Y) + I(r) + G = C(Y) + S(Y) + T \quad \rightarrow \quad I(r) + G = S(Y) + T$$

となります。投資Iと貯蓄Sのグラフを確認しておきましょう。まずは貯蓄です。貯蓄は基礎消費の分だけマイナスから始まる直線でした（118ページ，左図）。このグラフを上下ひっくり返すと，右図のようになります。租税Tが増えると貯蓄のグラフは上にシフトしますが，とりあえず$T = 0$としておきましょう。

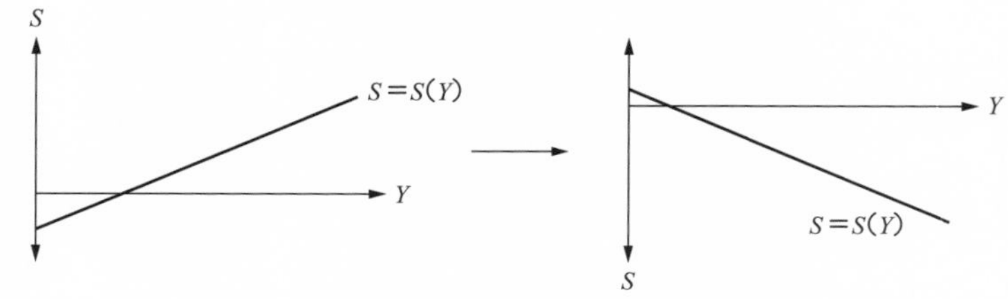

次は投資のグラフです。投資関数は利子率rの減少関数でした（122ページ，左図）。政府支出Gが増えるとグラフは右側にシフトしますが，とりあえず$G = 0$とし

ておきましょう。投資関数のグラフを左右に反転させると右図になります。

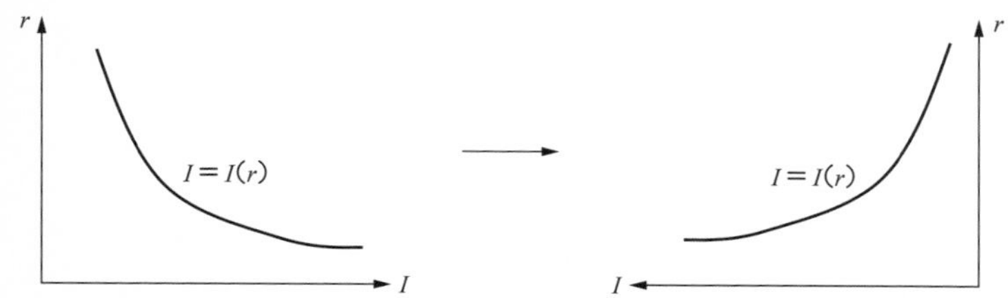

最後に，$I(r)+G=S(Y)+T$ ですが，$G=T$ の場合は，$I(r)=S(Y)$ となり，貯蓄と投資は一致します。このグラフは正方形の対角線[1]，つまり 45 度の角度を持った直線になります（左図）。これを 180 度回転させると右図になります。

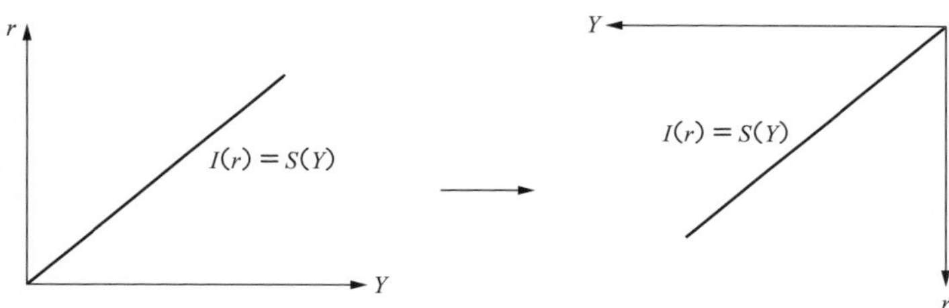

◆ *IS* 曲線を導出する

3 つのグラフを利用すると，財市場の均衡を表す ***IS* 曲線**を描くことができます（次ページ）。マイナス部分を描けないため，貯蓄関数は途中から出ています。

縦軸上の *A* 点から出発しましょう。まずは左の投資関数に向かって進み，投資関数とぶつかったところを *B* 点とします。次に *B* 点から下に進み，$I=S$ にぶつかったところを *C* 点とします。さらに右側に進んで貯蓄関数とぶつかった点が *D* 点です。*D* 点から上に進んで *A* 点と同じ高さの所が *E* 点になります。

次に *F* 点から始めて，*G* 点 → *H* 点 → *I* 点と進んで *J* 点を探します。*E* 点と *J* 点を結んだ線が *IS* 曲線になります。*IS* 曲線は右下がりになりますが，形を決めるのは投資関数のグラフの形です。投資関数が垂直に近くなると *IS* 曲線も垂直に，投資関数が水平に近くなると *IS* 曲線も水平に近くなります。2 つのグラフは，カタカナの「ハ」の字のような関係になります。

1　正方形は縦と横の長さが等しい図形です。正方形の対角線上の点はすべて，縦と横の長さが等しくなっています。つまり，*Y* で決まる貯蓄と *r* で決まる投資が等しくなっています。

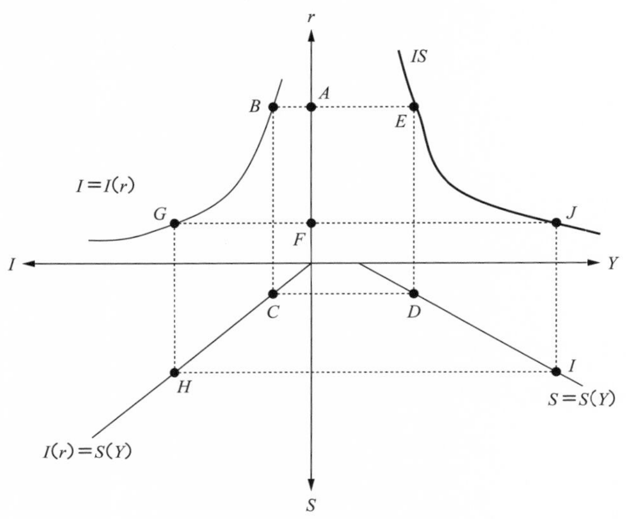

2. *LM* 曲線

◆通貨市場の需要と供給

ケインズ派での通貨市場の需要と供給は，

需要：$L=L_1(Y)+L_2(r)$

供給：$\dfrac{M}{P}$

となります。$P=1$ とすれば，通貨供給＝マネーストック M になります。通貨市場の需給が一致するとき，

$$\frac{M}{P}=L_1(Y)+L_2(r)$$

となります。まずは，L_1 と L_2 のグラフからおさらいしましょう。L_1 は $L_1=kY$ と書くことができ，切片のない直線でした（136ページ，左図）。このグラフを上下に反転させます（右図）。

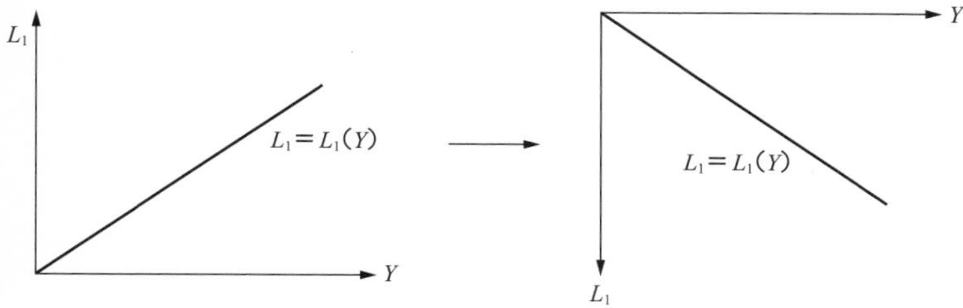

次に，L_2 は利子率の減少関数でした（138ページ，左図）。このグラフを左右反転させます（右図）。流動性のわなは必要に応じて追加します。通常は不要ですが，ここでは流動性のわなも入れておきます。

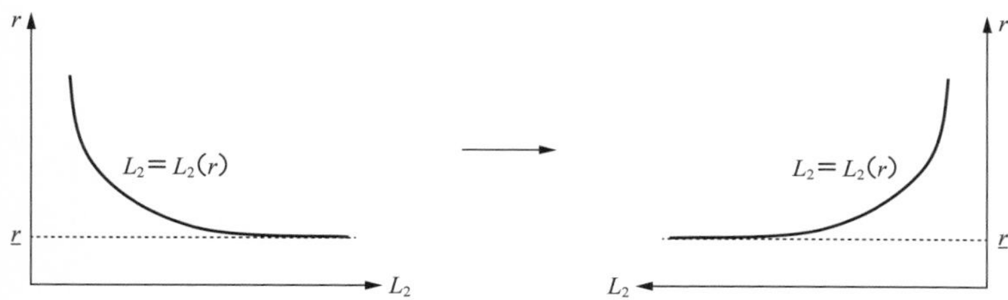

最後に，$\dfrac{M}{P}=L_1(Y)+L_2(r)$ ですが，この形は，予算制約線 $p_x x+p_y y=I$ と左右が入れ替わっただけで同じ形をしています。つまり，通貨市場の均衡式は予算制約線と同じ形をしています（左図）。これを180度回転させます（右図）。

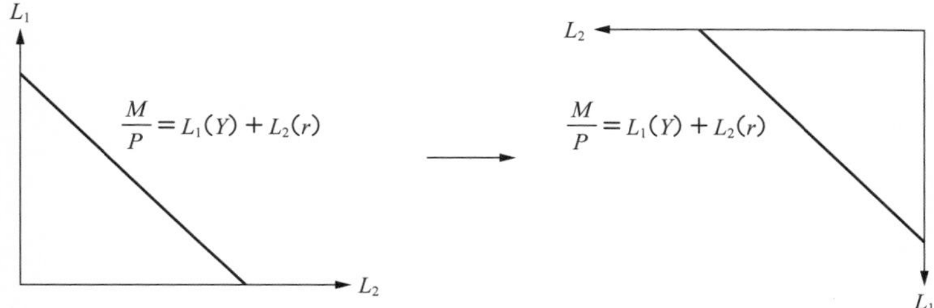

◆ LM曲線を導出する

3つのグラフを利用すると，通貨市場の均衡を表す **LM曲線**を描くことができます。IS曲線と同じように作ってみましょう。

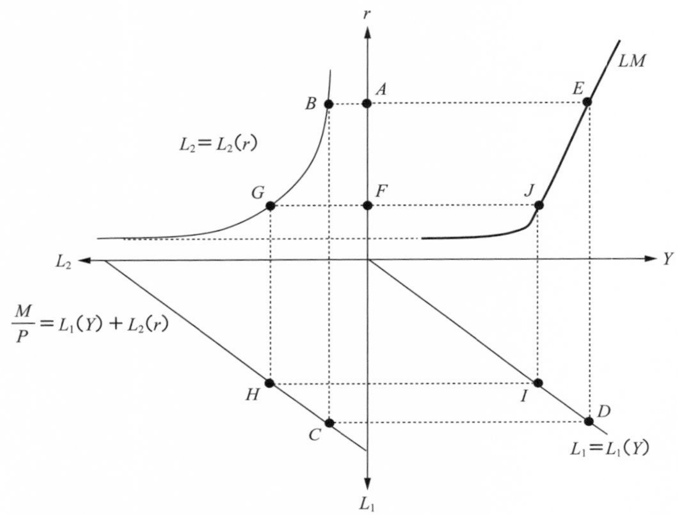

IS 曲線と同じように，A 点から B → C → D → E 点，F 点から G → H → I → J 点と進めて点を結ぶと LM 曲線になります。LM 曲線は右上がりになりますが，形を決めるのは通貨需要 L_2 のグラフです。2 つのグラフはカタカナの「ノ」が 2 つ並んだようになっています。通貨需要 L_2 に流動性のわなが発生していれば，利子率はそれ以上低下しないため，LM 曲線のグラフも途中から水平になります。

3. *IS–LM* モデル

◆財市場と通貨市場が同時に均衡する

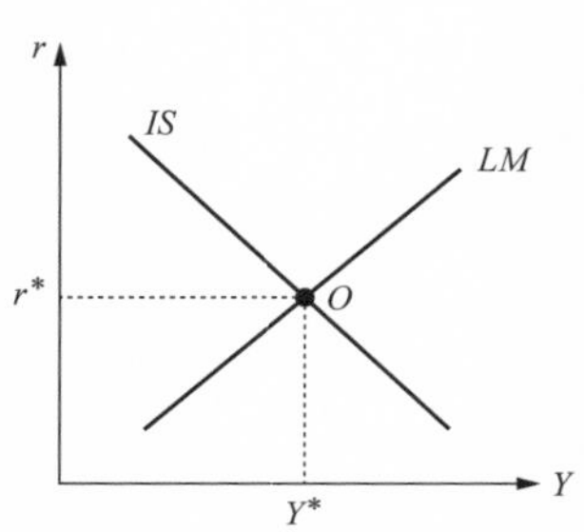

IS 曲線も LM 曲線も横軸は Y，縦軸は r です。2 つの曲線を同じグラフに描くことができます。IS 曲線は右下がり，LM 曲線は右上がりとなることが分かっているので，投資関数や通貨需要関数は省略します。2 つの曲線が交わったところで，**均衡国民所得** Y^* と**均衡利子率** r^* が決まります。均衡国民所得は財市場と通貨市場が両方とも均衡しているときに成立する国民所得であり，本書ではこれが現実の GDP の水準を表していると考えます。このようなモデルを ***IS–LM* モデル**といいます。

均衡国民所得が経済にとって望ましい水準なのかどうかは，ケインズ派と古典派によって違います。ケインズ派は均衡国民所得は望ましい水準よりも小さすぎると考えます。一方，古典派は均衡国民所得はすでに望ましい水準になっていると考えます。この違いから，ケインズ派は *GDP*（国民所得）を増やすための政策が必要で，古典派はそのような政策は不要だと考えます。この違いは，第 13 講と第 14 講でも出てきます。*IS* 曲線や *LM* 曲線が数式で表されていれば，均衡国民所得や均衡利子率を計算できます。

Excersize 42

マクロモデルが以下のように表されているとき，均衡時の国民所得と利子率はどうなるか。ただし，物価水準は 1 とする。

消費関数：$C=0.8Y+100$
投資関数：$I=40-20r$
政府支出：$G=50$
通貨需要関数：$L=0.2Y+50-20r$
マネーストック：$M=100$

Anser 42

・財市場の式をまとめる（*IS* 曲線を求める）

$Y=C+I+G=0.8Y+100+40-20r+50 \rightarrow Y=0.8Y+190-20r$

$\rightarrow 0.2Y=190-20r$

・通貨市場の式をまとめる（*LM* 曲線を求める）

$\frac{M}{P}=L \rightarrow 100=0.2Y+50-20r \rightarrow 0.2Y=50+20r$

・2 つの式を連立させる（ここでは，$0.2Y$ が共通しているのでそれを利用する）

$190-20r=50+20r \rightarrow 40r=140 \rightarrow r=3.5$　これを *IS* か *LM* に代入する

$0.2Y=190-20\times 3.5 \rightarrow 0.2Y=190-70=120 \rightarrow$ 両辺を 5 倍する $\rightarrow Y=600$

◆経済政策の効果

政府支出 *G* を増減させる政策と租税 *T* を増減させる政策をまとめて財政政策とい

います。政府支出 G を増やすと，$I(r)+G$ が G の分だけ増えて右にシフトします。IS 曲線を描く際には，投資関数のグラフは左右に反転しますので，反転したグラフでは左にシフトしたように見えます。図では下の部分を省略していますが，反転した $I(r)+G$ が左にシフトすると，「ハ」の字型の関係にある IS 曲線は右にシフトします。政府支出 G を減らすと，IS 曲線は左にシフトします。

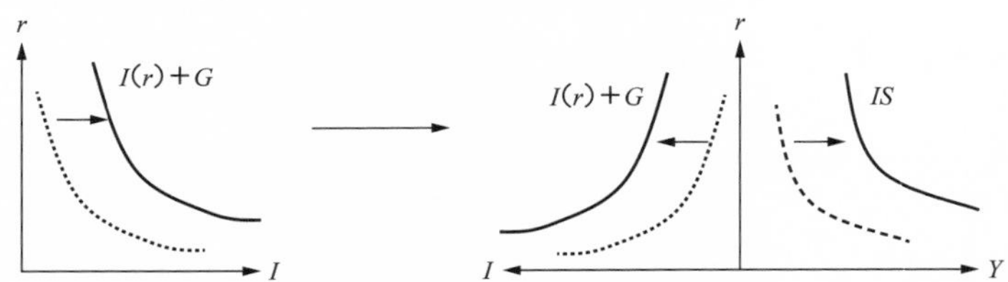

租税 T を増やすと，$S(Y)+T$ のグラフが上にシフトします。ここではグラフを省略しますが，最終的には IS 曲線が左にシフトします。租税を増やすことは増税することと同じですので，GDP を減少させる効果があります。そのため，GDP を減少させる効果のある政府支出減少と同じ方向に IS 曲線が動きます。租税を減らす減税をすると，IS 曲線は右にシフトします。

次に金融政策を見てみましょう。マネーストック M を増加させる[2]と，通貨市場の均衡式 $\frac{M}{P}=L_1(Y)+L_2(r)$ のうち，左辺の通貨供給が増えます。これは，消費者行動の理論で予算制約線の予算が増えることと同じです。$\frac{M}{P}=L_1(Y)+L_2(r)$ のグラフは外側にシフトします。ここではグラフを省略しますが，LM 曲線は右にシフトします。同様に，マネーストック M を減らすと LM 曲線は左にシフトします。

CHECK POINT

政策の効果をまとめておきましょう。

＊財政政策

政府支出 G を増加させる（租税 T を減少させる）→ IS 曲線の右シフト

政府支出 G を減少させる（租税 T を増加させる）→ IS 曲線の左シフト

2　具体的には，公開市場操作での買いオペ，公定歩合の引き下げ，準備率の引き下げです（145 ページ）。マネーストックを増やす政策を**金融緩和**，減らす政策を**金融引き締め**とも言います。

＊金融政策
　マネーストック M を増加させる → LM 曲線の右シフト
　マネーストック M を減少させる → LM 曲線の左シフト

それでは，財政政策や金融政策が経済に及ぼす効果を見てみましょう。まずは左図です。政府支出 G を増やす（または減税する）と IS 曲線が IS_1 から IS_2 に右にシフトして，国民所得（GDP）が増加して利子率が上昇します。逆に，政府支出 G を減らす（または増税する）と IS 曲線が IS_2 から IS_1 に左にシフトして，国民所得（GDP）が減少して利子率が低下します。

次に右図を見てみましょう。マネーストック M を増やすと，LM 曲線は LM_1 から LM_2 に右にシフトして，国民所得が増加して利子率が低下します。逆に，マネーストック M を減らすと，LM 曲線は LM_2 から LM_1 に左にシフトして，国民所得が減少して利子率が上昇します。

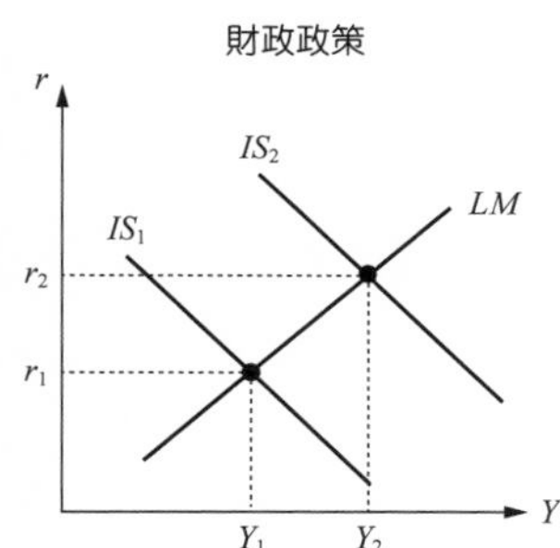

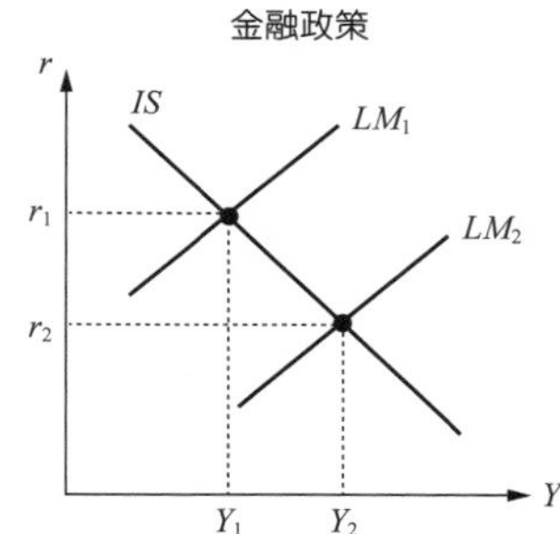

CHECK POINT

政策の効果をまとめておきましょう。

	国民所得 Y	利子率 r
財政政策：政府支出増加（減少）	↑（↓）	↑（↓）
金融政策：マネーサプライ増加（減少）	↑（↓）	↓（↑）

この表を暗記する必要はありません。財政政策や金融政策をすると，何曲線がどちらにシフトするのかを覚えておけばいいのです。*IS–LM* モデルの問題を解く際には，小さな図を描くとミスが少なくなります。

◆政策は両方同時に実施できる

財政政策と金融政策を同時に行うこともでき，ポリシーミックスといいます[3]。例えば，政府支出 G を増やす財政拡大とマネーストック M を増やす金融緩和を同時に行うと，IS 曲線が右シフト，LM 曲線が右シフトします。グラフを描いてみてください。国民所得 Y は増加しています。利子率はどうでしょうか？　皆さんのグラフでは利子率は上昇していますか？　それとも前と同じ水準で変化なしですか？利子率は，IS 曲線と LM 曲線のシフトの幅によって決まります。IS 曲線の方が大きくシフトすると利子率は上昇，LM 曲線の方が大きくシフトすると利子率は低下，どちらも同じ幅だけシフトすると利子率は変化しない，になります。ポリシーミックスをすると，国民所得か利子率のどちらかが確定しなくなります。ただし，経済モデルが数式で表されていて，政府支出 G やマネーストック M の変化の幅が数値で表されていれば，変化の方向が確定します。

Excersize 43

マクロモデルが以下のように表されているとき，政府支出を 40 増やすと国民所得と利子率はどのように変化するか。ただし，物価水準は 1 とする。

$$C = 0.8Y + 100$$
$$I = 50 - 20r$$
$$L = 0.2Y + 50 - 20r$$

Anser 43

まずは，政府支出を増やしたときのグラフを描きます。

政府支出 G を増やすことにより，均衡点は P 点から Q 点にシフトし，国民所得 Y が増加して利子率 r が上昇しています。金融政策を行っていないので，マネーストック M は変化していません。ここまで確認してから計算に入ります。

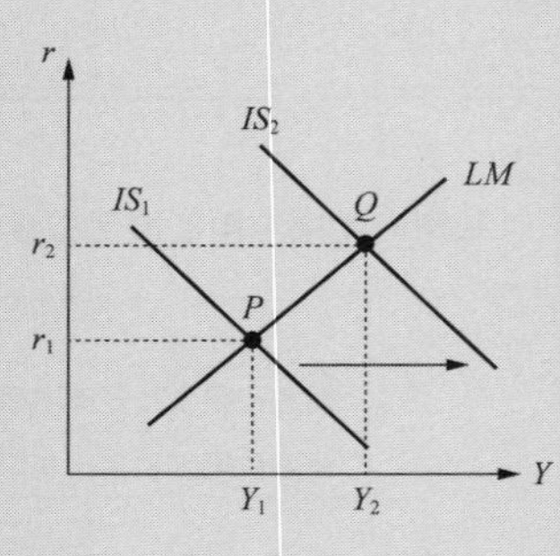

・財市場の式をまとめる（IS 曲線を求める）

3　財政政策を英語でフィスカルポリシー，金融政策をマネタリーポリシーということから来ています。

$$Y=C+I+G=0.8Y+100+50-20r+G \rightarrow Y=0.8Y+150-20r+G$$
$$\rightarrow 0.2Y=150-20r+G$$

ここで，*IS* 曲線がシフトすることによって，国民所得 Y と利子率 r が変化します。政府支出 G も 40 増えるので変化します。数値の 150 は基礎消費などの合計値であるため，政策によって変化しません。変化するものには Δ をつけ，変化しないものを消すと，*IS* 曲線は以下のようになります。

$$0.2\Delta Y=-20\Delta r+\Delta G$$

・通貨市場の式をまとめる（*LM* 曲線を求める）

$$\frac{M}{P}=L \rightarrow M=0.2Y+50-20r$$ （計算はここまでで OK）

ここでも変化するものには Δ をつけ，変化しないものは消します。そうすると，*LM* 曲線は以下のようになります。マネーストック M が消えた部分には 0 を代入します。

$$0=0.2\Delta Y-20\Delta r \rightarrow 0.2\Delta Y=20\Delta r$$

2 つの方程式を連立させて解きます。「ΔY」や「Δr」を 1 つの文字として扱います。

IS 曲線：$0.2\Delta Y=-20\Delta r+\Delta G$
LM 曲線：$0.2\Delta Y=20\Delta r$

$-20\Delta r+\Delta G=20\Delta r \rightarrow \Delta G=40\Delta r \rightarrow \Delta G=40$ を代入する $\rightarrow 40=40\Delta r$
$\rightarrow \Delta r=1$

$\Delta r=1$ を *LM* 曲線に代入する $\rightarrow 0.2\Delta Y=20\Delta r \rightarrow 0.2\Delta Y=20\times 1$
$\rightarrow 0.2\Delta Y=20 \rightarrow \Delta Y=100$

この方法は複雑に見えますが，慣れると早く解けるようになります。
IS–LM モデルの計算問題では，乗数は使えません（207 ページ）。

労働市場の分析

労働は生産要素です。企業にとって人を雇うことはコストであり，企業はコストを抑えつつ効率的に生産しようとします。限界生産力など，ミクロ経済学の生産者行動の理論と同じ用語が出てきます。この機会に復習しましょう。労働市場では，ケインズ派と古典派の学説の違いにも注意しましょう。

1. 労働市場の需要と供給

◆労働を買うのは誰か

財やサービスの供給者は企業，購入する需要者は家計ですが，労働市場では家計が供給者，企業が需要者になります。

❖ 労働を売るのが家計，労働を買うのが企業 ❖

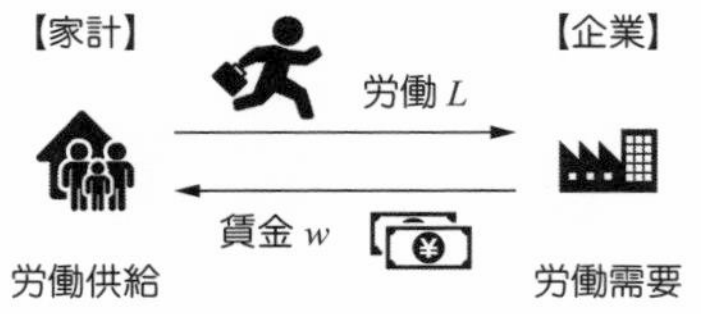

労働 L の価格は賃金 w になります。労働を買う企業はできるだけ安く労働を買いたいと考えます。労働の需要曲線も財の需要曲線と同じように右下がりになりそうです。労働を売る家計はできるだけ高く労働を売りたいと考えます。労働の供給曲線は右上がりになりそうです。

◆「失業＝働いていない人」ではない

日常用語では，**失業**というのは働いていない人を指す言葉です。しかし，労働市場の専門用語では意味が違います。失業というのは「働く気があって就職活動をしているのに仕事がない人」を指します。そのため，仕事がなくても就職活動をしていない人は失業に含まれません。多くの国では，失業保険（雇用保険）を受給するためには，失業者として登録し，就職活動をする必要があります。ハローワークのような就職斡旋所からの紹介を断ると，受け取る失業保険が減額される仕組みも多くの国で取り入れられています。

失業率は労働人口（15–64 歳）のうちの失業者の割合を表しています[1]。一方，就業率は労働人口のうちの就業者の割合を表しています。失業率と就業率を足しても100%になりません。大学生や専業主婦，就職活動をしていない人はどちらにも含まれないためです。

経済学ではさらに，失業者を**自発的失業**と**非自発的失業**に分けます。自発的失業は，本人には働く能力があって就職先もあるのに，賃金，職種，勤務地などが本人の希望に合わないために失業状態となっている人を指します。非自発的失業は賃金面などで不満がなくすぐにでも働きたいのに失業状態となっている人を指します。ケインズ派は非自発的失業者に対する政策対応が必要だと考えるのに対し，古典派は非自発的失業は存在しないと考えます。

❖ 就業者と失業者 ❖

就業者 ＋ 失業者 ＋ 非参加者 ＝ 100%

失業者 → 非自発的失業 / 自発的失業

2. 労働需要

◆企業は費用と収益を比較する

企業は労働を使って生産活動をして，生産した財を販売して収入を得ます。企業は利潤を最大化するように労働量の調整を行います。第 3 講では，企業の生産関数は資本 K と労働 L からなる，$Y=F(K, L)$でした。労働を 1 増やすとどれくらい生産物が増えるのかは，**労働の限界生産力** MP_L で表されます。労働の限界生産力は逓減するため，右下がりのグラフになります[2]。

1　EU（欧州連合）では，15–74 歳までを対象に統計を取っています。

2　資本と労働を両方増やした場合は，規模に関して収穫逓増，一定，逓減と 3 つのパターンがありましたが，片方だけを増やす限界生産力には逓減しかありませんでした（41 ページ）。

このグラフに，実質賃金を書き加えてみましょう。実質賃金が $\frac{w^1}{P}$ のとき，A 点よりも左側の部分では，企業にとって収入となる労働の限界生産力の方が，企業にとって費用になる実質賃金よりも大きくなっています。(利潤)＝(総収入)－(総費用)ですので，この部分では，労働を増やせば増やすほど企業の利潤は増加します[3]。A 点よりも右側では，労働の限界生産力は実質賃金よりも小さくなっており，赤字が発生しています。労働を減らすことで赤字を小さくすることができます。実質賃金が $\frac{w^1}{P}$ のときには，企業は A 点で生産を行うと利潤が最大になります。このときの雇用量は L^1，利潤は B 点で表されます。

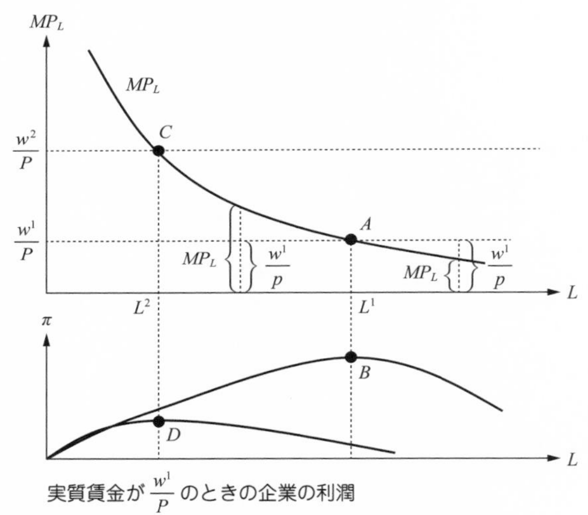

実質賃金が $\frac{w^1}{P}$ のときの企業の利潤

実質賃金が $\frac{w^2}{P}$ に上昇すると，C 点よりも左側では労働の限界生産力の方が実質賃金よりも高く，C 点よりも右側は逆になります。そのため，企業は C 点で生産を行い，雇用量は L^2，利潤は D 点で表されます。

「企業は労働の限界生産力と実質賃金が等しくなるように雇用量を決定する」ことを，**古典派の第一公準**といいます。古典派の第一公準は古典派もケインズ派も認めています。

3　企業の利潤は，実質賃金 $\frac{w^1}{P}$ と MP_L のグラフに囲まれた三角形のような面積になります。

CHECK POINT

古典派の第一公準を式で確認しておきましょう。資本のことを考えないとすると，企業の総費用は $TC=wL$ となります。総収入を $TR=PY$ とすると，

$$\pi=TR-TC=PY-wL$$

となります。労働量 L を変化させて利潤 π が最大になるようにするには，π の式を L で微分して $=0$ と置きます。これは前ページの下のグラフの B 点や D 点を求めることと同じです。

$$\frac{d\pi}{dL}=\frac{d(PY-wL)}{dL}=P\times\frac{dY}{dL}-w=P\times MP_L-w=0 \rightarrow P\times MP_L=w \rightarrow MP_L=\frac{w}{P}$$

となります。物価の P は数値ですので，微分しないで残しておきます。この式変形は難しいですが，計算問題で使うことがあります。

◆労働需要曲線は労働の限界生産力のグラフと同じ形

古典派の第一公準により，労働の限界生産力と実質賃金は置き換え可能なため，グラフの縦軸も実質賃金に置き換えることができます。その結果，右図のような労働需要曲線 L^D が得られます。

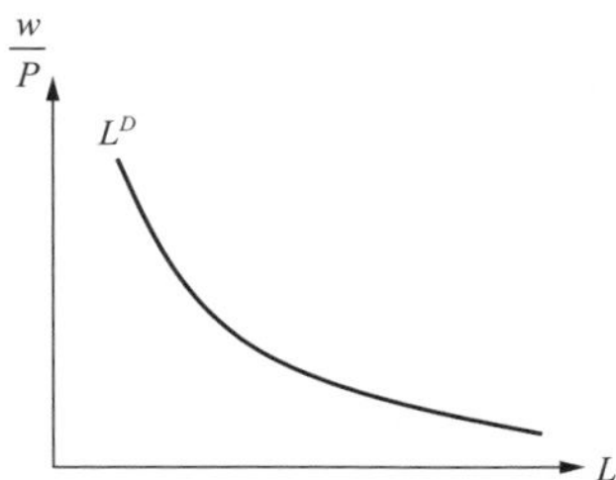

3. 労働供給

◆賃金が高ければ働きたい人が増える

古典派の第二公準は，「労働の限界不効用と実質賃金が等しくなるように労働供給量が決まる」というものです。労働の限界不効用とは，働くことで感じる肉体的・精神的な苦痛であり，休息の時間を犠牲にしたという機会費用（27ページ）を表しています。機会費用や限界不効用に見合った賃金をもらわないと働きたくないと考えるのが，古典派の第二公準です。

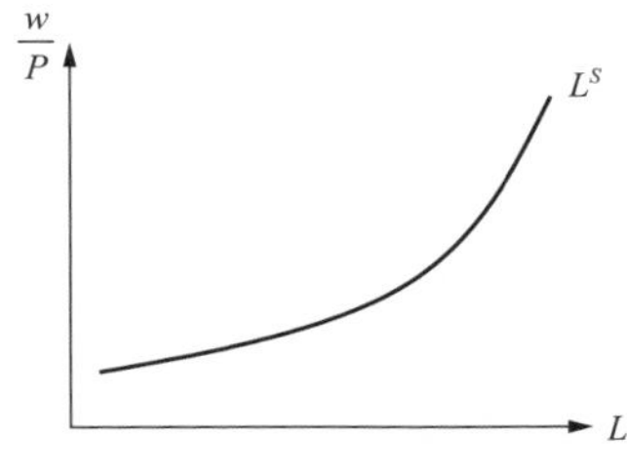

効用は主観的なものであり，人によって感じ方が違うように，限界不効用も人によって感じ方が違います。賃金が低いときにはその賃金で満足して働く人は少な

く，賃金が高くなるにつれて働いてもいいという人が増えてきます。その結果，労働供給曲線 L^S は右上がりのグラフになります。

◆ケインズ派はグラフの形が違う

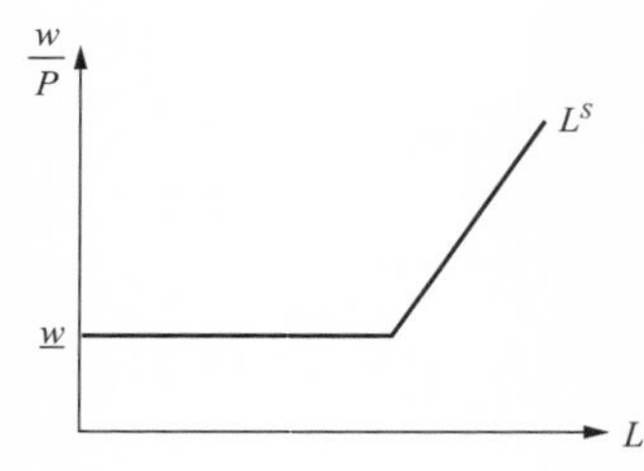

古典派の第二公準をケインズ派は否定しています。ケインズ派の労働供給では，家計は実質賃金ではなく名目賃金 w に注目します。また，**賃金の下方硬直性**があると主張しました。賃金の下方硬直性とは，現在すでに成立している賃金から引き上げることは簡単ですが，引き下げることは非常に難しいというものです。その結果，労働供給曲線 L^S は現在の賃金 $\underline{w}$ より下がなく，水平になります。

4. 労働市場

◆古典派の労働市場

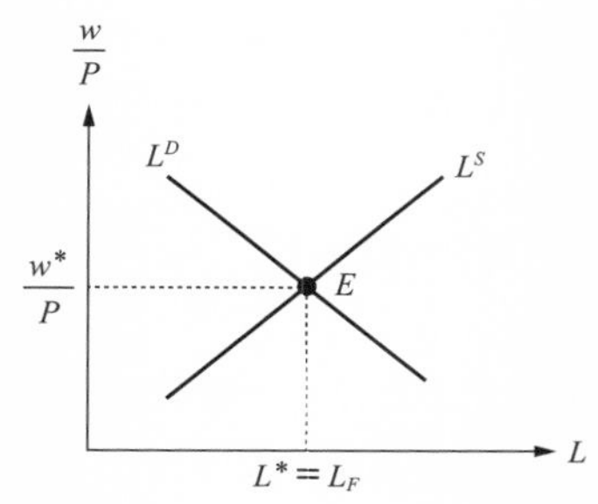

それでは，賃金と雇用量がどのように決まるのか，具体的に見ていきましょう。まずは，古典派からです。

古典派では，右下がりの労働需要曲線 L^D と右上がりの労働供給曲線 L^S が交わったところで，労働市場が均衡します。E 点で均衡雇用量 L^* と均衡実質賃金 $\frac{w^*}{P}$ が決まります。古典派の労働市場では，非自発的失業がなく，均衡実質賃金で働きたい人はすべて働いています。この状態を**完全雇用**といい，完全雇用 L_F が常に成立します[4]。

古典派では，政府は失業対策を行いません。非自発的失業は存在せず，自発的失業者は希望が合わないため，つまりワガママで働いていないと考えるためです。

4　完全雇用は失業者がいない状態ではありません。非自発的失業者がいない状態であり，賃金や勤務地などが希望に合わないために失業している自発的失業が存在します。

◆ケインズ派の労働市場

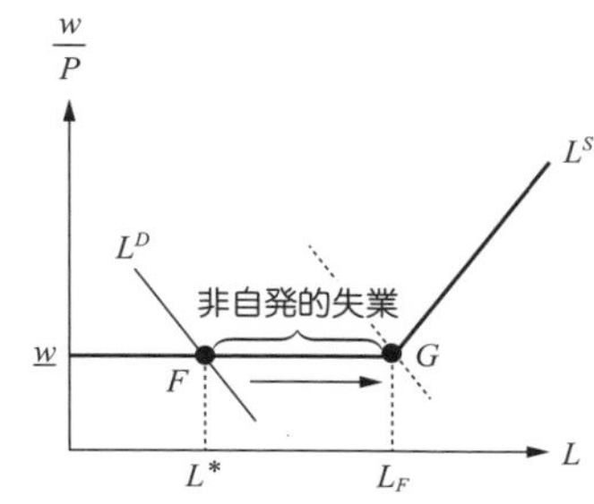

ケインズ派の労働市場では，労働供給曲線の形が違います。労働市場は F 点のような労働供給曲線が水平になっている部分で均衡していると考えます。賃金が $\underline{w}$ の水準では，L_F の人が働きたいと思っていますが，実際には L^* しか雇用されていません。この差額が，働く意思があるのに働けない人，つまり，非自発的失業になります。

ケインズ派でも自発的失業には対策を採りませんが，非自発的失業は減らす必要があると考えます。賃金が下がれば雇用は増えますが，名目賃金は $\underline{w}$ で下方に硬直しており，これ以上は下がりません。そこで，物価を上げることで名目賃金をそのままに実質賃金を下げる対策を採ります。名目賃金が 1000 のとき，物価水準が 1 であれば，実質賃金は $\frac{w}{P}=\frac{1000}{1}=1000$ ですが，物価水準が 2 に上昇すれば，実質賃金は $\frac{w}{P}=\frac{1000}{2}=500$ になります（36 ページ）。家計は名目賃金を見て労働の供給量を決めますが，企業は実質賃金を見て労働の需要量を決めます。物価が上がれば実質賃金が下がって雇用量が増える，というのがケインズ派の対策です。

Excersize 44

労働市場が以下の式で表されるとき，(1) 均衡点での実質賃金と雇用量はいくつになるか，(2) 実質賃金が 8 のとき，どれくらいの失業が発生しているか。ただし，W を実質賃金とする。

労働需要曲線：$L^D=20-2W$
労働供給曲線：$L^S=2+2W$

Anser 44

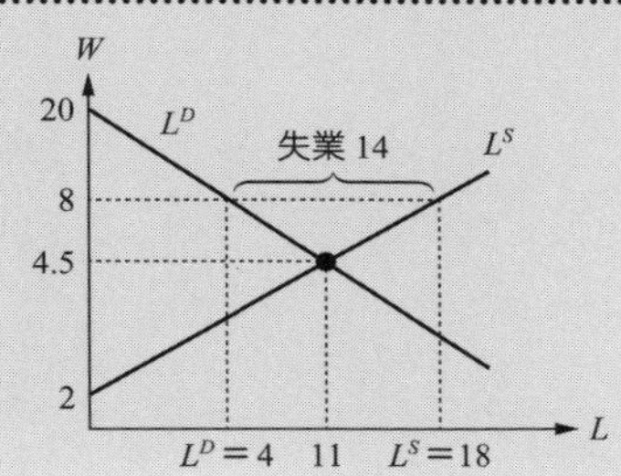

(1) 均衡点では，$L^D=L^S$ であるため，

$20-2W=2+2W \rightarrow 4W=18 \rightarrow W=4.5$

これを L^D（L^S でもよい）に代入して，

$L^D=20-2\times4.5=20-9=11$

(2) $W=8$ を L^D と L^S に代入すると，それぞれ，

$L^D=20-2\times8=4$

$L^S=2+2\times8=18$

となり，労働供給の方が 14 多いため，14 だけの失業が発生する。

◆どうして賃金が下方に硬直するのか

ケインズは，人々は自分の賃金の絶対額よりも他人との比較を気にする相対賃金仮説を考えました。企業が従業員の賃金を個別に引き下げようとしても，「なぜあの人はそのままで，私の賃金だけが下がるのか」と抵抗するため，賃金を引き下げることができません。全員の賃金を下げようとすると，周辺の企業の賃金に比べてなぜ自社だけが低くなるのか，と抵抗されます。

効率的賃金仮説は，賃金と努力水準に一定の関係があると考えます。賃金を引き上げても努力水準が改善するとは限りませんが，賃金を引き下げると確実に努力水準が下がります。努力水準の低下は生産性の低下，つまり，労働の限界生産力の低下につながります。企業が賃金を引き下げると，生産性が下がって総収入が減ってしまいます。それでは賃金を引き下げる意味がありません。

インサイダー・アウトサイダー仮説は，企業ですでに働いている内部者（インサイダー）の方が，就職の応募をしてくる外部者（アウトサイダー）よりも企業に対する交渉力が強いという説です。アウトサイダーはインサイダーよりも低い賃金で働くと申し出ても，インサイダーが採用担当者になるため，そのような応募者を却下してしまい，賃金の水準が下がりません。

古典派は労働市場での需要と供給によって名目賃金が柔軟に変化すると考えます。

Excersize 45

以下の文章のうち正しいものはどれか。

1：古典派の第一公準は古典派もケインズ派も認めているが，古典派の第二公準は古典派のみが認め，ケインズ派は認めていない。
2：古典派の労働市場では非自発的失業が発生する。
3：非自発的失業が発生する労働市場では，政策で物価を下げることが企業の雇用コストの引き下げにつながる。
4：ケインズ派の労働市場では名目賃金の引き上げは難しく，引き下げは簡単にできる。

Anser 45

1：正しい。
2：誤り。古典派では発生しない。
3：誤り。物価が下がると実質賃金が上昇するため，企業の雇用コストが増加する。
4：誤り。名目賃金の引き上げは簡単で，引き下げが難しい。

総需要・総供給

第 10 講から第 13 講までで，財市場，通貨市場，労働市場の 3 市場を見てきました。すでに財市場と通貨市場を統合した *IS–LM* モデルも見てきました。本講では，これに労働市場も取り入れた統一的なモデルを見ていきます。古典派とケインズ派の違いも押さえましょう。

1. 総需要曲線

◆ *IS–LM* から総需要曲線を作る

総需要曲線 *AD* とは，財市場と通貨市場が両方とも均衡するときの，国民所得（*GDP*）*Y* と物価 *P* の関係を表したものです。*IS–LM* では 2 本の曲線を使って，国民所得 *Y* と利子率 *r* を決めましたが，この 2 本の線から 1 本の総需要曲線を求めます。

図には 3 つの *LM* 曲線が描かれています。*LM* 曲線 $\frac{M}{P}=L_1(Y)+L_2(r)$ の左辺は実質の通貨供給量になります。これまでは物価は考えないことにしていましたが，こ

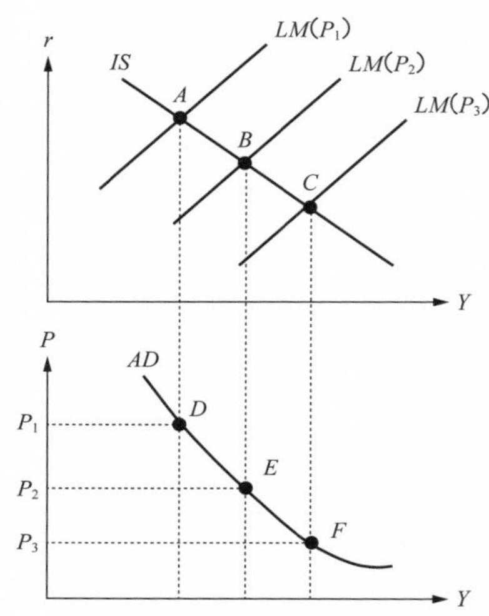

こでは物価が重要です。P_1が最も物価水準が高く，P_3が最も低いとしておきましょう。マネーストックMが不変で物価Pが高くなると，左辺の分母が大きくなるので実質の通貨供給量は減少します。つまり，物価の上昇とマネーストックの減少は同じ効果を持ち，LM曲線を左にシフトさせます。

そのため，最も物価水準の高い$LM(P_1)$が一番左に，最も物価水準の低い$LM(P_3)$が一番右に位置しています。それぞれのLM曲線は，A点，B点，C点でIS曲線と交わっています。ここから下に行くと，D点，E点，F点にぶつかります。D点はA点とP_1との交点，E点はB点とP_2との交点，F点はC点とP_3との交点になります。これらを結んだ線が総需要曲線ADです。総需要曲線は右下がりの線になります。

総需要曲線ADはマクロ経済全体の需要曲線です。ミクロ経済学では，個別の財の市場の需要曲線Dが出てきました。どちらの需要曲線も右下がりの線になっています。

❖ 需要曲線と総需要曲線 ❖

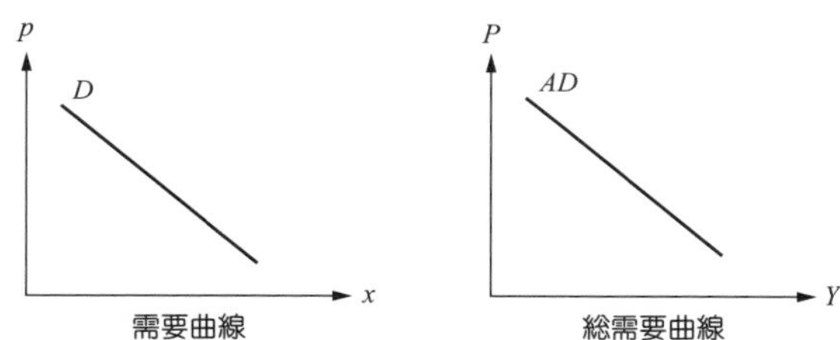

Excersize 46

マクロモデルが以下のように示されるとき，総需要曲線はどのようになるか。ただし，Mはマネーストックを表す。

$Y=C+I+G$

$C=0.8Y+60$

$I=120-10r$

$G=40$

$M=500$

$L=0.4Y-20r$

Anser 46

・IS を求める

$$Y=C+I+G=0.8Y+60+120-10r+40=0.8Y+220-10r \quad \rightarrow \quad 0.2Y=220-10r$$

・LM を求める

$$\frac{M}{P}=L \quad \rightarrow \quad \frac{500}{P}=0.4Y-20r$$

・2 つの式から利子率 r を消去して，P と Y を残す

IS 曲線を両辺 2 倍する

$$0.2Y=220-10r \quad \rightarrow \quad 0.4Y=440-20r \quad \rightarrow \quad -20r=0.4Y-440$$

$-20r$ を LM 曲線に代入する

$$\frac{500}{P}=0.4Y-20r=0.4Y+(0.4Y-440)=0.8Y-440 \quad \rightarrow \quad \frac{500}{P}=0.8Y-440$$

$\dfrac{500}{P}=0.8Y-440=\dfrac{0.8Y-440}{1}$ となるので，両辺を上下ひっくり返してまとめると，

$$\frac{P}{500}=\frac{1}{0.8Y-440} \quad \rightarrow \quad P=\frac{500}{0.8Y-440}$$

総供給曲線のグラフは横軸が Y，縦軸が P なので，$P=\cdots$ の形にまとめます。このような形の式をグラフに描くと双曲線になります。LM 曲線の式に $\dfrac{M}{P}$ という分数があるため，総需要曲線の式にも分数が残ります。

◆財政政策と金融政策の効果

財政政策によって IS 曲線が右シフトすると，上のグラフでは A 点 → G 点，B 点 → H 点，C 点 → I 点とシフトします。これに応じて，下のグラフでは，D 点 → J 点，E 点 → K 点，F 点 → L 点とシフトします。つまり，IS 曲線が右シフトすると AD 曲線も右シフトし，IS 曲線が左にシフトすると AD 曲線も左にシフトします。

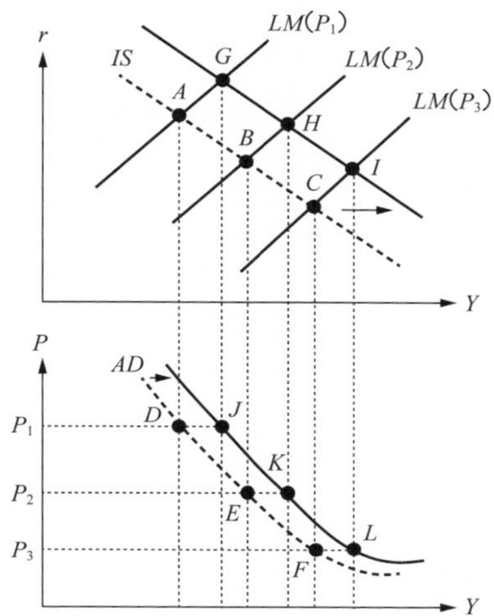

次に金融政策の効果を見てみましょう。マネーストック *M* が増加すると，*LM* 曲線が右にシフトします。図には 3 本の *LM* 曲線が描かれていますが，3 本とも右にシフトします。*LM* 曲線の右シフトによって，上のグラフでは *A* 点 → *N* 点，*B* 点 → *O* 点，*C* 点 → *P* 点とシフトします。これに応じて，下のグラフでは，*D* 点 → *Q* 点，*E* 点 → *R* 点，*F* 点 → *S* 点とシフトします。*LM* 曲線が右シフトすると *AD* 曲線も右シフトし，*LM* 曲線が左シフトすると *AD* 曲線も左シフトします。

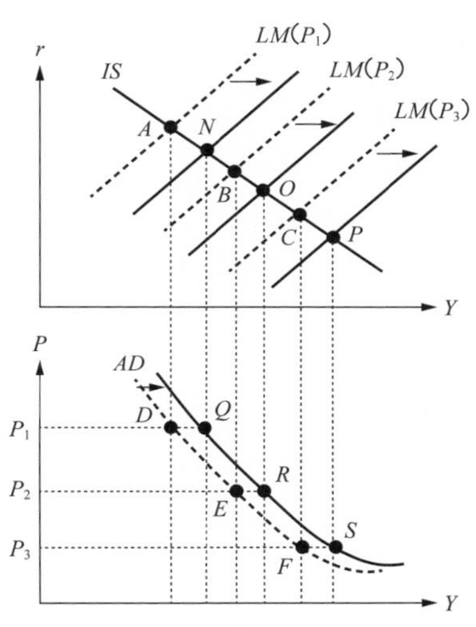

財政支出でも金融政策でも*GDP*を増やす拡大的な政策は*AD*曲線を右にシフトさせ，*GDP*を減らす縮小的な政策は*AD*曲線を左にシフトさせます。*AD*曲線は，*IS*曲線や*LM*曲線と同じ方向に動くため，今後は*IS–LM*のグラフを省略します。

> **CHECK POINT**
> 財政政策と金融政策は*IS–LM*モデルを通じて，総需要曲線をシフトさせます。そのため，財政政策と金融政策はどちらも「総需要管理政策」と呼ばれます。

2. 総供給曲線

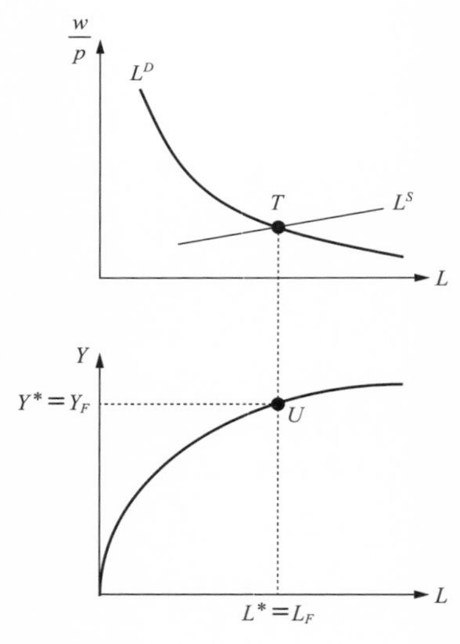

◆労働市場から総供給曲線を作る

総供給曲線*AS*は，国全体の企業の生産を表しています。資本について考えないようにすると[1]，マクロの企業の生産関数は$Y=F(L)$となります。労働の限界生産力は逓減していきますが（上図），生産量は増加していきます（下図）。

まずは古典派の総供給曲線を見ていきましょう。古典派の世界では，*T*点で労働需要と労働供給が均衡しています。雇用量は均衡雇用量L^*ですが，これは完全雇用L_Fと等しくなります[2]。*T*点は，生産関数を描いた下図では*U*点に対応します。このときの国民所得（*GDP*）は均衡国民所得Y^*ですが，これは**完全雇用国民所得**Y_Fと等しくなっています。

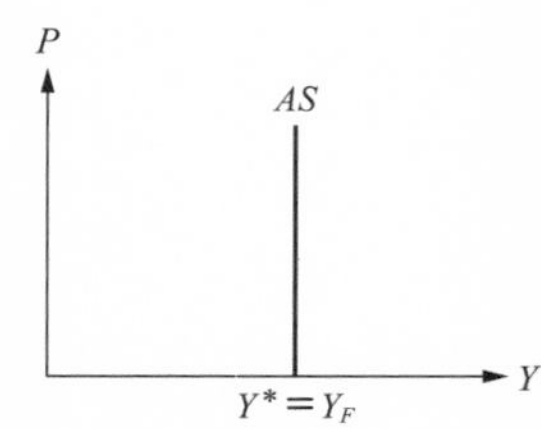

古典派の世界では，古典派の二分法（146ページ）が成り立っているため，物価は*GDP*や雇用などの実体経済に影響を与えません。労働市場で完全雇用が成

1　労働市場でも資本は考えないことにしました。資本を考えないというのは，資本の大きさを変えられない短期の分析をしていることを意味します。資本の大きさを変えられる長期の分析は第15講で扱います。
2　完全雇用は失業率ゼロ％ではないことを確認しておきましょう。

立しているため，完全雇用国民所得が成立しており，これは物価水準とは関係がありません。その結果，古典派の総供給曲線 *AS* は垂直になります。

◆ケインズ派では均衡国民所得は完全雇用国民所得よりも小さい

次にケインズ派の総供給曲線を見てみましょう。ケインズ派では非自発的失業が発生しており，*V* 点と *W* 点の間では物価が上昇すると，実質賃金が低下して企業の雇用が増えます。生産関数のグラフは省略していますが，この間に対応する *U* 点と *X* 点の間では，物価 *P* の上昇に伴って国民所得 *Y* も増加しています。完全雇用が達成される *W* 点では，$\underline{w}$ の名目賃金で働きたい人は全員雇用されています。そこから先は古典派と同じグラフになるため，総供給曲線 *AS* も *X* 点のところで古典派と同じ形になっています。

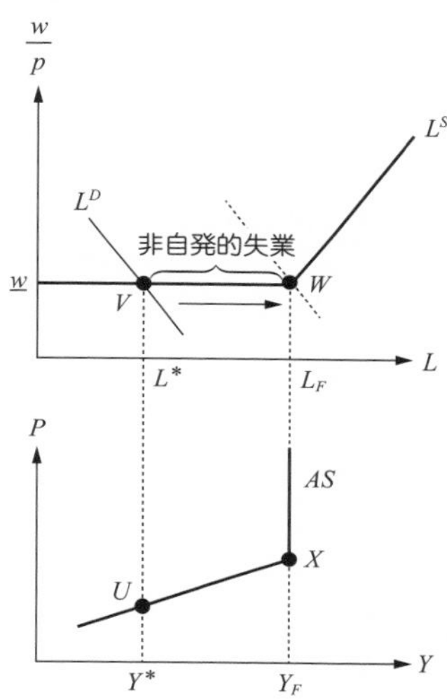

3. *AD*–*AS* モデルによる経済政策の効果

◆古典派とケインズ派の *AD*–*AS* モデル

左図が古典派，右図がケインズ派の *AD*–*AS* モデルです。

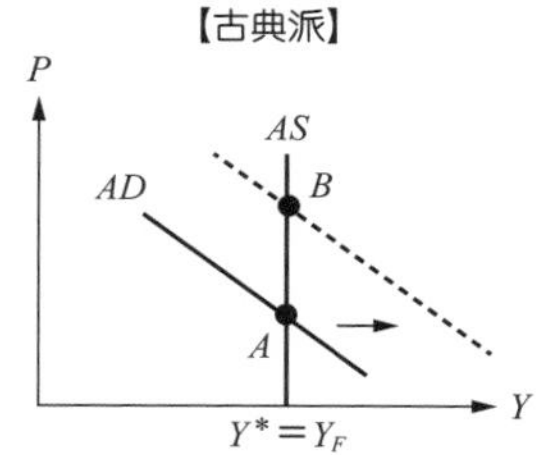

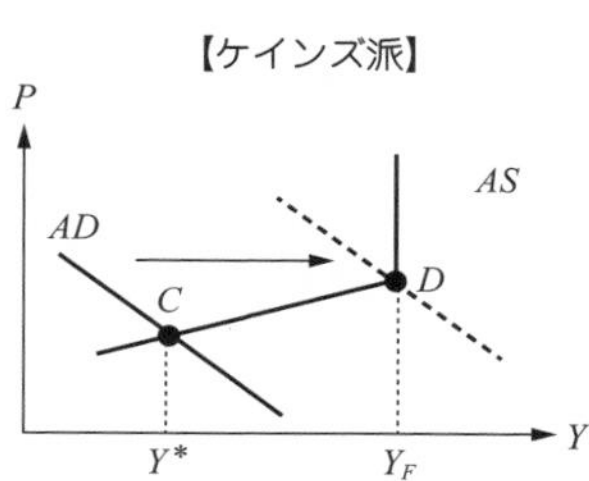

古典派では *A* 点で完全雇用が達成されて，均衡国民所得 Y^* と完全雇用国民所得 Y_F が等しくなっています。*A* 点で総需要管理政策を行って総需要曲線 *AD* を右にシフトさせると，*A* 点から *B* 点に経済はシフトしますが，物価 *P* が上昇するのみで，国民所得 *Y* を増やすことができません。

ケインズ派では，経済は *C* 点の状態で均衡しており，均衡国民所得 Y^* は完全雇

用国民所得 Y_F よりも小さくなっています。労働市場では，$Y_F - Y^*$ に相当するだけの非自発的失業が発生しているため，総需要管理政策で総需要曲線 AD を右に動かすことが求められます。経済は C 点から D 点にシフトし，物価の上昇を伴いながら国民所得が増加します。ケインズ派にとっては，このような物価上昇，つまり**インフレーション**は必要不可欠なものとなります[3]。

CHECK POINT

ケインズ派は，総需要を操作することで完全雇用が達成されるとしました。つまり，ケインズ派は需要面によって国民所得が決まると考えています。

一方で，古典派は総需要管理政策を不要なものだと考えます。国民所得は供給面によって決まると考え，需要と供給の不均衡が生じた場合には，価格が変化して不均衡が解消されると考えています。このことを「セイの法則」といいます。セイの法則は，「供給は自らの需要を生み出す」というものであり，価格が速やかに調整されて需要と供給が一致します。

ケインズ派はセイの法則を否定しますが，その背景には，市場での価格調整は非常に遅く，そのため政府が市場に介入する必要があるという考え方があります。

◆ケインズ派ではインフレに種類がある

インフレーション（インフレ）とは，一般的な物価上昇を指します。特定の財の価格だけが上昇するケースは含まれません。総需要曲線 AD の右シフトによって生じるインフレを**ディマンドプルインフレ**といいます。人々の購買行動の変化などが原因で生じます。総供給曲線 AS の上シフト（左シフト）によって生じるインフレを**コストプッシュインフレ**といいます。原油価格の上昇など企業の生産面に影響を与える要因で発生します。20 世紀には，2 回の石油危機が発生し，物価上昇と GDP の低下が同時に生じるスタグフレーションに陥りました。

一般的な物価下落をデフレーション（デフレ）といいますが，家計の購買力の低下など需要面で発生するデフレーションと，新技術の採用で生産コストが下がる供給面のデフレーションがあります。前者を値崩れ，後者を価格破壊ということもあります。

3　景気対策として一定のインフレ率を政策目標としている国は，ケインズ派のモデルを採用しているといえます。

❖ 2 つのインフレ ❖

4. フィリップス曲線

◆物価と失業をつなげるグラフ

イギリスのデータを研究したフィリップスは，賃金上昇率 $\frac{\Delta w}{w}$ と失業率 u の間に右下がりの関係があることを発見しました。これを**フィリップス曲線**といいます。賃金が上昇すると，企業にとっての生産コストが上昇します。企業はその分だけ高い価格で財を販売したいと考えます。企業が製品価格を引き上げれば，インフレが生じます。賃金が上昇すればインフレが生じるため，賃金上昇率をインフレ率 π に置き換えることができます[4]。インフレ率の記号 π は利潤と同じです。前後の文脈で判断しましょう。

❖ 賃金はインフレの主要な要因 ❖

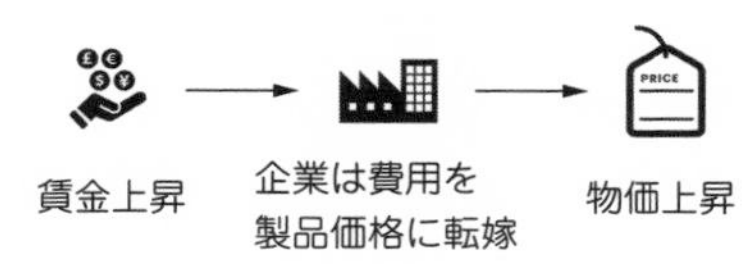

インフレ率を使ったフィリップス曲線も右下がりになります。インフレ率がマイナスになるデフレもあるため，線は横軸を突き抜けてマイナスまで届いています。フィリップス曲線からは，インフレ率を低くしようとすると失業率が高くなり，失業率を下げようとするとインフレ率が高くなります。両方とも下げることはできず，どちらか一方を下げると他方が上がります。このような関係を**トレードオフ**（二律背反）といいます。

4　企業が製品コストに一定の利益を上乗せして価格を決めることを**フルコスト原理**といいます。例えば，平均費用に 10%を上乗せして販売価格にするという方法です。この場合の上乗せ率 10%をマークアップ率といいます。

経済がF点の状態にあるとき，総需要管理政策で総需要曲線ADを右シフトさせると物価が上昇します。つまりインフレ率が高くなり，経済はフィリップス曲線に沿ってF点からG点にシフトします。このような政策効果はケインズ派の想定です。

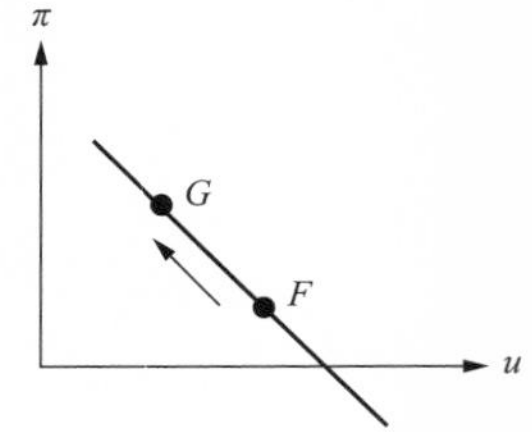

◆ケインズ派への異議

古典派は総需要管理政策は物価を上昇させるだけだと考えるため，失業率は下がりません。**フリードマン**などの**マネタリスト**学派は，フィリップス曲線に**期待**の効果を取り入れることで，総需要管理政策，中でも金融緩和によるマネーストック増加が失業率を長期的に引き下げないことを説明しました。

話を進めやすいように，インフレ率がゼロ％のH点から始めます。ここでマネーストックを増やして総需要曲線をシフトさせ，インフレ率を高めると，経済は一時的にI点にシフトします。I点ではH点よりもインフレ率が高くなっています。インフレ率の分だけ名目賃金が上昇し，人々は経済状況がよくなったように感じます。しかし，しばらくすると，インフレが生じたことが明らかになります。名目賃金が高くなった分だけ物価も上がっており，実質で見た経済状況は変わっていません。しばらくの間，人々がインフレに気付かないことを**貨幣錯覚**といいます。家計は名目賃金を重視するため，しばらくの間はインフレに騙されるということです。

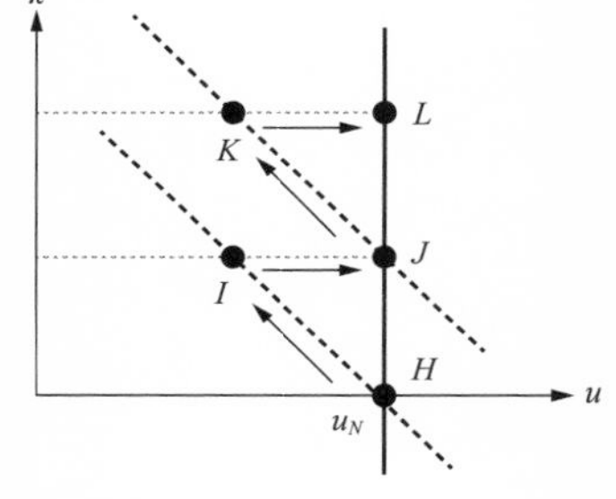

I点ではインフレが生じているだけで，経済状況はH点と変わらないと人々は気づきます。今後もインフレが生じると予想する（この部分が期待です）ため，経済はH点ではなくI点から右に行ったJ点にシフトします。J点でインフレを生じさせると経済はK点にシフトしますが，人々はさらに高いインフレが生じたことに気づき，経済はL点にシフトします。

マネタリストは短期的にはフィリップス曲線が右下がりになることを認めますが，人々はインフレに気づいて将来のインフレ率についての期待を修正するため，長期的にはフィリップス曲線はH点，J点，L点を結んだ垂直の線になると考えます。つまり，マネタリストは，ケインズ派の総需要管理政策は短期的には効果はあるものの，長期的には無効だと主張しています。

総需要管理政策では，失業率は u_N よりも引き下げることができません。この u_N を**自然失業率**といいます[5]。

◆合理的な人々は短期でも騙されない

ルーカス，サージェント，バローなどの**合理的期待形成学派**は，人々は貨幣錯覚を起こさないため，ケインズ的な拡張的政策は短期であっても無効だと主張しました。人々が合理的期待を行うと，利用可能な情報をすべて使って正しいマクロ経済学のモデルに基づいて予測するため，予測値が実現値となります[6]。

合理的期待形成学派の世界では，貨幣錯覚が生じません。M 点で拡張的政策を行うと，N 点にはいかずに，すぐに O 点にシフトします。インフレが生じることを人々はあらかじめ知っているため，名目賃金の上昇に騙されないからです。O 点で拡張的政策を行うと，経済は Q 点にシフトします。フィリップス曲線は短期であっても，長期であっても垂直になり，経済政策に効果がありません。

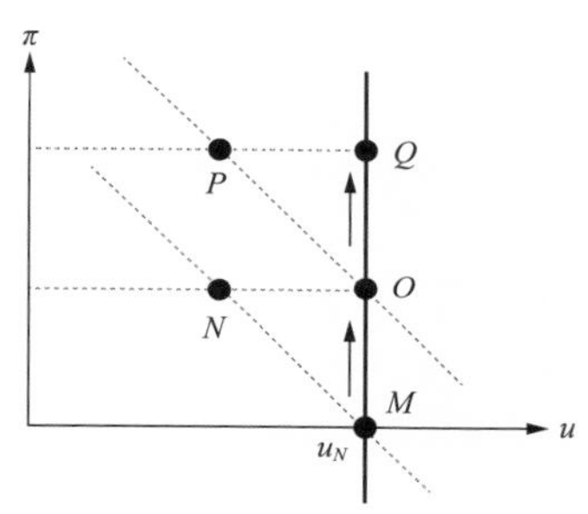

CHECK POINT

3 者の主張をまとめておきましょう。

	短期的効果	長期的効果
ケインズ派	あり	あり
マネタリスト	あり	なし
合理的期待形成学派	なし	なし

5　自然失業率はインフレ率がゼロ％のときの失業率です。これを「インフレを加速させない失業率（*NAIRU*：non–accelerating inflation rate of unemployment）」ということもあります。

6　合理的期待形成では，人々の予測の平均値が実現値と等しくなると考えます。個々の人の予測は外れても，全員の予測の平均値は当たります。

合理的期待形成学派は，総需要管理政策には意味がないと考えます。これを**政策無効命題**といいます。マネタリストや合理的期待形成学派の主張は，経済政策に対する人々の反応を事前に考慮しなければならないというものです。逆に考えると，人々の期待形成に影響を与えることができれば，経済に影響を与えることができます。そのためには，心理学的な要素も考える必要があり，経済学に心理学を導入した**行動経済学**の発展が期待されています。

Excersize 47

以下の文章のうち正しいものはどれか。

1：古典派の総需要曲線は垂直，ケインズ派の総需要曲線は右上がりになる。
2：拡張的総需要管理政策を行うと，古典派ではインフレーションが生じて国民所得が増大する。
3：インフレ率と失業率の間にはトレードオフの関係がある。
4：合理的期待形成学派はケインズ的政策の短期的効果を認めているが，マネタリストは短期的効果も長期的効果も認めていない。

Anser 47

1：誤り。総供給曲線の形が両派で異なる。
2：誤り。ケインズ派の説明，古典派では物価が上昇するのみで国民所得は増大しない。
3：正しい。
4：誤り。合理的期待形成学派とマネタリストが逆。

経済成長論

ここまでのマクロ経済学編では，短期的な経済の変動や経済政策の効果を見てきました。本講では数十年といった非常に長期に渡る*GDP*の変化を扱います。これを経済成長といいます。経済成長率はどのようにして決まるのか，どのような政策が成長率を高めるのに有効なのかを考えましょう。ここでも，古典派とケインズ派では考え方が異なります。

1．景気循環と経済成長

◆ *GDP* の長期のトレンドが経済成長

メディアなどでは，*GDP* の伸び率のことを *GDP* 成長率と呼んでおり，経済成長率ということもあります。四半期の *GDP* の伸び率にも成長率という言葉が使われています。しかし，経済学では，短期の景気循環と長期の経済成長は別物です。図のように，*GDP*（国民所得）は増減を繰り返しており，この波が景気循環になります。

❖ 景気循環と経済成長 ❖

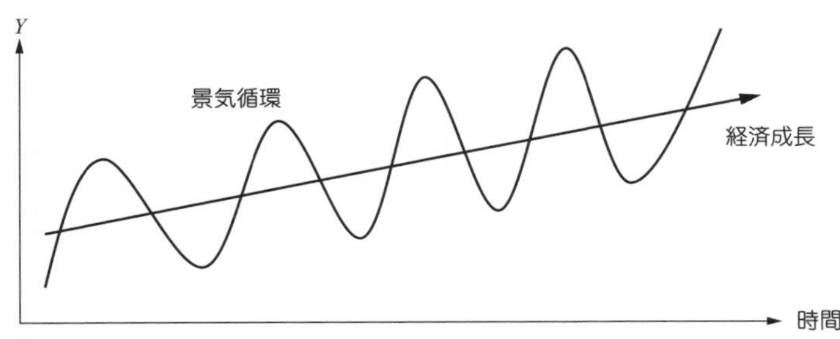

本講の経済成長は，長期の *GDP* のトレンドを扱います。図の *GDP* は波を繰り返しながらも徐々に増加しています。図の矢印がトレンドを表していますが，この矢印の角度がどのようにして決まるのかを考えます。第二次大戦後の 20 世紀後半は，日本など東アジアの国々が大きく成長しました。その一方で，成長が期待された南米はアジアに抜かれてしまいました。アフリカの国々の中にも，この半世紀で成長

した国と成長していない国があります。経済成長の背景には，社会的な要因や政治的な要因もあります。内戦が続いている国は平和な国よりも企業の投資が少なくなる傾向があります。

経済成長には様々な要因がありますが，これまでミクロ経済学やマクロ経済学で扱ってきた経済モデルを利用して，経済成長の要因を探っていくのが本講の目的です。まずはケインズ派の考え方を見た後に，古典派の考え方を見ます。ポイントは資本にあります。短期では資本は増減できませんが，長期では増減させられます。特に，古典派では労働者一人当たりの資本の水準について詳しく見ていきます。生産関数を利用しますので，生産関数の式やグラフが出てきます。少し難しくなりますが，生産者行動の理論を復習しておきましょう。

❖ 資本が経済成長のカギの一つ ❖

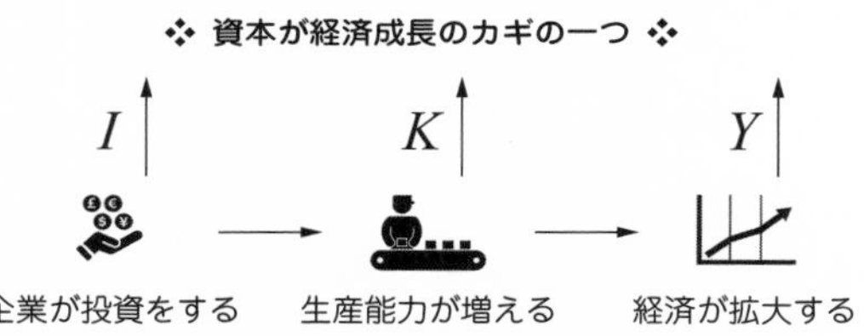

2. ハロッド＝ドーマーモデル

◆成長率の２つの式

ケインズ派のハロッドとドーマーは経済成長率を資本と労働の２面に分けて考えました。これを**ハロッド＝ドーマーモデル**といいます。資本の完全利用が達成されるときの**保証成長率** G_w と労働の完全利用が達成されるときの**自然成長率** G_n を以下のように定義しました。

$$G_w = \frac{s}{v_w} \qquad G_n = n + a$$

最適資本係数 v_w は，資本の完全利用が達成されているとき，生産物 Y を１単位作るのに最適な資本の量 K_w を表しており，$v_w = \frac{K_w}{Y}$ で求められます。貯蓄率 s は（限界）貯蓄性向と同じものです。そのため，限界消費性向 c が分かれば，$c + s = 1$ より貯蓄率も分かります。保証成長率は，国内にある資本を全て有効利用すると，GDP を何％増やすことができるのかを表しています。ハロッド＝ドーマーモデルでは資本係数は固定的で変化しないと考えているため，保証成長率 G_w を高めるためには貯蓄率が高まればいいことになります。国内の経済が均衡していれば，投資と貯蓄は等しくなります。貯蓄率が高いということは，投資額も高くなるということを意味しています。

n は労働人口増加率，a は技術進歩率です。自然成長率 G_n を高めるには人口の増加や技術の進歩が必要だということになります。

資本と労働が全て使われている経済では，保証成長率と自然成長率が等しく，$G_w = G_n$ となります。この状態を**均斉成長**（安定成長）といいます。

Excersize 48

限界消費性向が 0.8，最適資本係数が 2，人口増加率が 6% であり，均斉成長が成り立っているときの技術進歩率を求める。

Anser 48

$c+s=1$ より，$s=0.2$ であるため，保証成長率は，

$$\frac{s}{v_w}=\frac{0.2}{2}=0.1$$

均斉成長が成り立っているとき，$G_w=G_n=0.1$ であるため，

$$0.1=n+a=0.06+a \quad \rightarrow \quad a=0.04=4\%$$

保証成長率を $0.1=10\%$ として，自然成長率の式を $G_n=10\%=6\%+a \quad \rightarrow \quad a=4\%$ というように，% の式として計算することもできます。

◆均斉成長は偶然の産物

ハロッド＝ドーマーモデルは，均斉成長は偶然にしか成り立たないという**不安定性原理**を主張しています。その背景には資本係数が固定化されていて資本の量 K と GDP（国民所得）Y がいつも同じ方向に動くこと，企業が適切な最適資本係数 v_w を目指して資本量を調整しようとすることがあります。

保証成長率は資本が全て利用されている理想的な状態です。現実には資本が全て有効利用されていないかもしれません。そこで，現実成長率を $G=\frac{s}{v}$ としてみましょう。ハロッド＝ドーマーモデルでは，現実成長率と自然成長率は長期的には一

致すると考えられています。そのため，$G=G_w$ になれば均斉成長が成り立ちます。

もし，$G>G_w$ だと何が起きるでしょうか。最適資本係数は最適な資本量を *GDP* で割った $v_w=\frac{K_w}{Y}$ であり，現実の資本係数は $v=\frac{K}{Y}$ となっています。これを代入すると，

$G>G_w$ → $\frac{s}{v}>\frac{s}{v_w}$ → 両辺を上下ひっくり返す（不等号も入れ替わる）

→ $\frac{v}{s}<\frac{v_w}{s}$ → s は共通しているので消す → $v<v_w$ → $\frac{K}{Y}<\frac{K_w}{Y}$

→ Y は共通しているので消す → $K<K_w$

となります。計算の途中で，分数の上下を入れ替えたときに，不等号も入れ替わりました。$\frac{1}{2}>\frac{1}{3}$ → $\frac{2}{1}<\frac{3}{1}$ のように不等号が入れ替わります。

計算の結果，$G>G_w$ → $K<K_w$ となることが分かりました。現実の資本量は最適な資本量よりも小さいため，企業は投資を増やして K を大きくしようとします。K を大きくすれば，Y が大きくなり，現実の経済成長率 G は高まります。その結果，現実成長率 G と保証成長率 G_w の差がますます大きくなります。

途中の計算は省略しますが，$G<G_w$ のときには $K>K_w$ となり，企業は資本の量を減らそうとします。その結果，現実成長率 G はますます小さくなります。

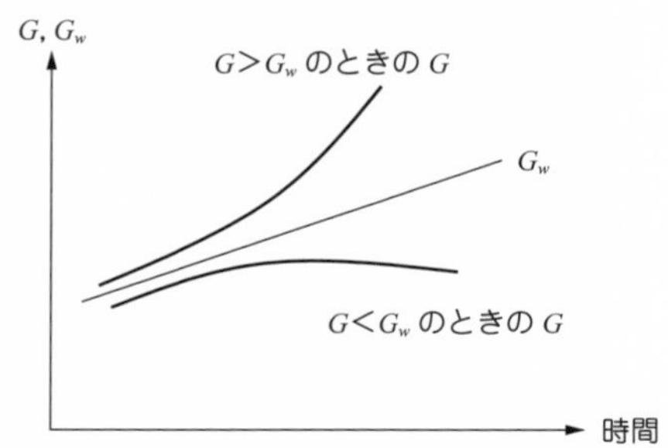

現実成長率が保証成長率から少しでも外れると，その差が大きくなっていきます。上のグラフで保証成長率 G_w はナイフの刃のように細い線で描かれています。その細い刃の上を現実成長率が辿るのは難しいという意味で，不安定性原理のことを**ナイフエッジ定理**ということもあります。

CHECK POINT

このような結果となる最大の理由は，資本係数が固定的で変化しないとしていることにあります。次の新古典派成長論では，資本係数は伸縮的だとしています。

3. 新古典派成長理論

◆生産関数で考える

新古典派は，古典派の流れを受け継いだ20世紀の学派を指します。ソローやスワンなどは**新古典派成長理論**を導きました。2 人の名前から，**ソローモデル**，ソロー＝スワンモデルということもあります。

経済全体の生産関数を $Y=F(K,L)$ とします。ここでは資本の変化を見たいので，労働については考えないことにします。具体的には，生産関数の両辺を労働 L で割ります。

$$Y=F(K,L) \quad \rightarrow \quad \text{両辺を } L \text{ で割る} \quad \rightarrow \quad \frac{Y}{K}=f\left(\frac{K}{L},\frac{L}{L}\right)$$

$$\rightarrow \quad y=f(k,1) \quad \rightarrow \quad y=f(k)$$

小文字の y や k は 1 人当たり国民所得（GDP），1 人当たり資本量を表します。計算の途中で，$y=f(k,1)$ となっていますが，L を L で割ると 1 という数字になるため，特に書かなくてもいいという数学のルールを利用しています。

第 14 講では，労働だけを考えて生産関数を $Y=F(L)$ としました。資本を考えずに労働だけを増やすと労働の限界生産力は逓減しました。同じように，労働を考えずに資本だけを増やすと**資本の限界生産力**は逓減します。資本を増やせば増やすほど生産物の増加幅は小さくなります。そのため，1 人当たり生産物 y のグラフは次ページの図のようになります。

y に係数を掛けると，グラフは上下にシフトします。1 よりも大きな数値を掛けると元のグラフよりも上側に，1 よりも小さな数字を掛けると元のグラフよりも下側にシフトします。生産関数のグラフは切片がないので，切片はシフトしません。2 つのグラフは k が小さい部分ではあまり差がなく，右に行けば行くほど差が大きくなります。

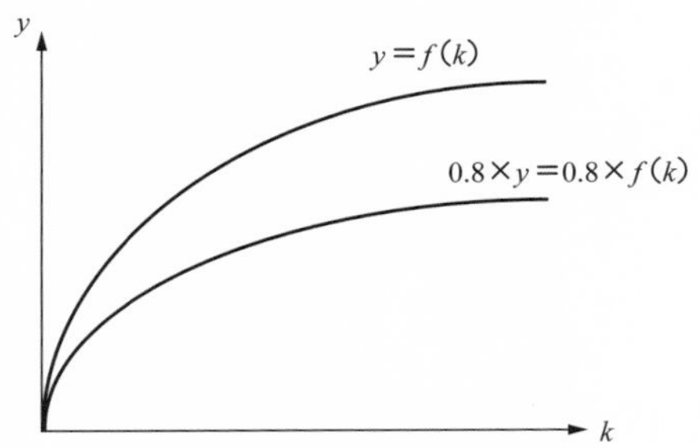

◆資本は減耗する

資本は機械などの設備です。機械は使っているうちに性能が劣化します。これを資本の減耗といいます。資本は毎年少しずつ減耗していきますが，減耗率をδ（ギリシャ文字のデルタ）とすると，毎年減耗する資本の量はδkとなります。企業は投資を行って資本を増やしますが，投資に使えるお金は$S=I$より貯蓄額と等しくなります。貯蓄率（限界貯蓄性向）をsとすると，所得Yのうちsの割合だけ貯蓄して投資に使われるため，$I=sY$となります。小文字を使って1人当たりの数値にすると，$i=sy=sf(k)$となります。

資本は投資によって$sf(k)$だけ増えますが，δkだけ減耗もします。両者を考えた資本の増減Δkは，

$$\Delta k=sf(k)-\delta k \quad \text{または，} \Delta k=sy-\delta k$$

となります。式が難しいですが，第1項が投資で増える部分，第2項が減耗する部分です。第1項の部分は$i=sy=sf(k)$より，syと置き換えることもできます。

新古典派成長理論では，$\Delta k=0$となれば均斉成長が成立していると考えます。$\Delta k=0$は資本の量を増減させていないことを表しており，理想的な状態であると考えることができるからです。

A点は資本の増加分$sf(k)$と資本の減耗分δkが一致しているため，$\Delta k=0$が成立しています。A点よりも右側のk_1では，資本の増加分$sf(k)$よりも資本の減耗分δkの方が大きいため，$sf(k)<\delta k \rightarrow \Delta k<0$となり，1人当たり資本$k$が減少します。$A$点よりも左側の$k_2$では，資本の増加分$sf(k)$よりも資本の減耗分$\delta k$の方が小さいため，$sf(k)>\delta k \rightarrow \Delta k>0$となり，1人当たり資本$k$が増加します。最終的には$A$点に経済は落ち着き，1人当たり資本は$k^*$の水準に落ち着きます。ここから，新古典派成長理論では均斉成長が常に成立するという結論になります。

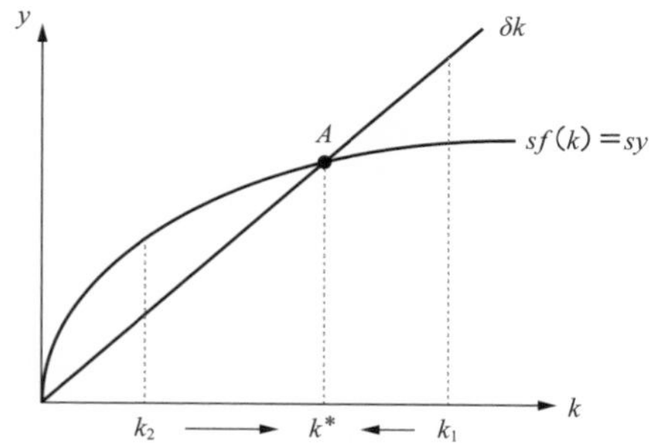

A 点で $\Delta k=0$ となると，1 人当たり資本は k^* から変化しません。この状態を**定常状態**といいます。原油価格の上昇など経済に影響を与える外的要因を**ショック**といいます[1]。ショックにより経済は大きな影響を受けますが，最終的には経済は定常状態に達するというのが古典派の考え方です。この点についてケインズ派は，経済が定常状態に至るまでに非常に長い時間がかかるため，経済政策によって政府が介入すべきだと主張しています。

◆人口が増加すると 1 人当たり資本は減る

1 人当たり資本の増減の式 $\Delta k=sf(k)-\delta k$ を使って，人口増加の影響を見てみましょう。人口が増加すると，1 人当たり資本は減少します。例えば，資本が 1200 で人口が 100 の場合，1 人当たり資本は 120 になります。人口が 120 になると，1 人当たり資本は 100 に減少します。この効果を式で表すと，−(人口増加率)×(資本の量)＝$-n\times k=-nk$ となります。これを 1 人当たり資本の増減の式に加えると，

$$\Delta k=sf(k)-\delta k-nk=sf(k)-(\delta+n)k \quad \text{または,} \ \Delta k=sy-(\delta+n)k$$

となり，定常状態 $\Delta k=0$ では，$sy=(\delta+n)k$ となります。

これを次ページのグラフで表してみましょう。人口増加の効果により，直線の傾きが大きくなります。そのため，定常状態は A 点から B 点にシフトし，1 人当たり資本 k は k_A から k_B へと減少します。また，1 人当たり所得 y は y_A から y_B へと減少します。人口の増加は k や y を減少させていますが，経済成長率がどのように変化するかはこのグラフからは分かりません。新古典派成長理論では定常状態での経済成長率は人口増加率と等しくなるとされていることから，人口増加率が高まると経

1　産油国で戦争が起きるのもショックです。原油価格が大幅に上昇し，企業の生産活動に悪影響を与えます。産油国のような世界経済に大きな影響を与える地域で起こる問題を地政学的リスクといいます。

済成長率が高まります。

つまり，自然成長率は人口増加率と等しくなります。ハロッド＝ドーマーモデルでは，自然成長率は人口増加率＋技術進歩率でしたので，ここでも２つの考え方に差があります[2]。

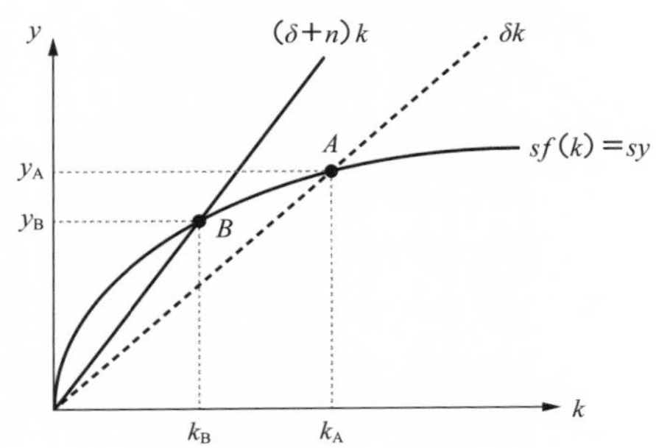

Excersize 49

マクロの生産関数が以下のようになっており，限界消費性向が0.6，資本減耗率が1%，人口増加率が3%であるとき，定常状態における１人当たり資本はいくつになるか。

$$Y=K^{0.5}L^{0.5}$$

Anser 49

・生産関数を L で割って１人当たりの生産関数にする

$$\frac{Y}{L}=\frac{K^{0.5}L^{0.5}}{L}=K^{0.5}L^{0.5}\times L^{-1}=K^{0.5}L^{-0.5}=\frac{K^{0.5}}{L^{0.5}}=\left(\frac{K}{L}\right)^{0.5}=k^{0.5} \rightarrow y=k^{0.5}$$

・貯蓄率は $s+c=1$ より $s=0.4$

定常状態の式 $sy=(\delta+n)k$ に代入すると，

$$0.4y=(0.01+0.03)k \rightarrow 0.4y=0.04k \rightarrow 10y=k \rightarrow y=\frac{1}{10}k$$

これを $y=k^{0.5}$ に代入して，

$$y=k^{0.5} \rightarrow \frac{1}{10}k=k^{0.5} \rightarrow \frac{1}{10}k=\sqrt{k} \rightarrow \text{両辺を２乗する} \rightarrow \frac{1}{100}k^2=k$$

2　新古典派成長理論では，技術が進歩すると１人当たり資本を節約できると考えます。技術進歩率を g とすると，$\Delta k=sy-(\delta+n+g)k$ となります。

→　両辺を 100 倍する　→　$k^2=100k$　→　$k^2-100k=0$　→　$k(k-100)=0$
→　$k=0,100$　→　$k=100$

◆貯蓄率が上昇すると 1 人当たり資本は増える

先ほどの図の B 点から貯蓄率を高めてみましょう。定常状態は B 点から C 点にシフトし，1 人当たり資本 k は k_B から k_C へと増加します。また，1 人当たり所得 y は y_B から y_C へと増加します。このときにも経済成長率の変化は分かりませんが，新古典派成長理論では，貯蓄率の増加は経済成長率に影響しないと考えられています。

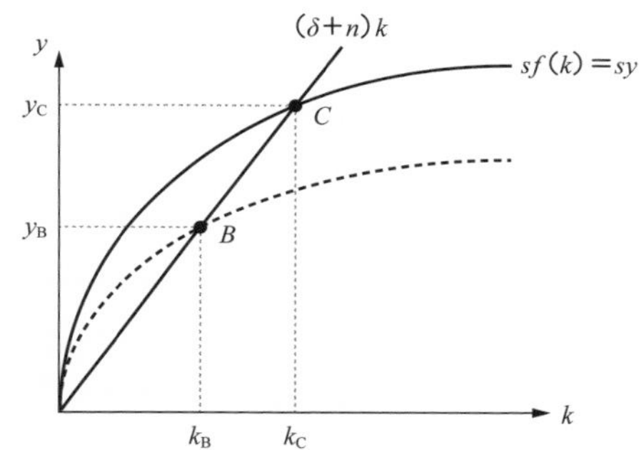

経済全体で家計が貯蓄を増やすとどうなるでしょうか。$S=Y-C$ であることから，貯蓄を増やすためには消費を減らす必要があります。全ての家計が消費を減らせば，企業の売り上げは減少します。企業は価格を下げるか生産量を減らす必要があります。値下げは付加価値を減少させ，生産量の減少も経済規模を縮小させます。経済活動の停滞は家計の所得を減少させるため，結局，貯蓄額を増やすことはできなくなります。これを**貯蓄のパラドクス**といいます。個々の家計は貯蓄を増やすことはできますが，経済全体の家計が同時に貯蓄を増やすことはできません。このように個々人では可能なことでも全体として行動することは不可能になるような状況を**合成の誤謬**（ごびゅう）といいます。

4. 成長会計

◆経済成長率を直接計算する

生産関数を指定すれば，経済成長率を計算することができます。そこで，第 3 講で扱ったコブ＝ダグラス型生産関数を使ってみましょう。コブ＝ダグラス型生産関数は，$Y=AK^{\alpha}L^{\beta}$でした。これをパーセントの式，つまり成長率の式に変換します。掛け算部分を足し算に，べき乗部分を掛け算にします[3]。成長率を小文字で表すことにすると，

$$y=a+\alpha k+\beta n$$

となります。Lの小文字はlですが，本講では人口増加率をnとしてきたので，ここでもnを使います。このような計算方法を**成長会計**といいます。経済成長の要因は技術進歩率，資本増加率，労働人口増加率の3つの部分に分解できます。技術進歩率は目に見えないため，マクロ統計から求めることができません。そこで，*GDP*成長率や資本増加率など他の統計で分かる他の数値を入れた後に，$a=y-\alpha k-\beta n$と引き算してから求めます。技術進歩率の正式名称は全要素生産性ですが，ソローモデルで引き算して求めるということから，ソロー残差と呼ばれることもあります。

Excersize 50

マクロの生産関数が以下のようになっており，技術進歩率が4%，資本増加率が3%，労働人口増加率が1%のとき，1人当たり経済成長率は何%になるか。

$$Y=AK^{0.5}L^{0.5}$$

Anser 50

・生産関数をパーセントの式にする

$$y=a+0.5\times k+0.5\times n$$

・数値を代入する

$$y=0.04+0.5\times 0.03+0.5\times 0.01=0.04+0.015+0.005=0.06$$

・1人当たり成長率は$y-n$で求められるため，

$$y-n=0.06-0.01=0.05=5\%$$

この問題では，$y=a+0.5\times k+0.5\times n=4+0.5\times 3+0.5\times 1=4+1.5+0.5=6\%$と%の式で進めることもできます。資本分配率と労働分配率は小数にして計算します。

3　割り算の部分は引き算にします。一人当たり所得$\frac{Y}{L}$をパーセントの式にすると，$y-n$になります。

◆経済成長論の問題点

ハロッド＝ドーマーモデルや新古典派成長理論は，労働人口増加率などを重視していますが，労働人口は何によって増減するのか，技術進歩はどのようにして発生するのかなどの点について，きちんとした回答を与えてくれないという問題点があります。貯蓄率など経済成長論で出て来る数値の多くは，数値を外から与えなければ計算できないということから，外生変数といいます。消費関数 $C=cY+a$ はマクロ経済モデルの中で計算でき，国民所得（*GDP*）Y が増えると C が増えるというはっきりとした関係が分かっています。これを内生変数といいます[4]。

経済成長論も内生変数で話を進めようとしており，内生的成長論と呼ばれています。中でも，$Y=AK$ という生産関数を使う AK モデルが知られています。これは，資本分配率を 1（＝100％），労働分配率を 0 と置いたものです。人々の能力を表す人的資本も含めた国内の資本量が経済成長のカギとなるという考え方です。

Excersize 51

以下の文章のうち正しいものはどれか。

1：ハロッド＝ドーマーモデルでもソローモデルでも資本を国民所得で割った値が調整することで経済が成長する。
2：ハロッド＝ドーマーモデルでは自然成長率は労働人口増加率と技術進歩率を加えたものになっているが，ソローモデルでは労働人口増加率のみになっている。
3：ソローモデルでは，人口増加率の上昇が 1 人当たり所得を引き上げる。
4：ソローモデルでは均斉成長は偶然にしか成り立たないが，ハロッド＝ドーマーモデルでは常に成立する。

Anser 51

1：誤り。ハロッド＝ドーマーモデルでは資本係数は固定されている。
2：正しい。
3：誤り。1 人当たり所得を引き下げる。
4：誤り。説明が逆。

4　政府支出 G は政府が決めた数値でモデルの外から与えられているので，外生変数になります。マネーストックなど，計算問題で式ではなく数値で与えられているものは，たいてい，外生変数です。

開放経済

ここまでのマクロ経済学では，外国との取引は考えないことにしていました。このような経済を**閉鎖経済**といいます。一方，本講では，外国との取引を考慮する**開放経済**を扱います。国内と外国との取引は，財市場では貿易，通貨市場では資本移動といいます。また，国内と外国では使われている法定通貨が異なるため，その交換比率である為替レートも重要な要素となります。

1. 国際収支統計

◆国内と外国との取引を表にする

国際収支統計（BoP）は，居住者と非居住者との取引を記録したものです。居住者とは国内で経済活動を行っている経済主体を指す言葉で，通常，1年以上国内に居住する人が居住者となります。外国籍の人も1年以上居住していれば居住者になります。

経常収支は貿易や海外からの要素所得の受け取り（110ページ）などを記録しています。お金を受け取る行為を黒字としてプラスに，お金を支払う行為を赤字としてマイナスに記録します。

貿易・サービス収支は，貿易収支とサービス収支に分かれます。サービス収支は，輸送，旅行，その他サービスからなり，その他サービスには建設，保険・年金サービス，金融サービス，知的財産権等使用料など10項目が入っています。

第一次所得収支は，海外からの要素所得の受け取り（純）に相当する項目で，雇用者報酬，投資収益，その他第一次所得からなります。投資収益は，外国の株式や債券などから得られる金利や配当金です。**第二次所得収支**は，災害地への援助物資など政府や民間による支援の他，労働者送金が含まれます。労働者送金は国境を越えて出稼ぎに行っている人が家族に送金するもので，出稼ぎ労働者として多くの人が出国している途上国では第二次所得収支が大幅な黒字になります。

資本移転等収支には政府が外国に貸したお金の債務免除などが含まれます。また，国境を越えた相続税や贈与税の受け払いも含まれます。

❖ 日本の国際収支（2019 年）❖

（単位：億円）

経常収支 *Current Account*				200597
	貿易・サービス収支 *Goods & Services*			7294
		貿易収支 *Goods*		5536
			輸出　*Export*	761157
			輸入　*Import*	755622
		サービス収支　*Services*		1758
	第一次所得収支　*Primary Income*			207202
	第二次所得収支　*Secondary Income*			−13889
資本移転等収支　*Capital account*				−4092
金融収支 *Financial Account*				247499
	直接投資　*Direct Investment*			227943
	証券投資　*Portfolio Investment*			95053
	金融派生商品　*Financial Derivatives*（*other than reserves*）			3763
	その他投資　*Other Investment*			−107299
	外貨準備　*Reserve assets*			28039
誤差脱漏　*Net errors & omissions*				50994

出所：データは財務省。

金融収支は金融商品の取引を記録します。金融商品を受け取る行為（＝お金を支払う行為）が黒字としてプラスに記録され，金融商品を手放す行為（＝お金をもらう行為）が赤字としてマイナスに記録されます。

直接投資は経営参画を目的とした投資です。統計上は現地企業の10%の発行済み株式を保有することで直接投資となります。**証券投資**は株式や債券などの値上がり益，金利や配当の受け取りを目的とした投資です。その他の項目は省略します[1]。

国際収支統計は，

$$(\text{経常収支}) + (\text{資本移転等収支}) - (\text{金融収支}) + (\text{誤差脱漏}) = 0$$

となるように作成されています。この式をもっと簡素化して，

$$(\text{経常収支}) - (\text{金融収支}) = 0$$

とすることもあります。

1　国際収支統計の詳しい解説は，川野祐司『これさえ読めばすべてわかる　国際金融の教科書』文眞堂の第 1 章を参照のこと。

2. 為替レート

◆法定通貨の交換比率

日本円やアメリカドルなど国によって法定通貨は異なります。日本円はアメリカでは使えないため，アメリカに旅行したりアメリカから輸入したりするためには，日本円をアメリカドルに交換する必要があります。法定通貨を交換する市場を**外国為替市場**といい，交換比率のことを**為替レート**といいます[2]。ユーロやイギリスポンドなど一部の例外を除き，為替レートは1アメリカドルを基準にして表記されます。為替レートをeとすると，日本円とアメリカドルの変換式は，$\$=\frac{¥}{e}$になります。

❖ 外国為替市場ではドルが中心 ❖

1ドル＝e円　　$\$=\frac{¥}{e}$ または $¥=e\times\$$

1ドル＝100円から1ドル＝120円のように為替レートeが大きくなることを円安，小さくなることを円高といいます。

CHECK POINT

円高，円安は，あくまでも変化のことをいいます。そのため，同じ1ドル＝110円でも，その前が1ドル＝120円であれば円高，1ドル＝100円であれば円安といいます。為替レートの変化は次のように表現します。

eの下落：円高，円の増価，ドル安

eの上昇：円安，円の減価，ドル高

◆外国為替市場のグラフ

為替レートは，外国為替市場での需要と供給によって変動します。外国為替市場ではドルが中心になるため，需要曲線と供給曲線も円ではなくドルの曲線になりま

2　金融の世界では，アメリカドルとの交換比率を為替レート，日本円⇔イギリスポンドなどアメリカドルが関わらない交換比率をクロスレートといいます。本書ではすべて為替レートと表記します。

す。ドルの需要が増えて需要曲線が右にシフトすると，均衡点が A 点から B 点にシフトして e が上昇します。e の上昇は円安またはドル高です。ドルの需要曲線が左にシフトすると e が下落して円高になります。ドルの供給曲線が右シフトすると為替レートは円高に，左シフトすると円安になります。

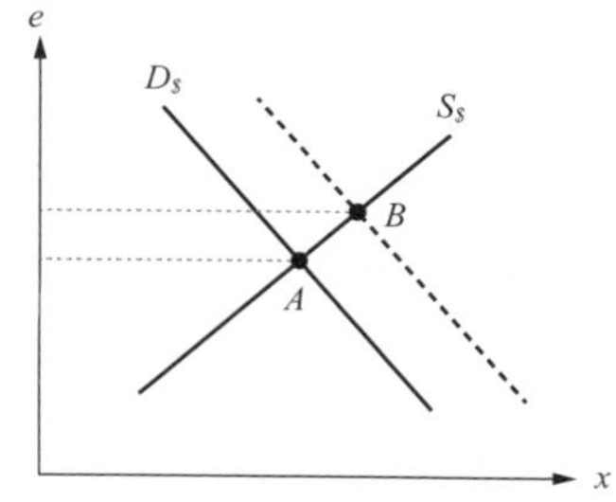

◆為替レートはどのように決まるのか

外国為替市場では，刻々と為替レートが変化しています。近年は AI（人工知能）などを利用して，1000 分の 1 秒のような非常に短い時間帯での取引も行われています。数秒，数十秒といった超短期の世界では，ニュースが重要な役割を演じています。もっと長いタイムスパンでは，利子率が重要な役割を担うと考えられており，これを**金利平価説**といいます。

金利平価説は，国内の利子率 r と外国の利子率 r^* を使って為替レートを求めるものです。現在の為替レートを e，1 年後の為替レートを f とします。利子率 r で X 円を日本で運用すると，1 年後には $X(1+r)$ 円になります[3]。X 円をアメリカで運用する場合は，まず現在の為替レートでドルに交換します。$\$=\frac{¥}{e}$ より，X 円は $\frac{X}{e}$ ドルになります。これをアメリカの利子率 r^* で 1 年間運用すると，$\frac{X(1+r^*)}{e}$ ドルになります。これを将来の為替レート f で円に戻すと，$\frac{X(1+r^*)f}{e}$ 円になります。市場が機能していれば，どちらで運用しても同じ収益になるはずです[4]。つまり，

$$X(1+r)=\frac{X(1+r^*)f}{e}$$ → 両辺を X で割り，さらに（$1+r^*$）で割る

3　現在価値と将来価値の計算を復習しましょう（120 ページ）。

4　市場が機能していると，**裁定取引**が可能になります。裁定取引とは，同じ商品に別々の価格が付いているときに，安い場所で買って高い場所で売ることにより利益を得ることを指します。この場合，日本の運用が有利ならアメリカで運用する人が減るため，現在時点でアメリカドルを買う人が減って，外国為替市場でドルの需要曲線が左にシフトします。その結果，為替レート e は小さくなり円高になります。為替レート e が小さくなれば，X 円をドルにしたときのドルでの金額 $\frac{X}{e}$ が大きくなり，アメリカでの運用の不利が解消されます。

$$\rightarrow \quad \frac{f}{e}=\frac{(1+r)}{(1+r^*)} \quad \rightarrow \quad f=\frac{(1+r)}{(1+r^*)}\times e$$

となり，将来の為替レート f を求めることができます。外国為替市場で将来の為替レートが分かっているときには，現在の為替レート e を求めることができます[5]。

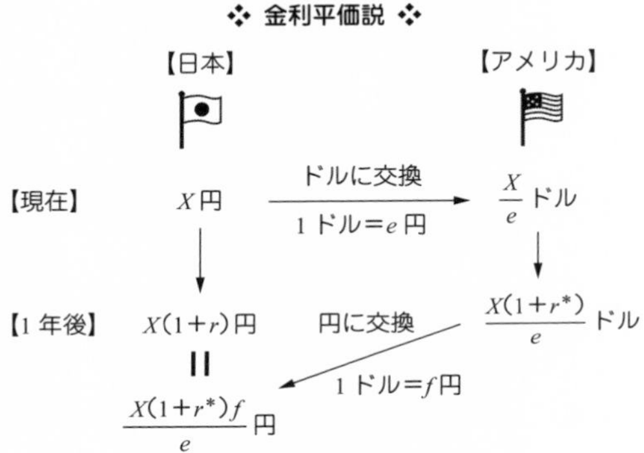

Excersize 52

現在の為替レートが1ドル=104円，日本の利子率が1%，アメリカの利子率が4%であるとき，1年後の為替レートはいくつになるか。

Anser 52

・金利平価説の式に代入する

$$f=\frac{(1+r)}{(1+r^*)}\times e=\frac{1+0.01}{1+0.04}\times 104=\frac{1.01}{1.04}\times 104=101$$

途中，104と1.04が約分でき，100になります。

日本と外国の物価の差を利用した**購買力平価説**という考え方もあります。購買力平価説を分かりやすく表現したものにビッグマック指数があります。ビッグマックは日本とアメリカで同じものが販売されていることから，両者の価格を比べると為替レートを割り出せるという考え方です。日本のビッグマックが1個360円，アメ

5　将来の為替レートを先物レートと呼びます。外国為替市場では，先物の取引も活発に行われています。

リカのビッグマックが1個3ドルであれば，360円＝3ドルになります。これをまとめて，1ドル＝120円というのが購買力平価説による為替レートです。

❖ ビッグマック指数 ❖

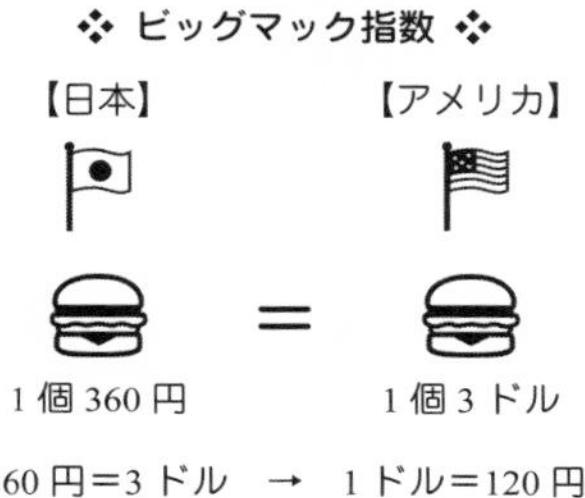

360円＝3ドル　→　1ドル＝120円

日本の価格をP，アメリカの価格をP^*とすると，為替レートeは，

$$e=\frac{P}{P^*}$$

となります。日本で物価が上昇してビッグマックが390円になると，購買力平価説による為替レートは1ドル＝130円になります。つまり，インフレが起きると為替レートは減価します。日本でインフレが起きると円安，アメリカでインフレが起きるとドル安（＝円高）になります。

購買力平価説はインフレ率を使って計算することもできます。式をパーセントの式にすると，日本の物価Pは日本のインフレ率π，アメリカの物価P^*はアメリカのインフレ率π^*と書き換えられます。為替レートの変化率Eは，

$$E=\pi-\pi^*$$

となります。

購買力平価説は数十年といった長期で成り立つと考えられています。また，物価やインフレ率の測り方によって，為替レートが大きく異なります。購買力平価説は大学教育では必須項目ですが，金融の実務では使われません。一方，金利平価説は実務でも使われています。

◆為替レートと資本移動

金利平価説で見たように，お金（資本）は国境を越えて移動します。より高い収益を求めて，利子率の低い国から利子率の高い国へと資本は移動します。もう少し詳しく見てみましょう。日本の利子率rに対して，アメリカの利子率をr^*とし，

r と r^* の大小関係と為替レートの関係を見てみましょう。

❖ 利子率の差と資本移動 ❖

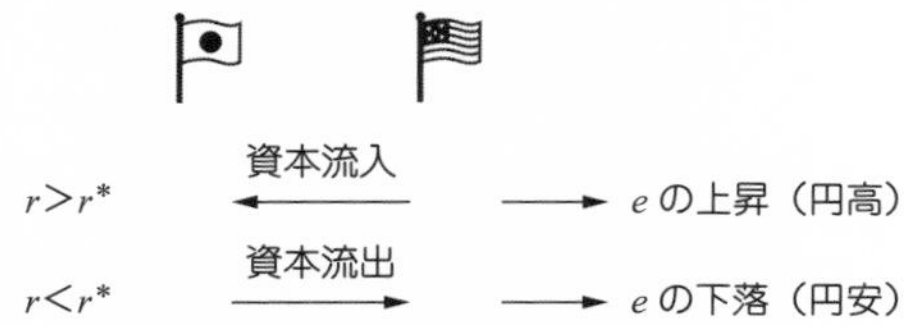

$r>r^*$　資本流入（←）　→ e の上昇（円高）

$r<r^*$　資本流出（→）　→ e の下落（円安）

$r>r^*$ のケースでは，日本の高い利子率を狙ってアメリカから日本へ資本が流入します。その際に，ドルを日本円に交換する動きが活発になることから，日本円が高くなり，ドルが安くなります。

$r<r^*$ のケースでは，アメリカの高い利子率を狙って日本から資本が流出します。日本円をドルに交換する動きが活発になることから，日本円が安くなり，ドルが高くなります。

CHECK POINT

この関係はアメリカだけでなく，外国全般で言えます。つまり，r^* を外国の利子率とすれば，

$r>r^*$　…　円高，円の増価，e の下落

$r<r^*$　…　円安，円の減価，e の上昇

となります。

◆為替レートと貿易

為替レートは貿易に影響を与えます。マクロ経済学では，輸出は為替レートの増加関数だと考えます。一方，輸入は第 10 講で見たように，*GDP* の増加関数です。貿易収支を *NX* とすると，

$$NX=X(e)-M(Y)$$

となります。本来は輸入も為替レートの影響を受けます。1 台 1000 ドルの時計の輸入を考えてみましょう。1 ドル＝120 円のときには，時計は 1000×120＝12 万円ですが，1 ドル＝100 円のときには，1000×100＝10 万円になります。円高になると輸入

品の価格は低くなり，輸入品への需要は大きくなります。しかし，*GDP* の影響の方が大きいため，輸入は $M=M(Y)$ とします[6]。

為替レート e の上昇，つまり円安は，輸出額を増やします。1 個 10 ドルの部品を輸出すると，1 ドル＝100 円のときには，1 個当たり 1000 円で販売したことになりますが，1 ドル＝120 円のときには，1 個当たり 1200 円で販売したことになります[7]。

❖ 為替レートと貿易財の価格 ❖

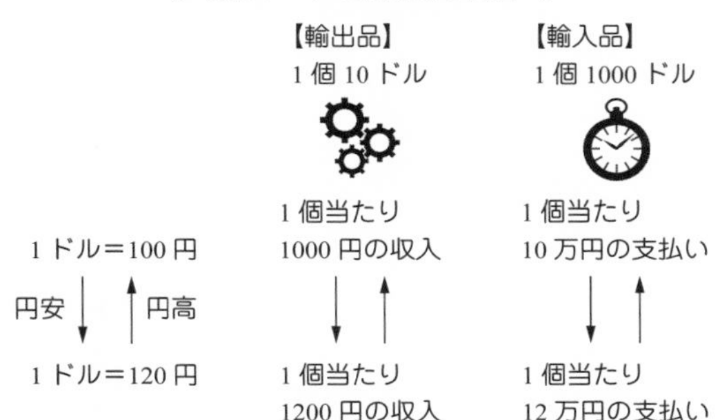

為替レート e が上昇して円安になると，輸出が増えます。輸入品は安くなりますが，輸入関数は *GDP* の増加関数としたので，輸入は変化しません。輸出は *GDP* の需要面の式 $Y=C+I+G+(X-M)$ に含まれています。輸出 X が増えることは投資 I が増えることや政府支出 G が増えることと同じ効果を持ちます。そのため，*IS* 曲線を右にシフトさせます。逆に，円高になると *IS* 曲線は左にシフトします。

為替レートの変動による *IS* 曲線のシフトは，経済モデルの中で自動的に起こるものであり，財政政策とは関係ありません。このような *IS* 曲線のシフトは，モデルの中で発生したシフトという意味で，**内生的シフト**といいます。財政政策による *IS* 曲線のシフトは，経済モデルの外から力を加えたという意味で，**外生的シフト**といいます。

❖ 為替レートが IS 曲線を内生的にシフトさせる ❖

円安（e の上昇）	→	輸出 X の増加	→	*IS* 曲線の右シフト
円高（e の下落）	→	輸出 X の減少	→	*IS* 曲線の左シフト

6　輸出も外国の *GDP* が関係していますが，最も影響力の大きい為替レートで考えます。
7　円安になるとドルでの価格を引き下げることも可能です。1 ドル＝120 円のときには，部品を 1 個 9 ドルに値下げしても 1080 円で販売したことになります。価格引き下げにより販売個数を増やす戦略でも輸出は増加します。

◆為替レートの変動を止める介入

為替レートの変動は*IS*曲線を内生的にシフトさせます。為替レートの変動を止める手段を**介入**（外国為替市場介入）といいます。介入が成功すれば，*IS*曲線の内生的シフトを止められます。

介入とは，中央銀行が，外国為替市場でドルの売買を行うことを指します。中央銀行がドルを買う**円売り介入**（円売り・ドル買い介入）をすると，市中銀行が保有する円の量が増えます。この分だけマネーストック*M*も増えます。マネーストックの増加は，*LM*曲線を右にシフトさせます。中央銀行がドルを売る**円買い介入**（円買い・ドル売り介入）をすると，市中銀行が保有する円の量が減り，マネーストック*M*が減少します。それにより，*LM*曲線は左にシフトします[8]。

❖ 介入 ❖

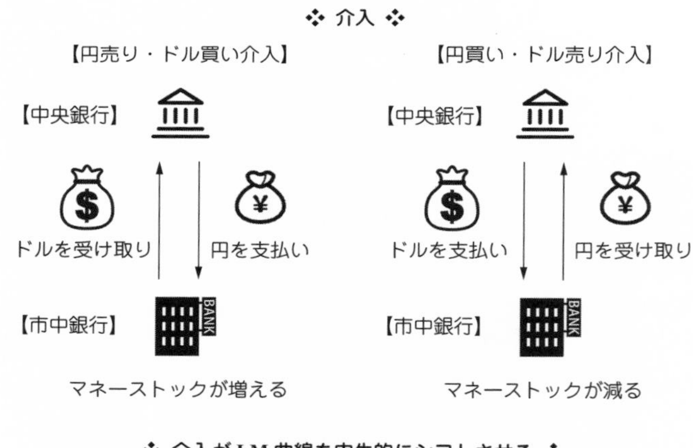

❖ 介入がLM曲線を内生的にシフトさせる ❖

円売り介入　→　マネーストック*M*の増加　→　*LM*曲線の右シフト
円買い介入　→　マネーストック*M*の減少　→　*LM*曲線の左シフト

CHECK POINT

メディアでは「政府・日銀」が介入したと報じられます。これは，介入するかどうかは財務大臣が判断し，実際のドルの売買を日本銀行が行うことに基づいています。

8　円売り介入と買いオペはどちらも*LM*曲線を右シフトさせますが，円売り介入では*LM*曲線が内生的に右シフトし，買いオペでは*LM*曲線が外生的に右シフトします。

開放経済では，為替レートの変動による*IS*曲線の内生的シフトか，介入による*LM*曲線の内生的シフトのどちらかが必ず生じることになります。為替レートの変動は利子率の変化によって生じます。利子率の変化は，財政政策や金融政策によっても生じます。

◆為替制度

日本は為替レートが刻々と変化する**変動相場制**を採用しています。外国では，アメリカドルに自国の為替レートを固定させるドルペッグ制を採用する国があります。ペッグの対象にはユーロや*SDR*[9]などが選ばれることもあります。マクロ経済学では**固定相場制**と呼んでいます。固定相場制では，介入を行って為替レートの変動を防ぐ必要があります。

Excersize 53

以下の文章のうち正しいものはどれか。

1：円売りドル買い介入により，ドルの需要曲線が右シフトして*LM*曲線も右シフトする。
2：1ドル＝100円のときに，日本のインフレ率が4％上昇してアメリカのインフレ率が2％上昇すると，為替レートは1ドル＝98円になる。
3：物の価格で為替レートを計算する購買力平価説は短期，利子率で為替レートの計算をする金利平価説は長期の理論である。
4：為替レートが減価した国では，輸出が減少する傾向がある。

Anser 53

1：正しい。日本銀行がドルを買うため外国為替市場でドルの需要が増える。また，円を市場に供給するため*LM*曲線が右にシフトする。
2：誤り。為替レートの変化率は，$E=4\%-2\%=2\%$となるため，2％だけ円安になる。よって，1ドル＝102円になる。
3：誤り。短期と長期が逆。
4：誤り。輸出が増加する傾向がある。

9　*SDR*は*IMF*（国際通貨基金）が算出する仮想の為替レートです。国際的な取引の計算単位に使われる他，途上国は自国通貨のペッグの対象にしています。

3. マンデル＝フレミングモデル

◆開放経済の IS–LM モデル

IS–LM モデルを開放経済に応用したものを**マンデル＝フレミングモデル**といいます。本講では，小国で資本移動が自由なケースを見ていきます。**小国**とは，自国経済が外国に影響を与えない国を指します。例えば，自国で金融緩和を行うと自国の利子率が下がりますが，それが外国に影響を与えないという想定です。アメリカが金融緩和を行ってアメリカの利子率が下がれば，世界に大きな影響を与えるため，アメリカは大国といえます。小国と大国の違いは国の大きさではなく，経済的な影響度で考えます。

資本移動が自由であれば，国内と外国の利子率の差によって為替レートが変動します。途上国の中には資本移動を制限している国もあり，そのような国では国内の利子率が変化しても為替レートは変動しません。

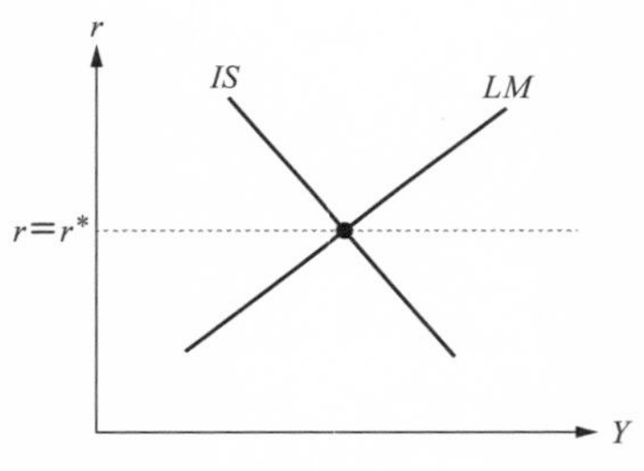

出発点として，$r=r^*$としておきましょう。本講で見ていくマンデル＝フレミングモデルには，小国，資本移動自由，$r=r^*$という3つの条件があります。$r=r^*$は水平の線で表されます。この線を国際収支線 BP ということもあります。

自国は小国であるため，財政政策や金融政策によって国内利子率 r が変化しても，外国利子率 r^* は変化しません。均衡点が一時的に $r=r^*$ から上下に離れることはあっても，IS 曲線や LM 曲線が内生的にシフトして，最終的には3つの線が交わって均衡します。

◆変動相場制下での経済政策

まずは，変動相場制を見ていきましょう。次ページの左図は政府支出 G を拡大させて IS 曲線を右シフトさせたケース，右図はマネーストック M を増加させて LM 曲線を右シフトさせたケースです。

左図から見てみましょう。C 点で政府支出を増やして IS 曲線を右シフトさせると，一時的に D 点に均衡点がシフトします（①）。D 点では国内利子率 r が外国利子率 r^* よりも高い $r>r^*$ になり，外国から資本が流入して為替レートは増価します（日本の場合は円高）。為替レートが増価すると輸出が減少するため，IS 曲線が左に内生的にシフトします（②）。内生的シフトは $r=r^*$ になるまで続き，最終的な均衡点は *C* 点になります。つまり，変動相場制下での財政政策は *GDP* を増やすことができずに無効となります。

❖ 変動相場制下の政策効果 ❖

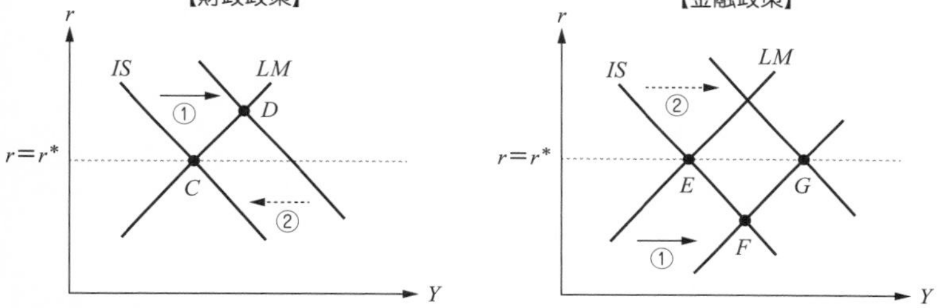

【財政政策】　【金融政策】

──→ は政策によるシフト，┈┈→ は内生的シフト

次に右図を見ましょう。*E* 点でマネーストックを増やして *LM* 曲線を右にシフトさせると，一時的な均衡点は *F* 点になります（①）。*F* 点では国内利子率 r が外国利子率 r^* よりも低い $r<r^*$ になり，外国へと資本が流出して為替レートは減価します（日本の場合は円安）。為替レートが減価すると輸出が増加するため，*IS* 曲線が右に内生的にシフトします（②）。内生的シフトは $r=r^*$ になるまで続き，最終的な均衡点は *G* 点になります。つまり，変動相場制下での金融政策は *GDP* を大きく増加させることができます。

◆固定相場制下での経済政策

次に固定相場制を見ていきましょう。固定相場制では，為替レートの変化を抑えるために介入をする必要があります。変動相場制と同じように，左図は政府支出 *G* を拡大させて *IS* 曲線を右シフトさせたケース，右図はマネーストック *M* を増加させて *LM* 曲線を右シフトさせたケースです。

左図から見てみましょう。*H* 点で政府支出を増やして *IS* 曲線を右シフトさせると，一時的に *I* 点に均衡点がシフトします（①）。*I* 点では国内利子率 r が外国利子率 r^* よりも高い $r>r^*$ になり，外国から資本が流入して為替レートは増価しようとします（日本の場合は円高）。為替レートの増価を避けるために円売り・ドル買い介入をするとマネーストックが増加するため，*LM* 曲線が右に内生的にシフトします（②）。内生的シフトは $r=r^*$ になるまで続き，最終的な均衡点は *J* 点になります。

つまり，固定相場制での財政政策は *GDP* を大きく増加させることができます。

❖ 固定相場制下の政策効果 ❖

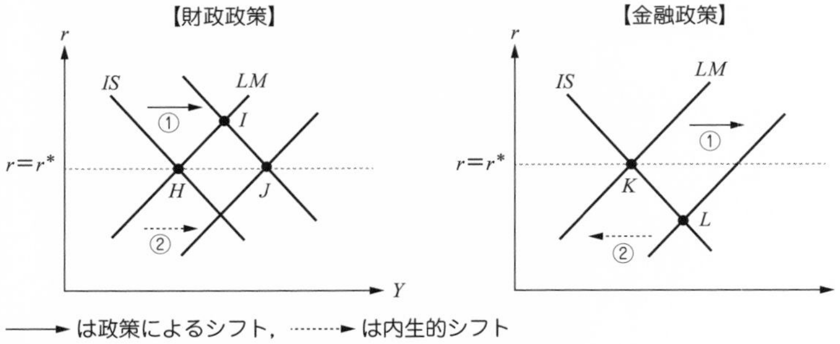

【財政政策】　【金融政策】

——▶ は政策によるシフト，·······▶ は内生的シフト

次に右図を見ましょう。*K* 点でマネーストックを増やして *LM* 曲線を右にシフトさせると，一時的な均衡点は *L* 点になります（①）。*L* 点では国内利子率 r が外国利子率 r^* よりも低い $r<r^*$ になり，外国へと資本が流出して為替レートは減価しようとします（日本の場合は円安）。為替レートの減価を避けるために円買い・ドル売り介入をするとマネーストックが減少するため，*LM* 曲線が左に内生的にシフトします（②）。内生的シフトは $r=r^*$ になるまで続き，最終的な均衡点は *K* 点になります。つまり，固定相場制下での金融政策は *GDP* を増加させることができずに無効となります。

これまでの 4 つのケースをまとめると以下のようになります。この表を暗記するのではなく，図の描き方をマスターしましょう。

❖ マンデル＝フレミングモデルでの経済政策の効果 ❖

	財政政策（G↑）	金融政策（M↑）	内生的シフト
固定相場制	有効	無効	*LM* 曲線
変動相場制	無効	有効	*IS* 曲線

マンデル＝フレミングモデルからいえることは，同じ政策であっても状況によって効果が異なるということです。財政政策は 1930 年代のアメリカではニューディール政策として効果を発揮しました。この時代は固定相場制の時代でした。現在でも財政政策による景気支援を主張する声は多くありますが，マンデル＝フレミングモデルを考慮すれば，日本のような変動相場制の国では財政政策には意味がないことになります。

Excersize 54

小国で資本移動が自由なケースでのマンデル＝フレミングモデルに関する以下の文章のうち正しいものはどれか。

1：固定相場制で拡張的財政政策を行うと，為替レートが増価して輸出が減少することで，拡張的財政政策の効果が相殺される。
2：変動相場制下で縮小的金融政策を行っても，為替レートが減価するだけで *GDP* は変化しない。
3：政府支出を削減させると為替レートが減価しようとするため，固定相場制を維持するためには自国通貨を買う介入が必要となる。
4：変動相場制下で減税を実施すると *GDP* を増やすことができる。

Anser 54

1：誤り。変動相場制の説明になっている。
2：誤り。縮小的金融政策はマネーストックを減らす政策であるため，*LM* 曲線が左シフトして利子率が上昇する。為替レートが増価することで *IS* 曲線が左シフトし，*GDP* は大きく減少する。
3：正しい。*IS* 曲線が左シフトして国内利子率が一時的に低下する。資本が流出して為替レートが減価するため，固定相場制を維持するためには自国通貨買い介入が必要になる。
4：誤り。変動相場制下では財政政策は無効になる。政府支出増加と減税はどちらも *IS* 曲線を右シフトさせる政策で同じ結果となる。

◆トリレンマ

本講では，資本移動が自由なケースを見てきました。為替レートを安定させる固定相場制では金融政策を自由に行うことができず，金融政策を行いたいのであれば為替レートの変動を認めなければなりません。為替レートを固定させつつ金融政策を自由に行うことはできないでしょうか。

閉鎖経済では両方達成させることができます。閉鎖経済にするということは，資本の自由な移動を認めないということです。資本移動の自由，金融政策の自由，為替レートの固定のうち1つはあきらめなければならないことを，**トリレンマ**といいます。「トリ」は3を表す言葉です。

❖ 開放経済におけるトリレンマ ❖

資本移動の自由	○	○	×
金融政策の自由	×	○	○
為替レートの固定	○	×	○
採用例	ユーロ地域	多くの先進国	途上国の一部

Excersize 55

以下の文章のうち正しいものはどれか。

1：経常収支のうち，第一次所得収支は家族からの送金などを記録したものである。
2：資本は利子率の低い国から高い国へと流れるため，利子率を引き上げる政策を行うと通貨が増価する。
3：固定相場制の国では金融政策が有効であり，変動相場制の国では財政政策が有効になる。
4：為替レートの変動を許すと *LM* 曲線が内生的にシフトし，それを阻止すると *IS* 曲線が内生的にシフトする。

Anser 55

1：誤り。第二次所得収支の説明になっている。
2：正しい。
3：誤り。どちらも無効になる。
4：誤り。*IS* 曲線と *LM* 曲線が逆。

政府の役割と経済政策

政府がどのような役割を果たすべきか，様々な議論があります。基本的には，古典派は政府の役割を最小限に抑えるべきであり，ケインズ派は積極的に介入すべきだとしています。ここでまとめておきましょう。また，経済政策がどの程度経済に影響を与えるのか，という点についてもまとめておきましょう。

1．政府の役割

◆経済面では3つの役割がある

政府は社会を安定させ，文化を発展させ，外交に携わっています。非常に幅広い業務を行っていますが，経済学における政府の役割は，**資源の再配分，所得の再分配，経済の安定化**の3つになります。

◆資源の再配分

資源の再配分は政府が特定の経済主体や産業などに資源を配分させる政策です。厚生経済学の第二定理では，政府がパレート最適な状態を創り出すことができるとされています（64ページ）。しかし，政府がパレート最適な状態を見つけ出すのは非常に難しいのも事実です。適切な税制やルールを通じて，社会をより好ましい状態にすることを目指すのが資源の再配分の機能だといえるでしょう。あとは市場が調整してくれます。第7講の排出権取引（93ページ）が一例です。

◆所得の再分配

所得の再分配は所得格差を是正するための政策です。所得格差の是正には**垂直的衡平**と**水平的衡平**があります[1]。垂直的衡平は所得の高い人と低い人の間で調整を図るもので，所得が高いほど税を多く負担する累進税性と生活保護などの支援を行う公的扶助が用いられます。水平的衡平は働いているときと働けないときの調整を

1 「衡平」は量が等しいという意味です。「公平」には社会的に正しいという意味もありますので，本書では使用を避けます。

❖ 垂直的衡平と水平的衡平 ❖

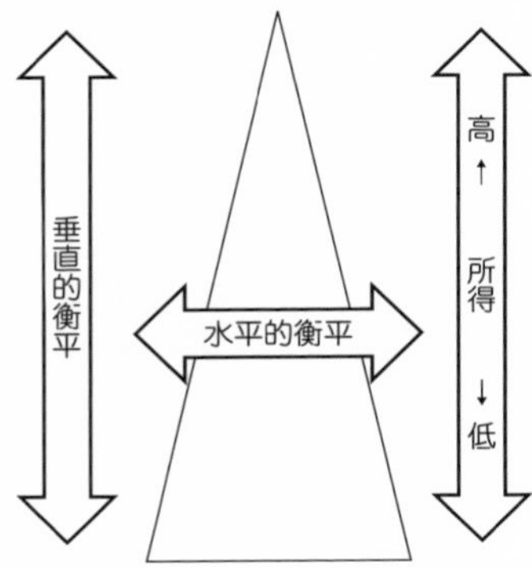

行うもので，雇用保険などの社会保険が用いられます。

垂直的衡平は所得や資産の格差の是正によって達成されます。所得格差を計る指標に**ジニ係数**があります。ジニ係数が大きいほど所得格差が大きいことを表しており，所得格差が全くない社会ではジニ係数はゼロ，極めて格差が大きい社会では1になります。

ジニ係数は**ローレンツ曲線**から求めることができます。図のように人々を所得の低い方から高い方に並べます。一番左は最も所得の低い人（世帯），一番右は最も所得の高い人（世帯）になります。縦軸は累積の所得を表しています。*A* 点は所得の低い方から80％の人たちの所得を全て合わせても経済全体の30％にしかならないことを表しています。所得の高い残りの20％の人が，国内の所得の70％を占めています。これはかなり不平等だといえます。このようにして何％の人が何％の所得を得ているのかを線で表したものがローレンツ曲線です。

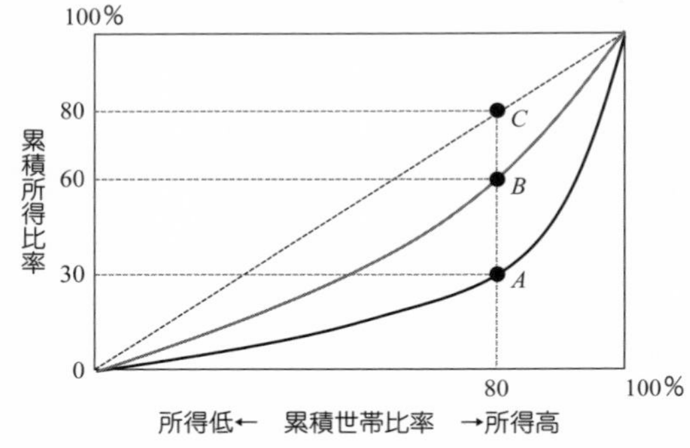

❖ ジニ係数は面積で表される ❖

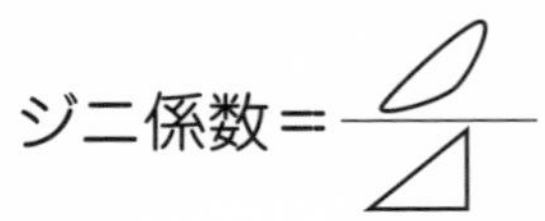

*B*点では，80％の人が60％の所得を得ており，*A*点よりも平等に近づいています。最も平等なのは*C*点で，80％の人が80％の所得を得ており完全に平等になっています。グラフの対角線を結んだ線を完全平等線といいます。

ジニ係数は，ローレンツ曲線と完全平等線で囲まれる面積によって決まり，グラフの下半分の三角形の面積との割合として表されます。*A*点のローレンツ曲線は*B*点のローレンツ曲線よりも囲まれる面積が大きくなるため，ジニ係数も大きくなります。

◆経済安定化

経済の安定化は景気の波を小さくする役割です。景気の山で*GDP*を抑制する手段を取り，景気の谷で*GDP*が増えるような手段を取ります。政府には，税制や社会保険を使って自動的に波を小さくする方法と財政政策や金融政策でそのつど調整する方法があります。そのつど調整する方法は**裁量的政策**ともいいますが，第12講の*IS–LM*モデルで政策の効果を見てきました。ここでは，自動的に波を小さくする方法を見ていきましょう。

❖ 経済の安定化 ❖

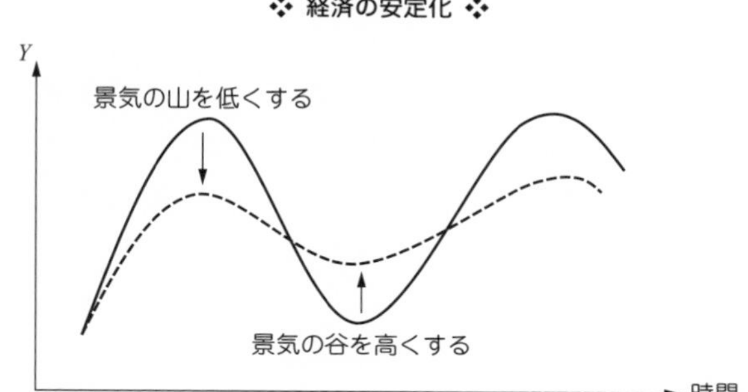

好況期には人々の所得が増加して可処分所得も増加します。消費が増加して*GDP*をさらに押し上げます。行き過ぎた好況を防ぐためには，可処分所得の増加を抑える必要があります。一方，不況期には可処分所得が減少して消費が減少し，*GDP*をさらに押し下げます。行き過ぎた不況を防ぐためには，可処分所得を増加させる必要があります。

可処分所得は所得から税負担を引いたものです[2]。所得は政府がコントロールで

2　税負担には，年金などの社会保障や雇用保険などの社会保険の負担も含まれます。

きませんが，税負担はコントロールできます。そこで，累進課税と公的扶助を組み合わせます。累進課税は所得が増えれば増えるほど税負担が増える仕組みで，好況期の可処分所得を抑えます。不況期には所得が減るため税負担も減り，可処分所得の減少を和らげます。公的扶助は生活保護のような仕組みを導入することで，不況期に所得がなくなった人の生活を支援し，経済全体の消費の落ち込みを緩和します。このような仕組みは制度を整えるだけで自動的に景気の波を小さくすることから，**自動安定化装置**，または**ビルトインスタビライザー**と呼ばれます。

◆政策のラグ

本書では，財政政策や金融政策を行うと，すぐに*GDP*，利子率，物価，失業率などが変化します。しかし，現実の経済では政策の効果が出るまでに遅れが生じます。この遅れのことを**ラグ**といいます。

ラグにはいくつか種類があります。不況期が訪れたことを知るまでのラグを認識ラグといいます。2四半期連続で*GDP*が減少すると景気後退（リセッション）に入ったとみなされます。つまり，景気が悪化してから少なくとも半年は景気悪化に気づかないことになります。

必要な対策を決めるまでのラグを行動ラグといいます。例えば日本では，政府支出を増やすためには，政府支出をどの分野で増やすのか計画を閣議決定して，国会で承認する作業が入ります。衆議院を通過しても参議院で否決されれば，再び衆議院で審議する必要があり，非常に時間がかかります。金融政策の場合，9人の審議委員の多数決で政策を決定できるため，素早く決断できます。

❖ ラグと政策 ❖

財政政策	認識ラグ	行動ラグ	効果ラグ
金融政策	認識ラグ	行動ラグ	効果ラグ

最後が効果ラグです。政府支出を増やして公共事業を行うと，工事の進捗に合わせて支払いが行われ，物資の購入や賃金の支払いなどが発生します。*GDP*への影響は比較的早く現れます。金融政策の場合，マネーストックの増加が利子率を引き下げますが，利子率の引き下げを見た企業が設備投資を増やすまでには時間がかかります。投資計画を作成し，銀行と交渉し，業者を選定し，工事契約を結ぶなどのプロセスが入るためです。

これらのラグのうち，認識ラグは財政政策と金融政策で等しいとしておきます。しかし，行動ラグは財政政策の方が金融政策よりも長く，効果ラグは金融政策の方が財政政策よりも長くなります。しかも，ラグはその時々で長さが変わるため，政策の効果がいつ経済に浸透するのか予測が非常に難しいといえます。

ラグを考えると，不況が深刻になる前に対策を打つべきで，これをカウンターシクリカルといいます。シクリカルとは景気のサイクルのことを指します。しかし，認識ラグがあるため対策は遅れがちになります。対策を講じて効果が出るころには不況は終わっていて，経済対策が次の好況期にバブルを発生させるかもしれません。これをプロシクリカルといいます。

Excersize 56

以下の文章のうち正しいものはどれか。

1：二酸化炭素の排出を抑制するために税を課すことは所得の再分配政策である。
2：ジニ係数が小さければ小さいほど所得格差も小さくなる。
3：ローレンツ曲線が完全平等線から遠くなればなるほど所得格差は小さくなる。
4：不況期に積極的に公共事業を行うことを自動安定化装置という。

Anser 56

1：誤り。資源の再配分政策である。
2：正しい。ただし，ジニ係数の下限は 0。
3：誤り。所得格差は大きくなる。
4：誤り。累進課税のような制度を整えることをいう。

2. 財政政策と金融政策の効果

◆ *IS–LM* では乗数が使えない

156 ページの **Excersize 43** では，限界消費性向が 0.8 であるときに政府支出を 40 増やすと *GDP* が 100 増えました。政府支出乗数は $\frac{1}{1-0.8}=\frac{1}{0.2}=5$ になるため，*GDP* は 200 増えそうに思えます。しかし，*IS–LM* モデルでは**クラウディングアウト**が発生するために，乗数を使うことができません。

図の A 点で経済が均衡しているときに，拡張的財政政策で IS 曲線を右シフトさせます。乗数効果が発揮されれば，均衡点は B 点にシフトして GDP は Y_A から Y_B に増えます。しかし，LM 曲線があるために利子率が上昇して均衡点は B 点ではなく C 点にシフトします。その結果，GDP は Y_A から Y_C に増えます。B 点と C 点の差額である Y_B-Y_C の分だけ政府支出の効果が小さくなっており，これをクラウディングアウトといいます。

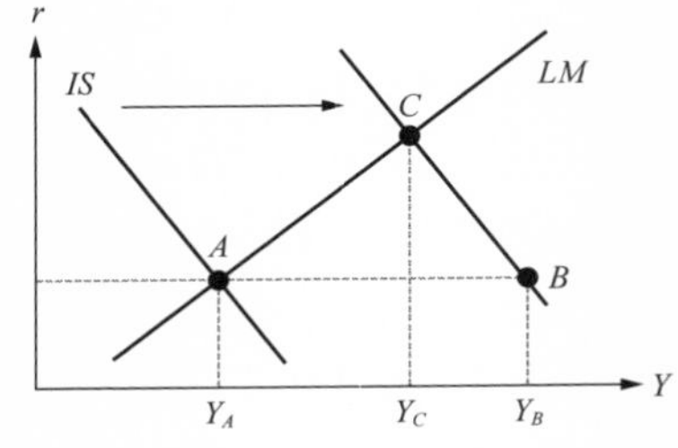

クラウディングアウトは，もともとは政府が国債を発行することで民間投資が減る効果を指しています。家計や銀行などの民間経済主体が国債を購入すると，企業が借りられる資金の一部が政府に流れたことになります。そのため，少なくなった資金を巡って競争が生じて利子率が上昇します。利子率が上昇した分だけ民間投資が減少し，政府支出増加の効果を相殺します。

国債を日本銀行に売りつけるとクラウディングアウトは発生しません。これを**国債の日銀引き受け**といいます。国債発行額の分だけ日本銀行が新たに通貨を発行するため，マネーストックが増えて LM 曲線が右シフトし，利子率が上昇しません。国債の日銀引き受けは財政規律を失わせる政策であり，財政法で禁止されています。しかし，日本では，政府が発行した国債を銀行が買い取り，すぐに日本銀行に転売するという事実上の日銀引き受けが行われています。

Excersize 57

マクロモデルが以下のとき，政府支出を 100 増加させるとクラウディングアウトはどれくらい発生するか．ただし，物価は考えない．

$$Y=C+I+G$$
$$C=0.6Y+200$$
$$I=300-40r$$
$$L=0.8Y+150-20r$$
$$M=L$$

Anser 57

・乗数効果による *GDP* 増加分を計算する

政府支出乗数は，$\frac{1}{1-0.6}=\frac{1}{0.4}=\frac{10}{4}=2.5$ であるため，$\Delta Y=2.5\times 100=250$

・*IS–LM* モデルから *GDP* 増加分を計算する

IS 曲線：$Y=0.6Y+200+300-40r+G=0.6Y+500-40r+G$ → $0.4Y=500-40r+G$
→ $0.4\Delta Y=-40\Delta r+\Delta G$

LM 曲線：$M=0.8Y+150-20r$ → $0=0.8\Delta Y-20\Delta r$ → $-20\Delta r=-0.8\Delta Y$ →
両辺を 2 倍する → $-40\Delta r=-1.6\Delta Y$

LM 曲線を *IS* 曲線に代入すると，$0.4\Delta Y=-40\Delta r+\Delta G$ → $0.4\Delta Y=-1.6\Delta Y+\Delta G$
→ $2\Delta Y=\Delta G$

$\Delta G=100$ を代入すると，$2\Delta Y=\Delta G=100$ → $\Delta Y=50$

よってクラウディングアウトは，$250-50=200$

◆金融政策が無効になるとき

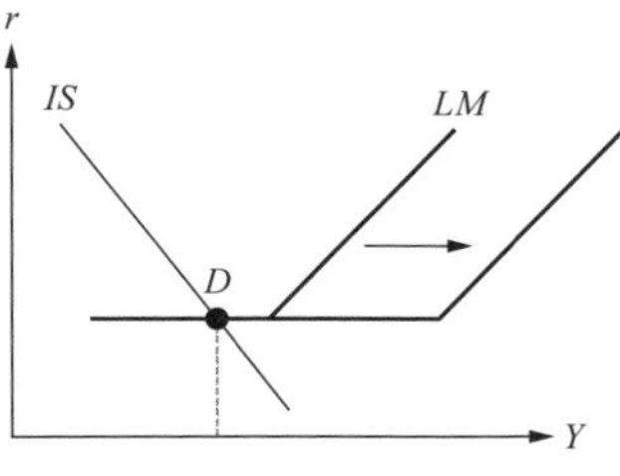

利子率が非常に低く，流動性のわなが発生している状況を考えましょう。図の *D* 点のように，*LM* 曲線が水平になっている部分で経済が均衡しているとき，金融緩和をしても *GDP* は増えません。中央銀行がマネーストックを増やしても利子率が下がらず，投資が増えないためです。なお，流動性のわなの状況での財政政策は有効で，クラウディングアウトが発生しません。

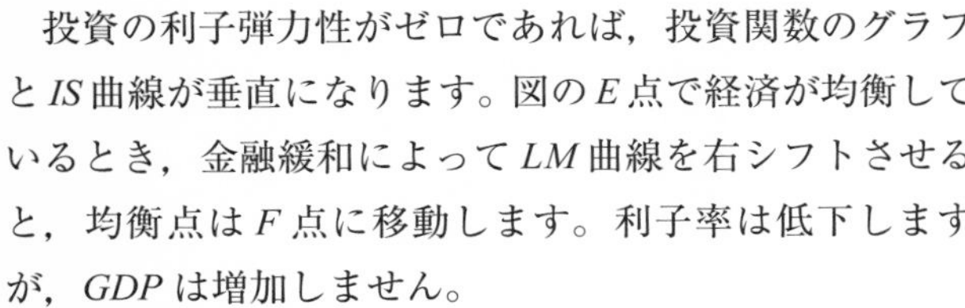

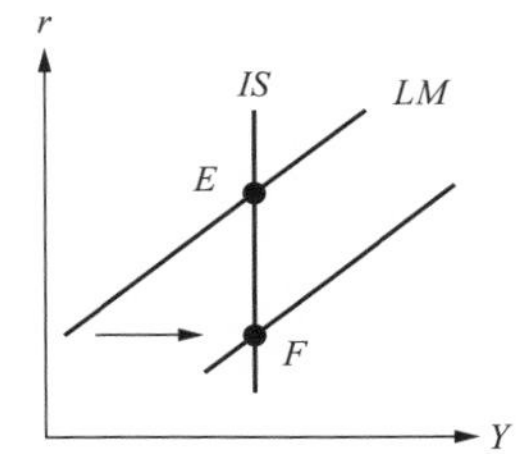

投資の利子弾力性がゼロであれば，投資関数のグラフと *IS* 曲線が垂直になります。図の *E* 点で経済が均衡しているとき，金融緩和によって *LM* 曲線を右シフトさせると，均衡点は *F* 点に移動します。利子率は低下しますが，*GDP* は増加しません。

投資の利子弾力性がゼロになる原因の 1 つが，非常に悲観的な企業の先行き見通しです。たとえ利子率が低くて簡単に資金が借りられたとしても，自社製品が売れないと予想すれば投資に踏み切れません。

3. 古典派とケインズ派の違い

◆争点は大きく２つ

本書では，ここまで古典派とケインズ派の違いについて見てきました。両派には以下のような違いがありました。下の２行はこれから解説します。

	古典派	ケインズ派
通貨需要関数	$L=L_1(Y)$	$L=L_1(Y)+L_2(r)$
労働供給曲線	右上がり	水平部分を持つ（賃金の下方硬直性）
非自発的失業	存在しない	通常は存在する
総供給曲線	垂直	右上がり
フィリップス曲線	マネタリスト：短期右下がり，長期垂直 合理的期待形成学派：垂直	右下がり
自然成長率	労働人口増加率	労働人口増加率＋技術進歩率
均斉成長	常に成立する	通常は成立しない
資本係数	伸縮的	固定的
市場メカニズム	速やかに発揮される	非常に時間がかかる
貯蓄関数	利子率の増加関数：$S=S(r)$	GDP の増加関数：$S=S(Y)$

様々な違いがありますが，市場での価格調整のスピードと通貨市場の役割の２つが主な争点です。古典派は，市場では需要曲線と供給曲線の交点で価格が決まり，どちらかの曲線がシフトすれば価格もすぐに変化すると考えています。これが市場メカニズムです。一方，ケインズ派は，価格には硬直性があり素早く調整しないため，政府が積極的に市場に介入すべきだと考えています。

❖ 市場メカニズムについての見方が異なる ❖

【古典派】

市場は価格は
素早く調整する

【ケインズ派】

市場価格の調整
は時間がかかる

◆古典派では財市場だけで利子率が決まる

次に通貨市場の役割を考えましょう。ケインズ派は財市場の *IS* 曲線と通貨市場の *LM* 曲線が両方とも均衡する点で利子率が決まるとしました。ケインズ派にとっては通貨市場は *GDP* や失業率にもかかわる市場です。

古典派は古典派の二分法を主張し，通貨市場は物価を決める市場だとしています。*GDP* や失業などの実体経済は財市場で決まります。

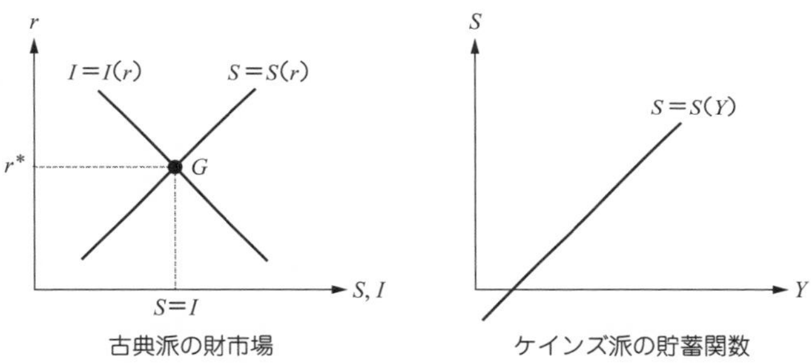

古典派の財市場　　ケインズ派の貯蓄関数

投資関数については，古典派もケインズ派も利子率の減少関数でグラフは右下がりです。違いは貯蓄関数にあります。ケインズ派では貯蓄は国民所得の増加関数でした（右図）。基礎消費の分だけグラフはマイナスから始まっています。一方で，古典派は貯蓄は利子率の増加関数で右上がりのグラフだと考えます。投資関数と貯蓄関数が交わる *G* 点で貯蓄と投資が一致し，均衡利子率が決まります。

古典派の貯蓄関数をもう少し見てみましょう。第 2 講では消費者は予算をすべて使い切りましたが，現実には将来のために貯蓄したり，住宅ローンを借金したりします。利子率が低ければ借金をしやすくなり，貯蓄にはマイナスの影響を与えます。利子率が高ければ借金を控えて，将来のために貯蓄しようと考える人が増えます。私たちは今だけでなく将来も考えて消費計画を立てます。このようなモデルを**異時点間の消費計画**といいますが，利子率が重要な役割を果たします。

◆政府支出は本当に *GDP* を増やすのか

ケインズ派の *IS–LM* モデルでは，政府支出を増やすと *GDP* が増えました。財源を租税ではなく国債発行にすると効果が大きくなります。しかし，古典派のリカードはそのような効果はないと主張しました。20 世紀のバローはリカードの主張を現代風にアレンジしたことから，**バロー＝リカードの中立命題**（中立命題）といいます。バローは合理的期待形成学派としてフィリップス曲線の項目で登場しました。

国債は政府の借金です。借金はいつかは返済しなければならず，返済の原資は税金になります。人々は政府が現在時点で借金すれば，将来時点で増税が行われることを予想します。そのため，将来に向けて今から貯蓄をして備えようとします。貿易を除くと *GDP* は $Y=C+I+G$ ですが，政府支出 G を増やしても消費 C が減ってしまえば *GDP* を増やす効果がありません。つまり，国債を発行して政府支出を増やしても，経済には影響を与えない，中立だというわけです。

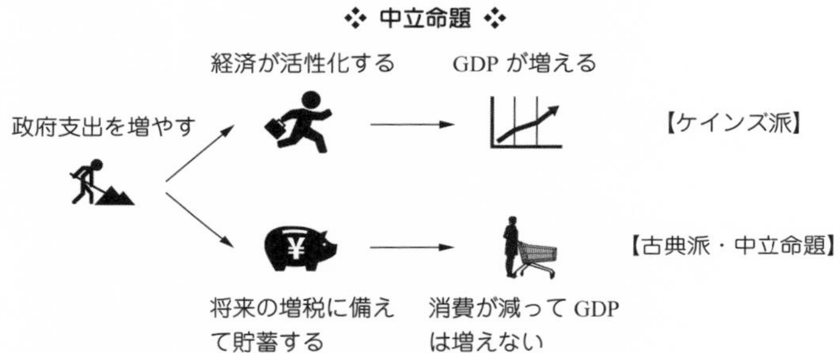

ケインズはいつでも国債を発行していいと主張したわけではありません。不況期のときに国債を発行して政府が需要を創り出し，好況期になれば税収が増えるのでそのお金で国債の借金を返せばいいと考えていました。多くの国では，借金をするかどうか，政府支出の規模をどうするのかは，政治家が決めます。政治家にとっては選挙に当選することが第一目標であり，人気のない財政構造改革を嫌います。ブキャナンとワグナーは，民主主義の国では政治家は財政赤字を減らす努力をしないという，**ブキャナン＝ワグナーの批判**を主張し，財政赤字が出ないようなルールを設定すべきと主張しました。ドイツが採用している財政ブレーキという仕組みは，財政赤字を出さないように法で政府を縛っています。

◆期待と情報

「政府が人々の期待と行動の変化を考慮して経済政策を決める必要がある」ことを**ルーカス批判**といいます。経済学では，過去のデータをもとにしてモデルを作り，政策の効果を予想します。しかし，人々は政策の効果を予想して行動を変えるため，予想された政策の効果が出なくなります。バロー＝リカードの中立命題はその一例で，政府が国債を発行すると，人々は将来に不安を覚えて消費を減らしてしまいます。

政府は裁量的に政策を行うべきか，ルールに基づいて政策を行うべきか，という問題に対して，キッドランドとプレスコットは裁量よりもルールの方が優れているという研究を発表しました。それよりも前の時代には，フリードマンが ***k*% ルール**を提唱しています。マネーストックを金融政策で裁量的に増減させるのではなく，マーシャルの *k* の変動に合わせてコントロールすべきだという考え方です。

IS–LM モデルでは金融政策を行うと *LM* 曲線がシフトして *GDP* や利子率を変化させました。しかし，金融政策には投資を直接的に増加させる力はなく，家計や企業が将来の見通し，つまり期待を好転させることで経済に影響を与えます。期待をコントロールするためには，中央銀行が人々から**信認**を得ていなければなりません。信認とは信頼されていることですが，中央銀行が発する情報が正しくて信頼できると人々が考えることが必要です。達成不可能な目標を掲げたり，頻繁に目標を修正したりすれば，人々は中央銀行を信頼しなくなります。

確率を使った期待は金融分野やゲーム理論で幅広く使われています。数式を数十本使ったマクロモデルにも期待が使われています。政策の効果を予見する際にも期待を無視することはできません。経済学では期待は非常に重要です。どのようにして人々が予想をするのか，心理学的なアプローチも欠かせず，行動経済学の重要性にもつながっています。

Excersize 58

以下の文章のうち正しいものはどれか。

1：流動性のわなが生じているときには，財政政策が無効となる。
2：過去のデータを活用して政策効果を予見すべきことをルーカス批判という。
3：古典派の貯蓄関数は国民所得の増加関数だが，ケインズ派は利子率の増加関数となる。
4：国債発行による政府支出は，人々の期待を考慮すると無効になる。

Anser 58

1：誤り。金融政策が無効となる。財政政策は乗数効果が発揮される。
2：誤り。政策によって過去のデータが使えなくなることをいう。
3：誤り。古典派とケインズ派が逆。
4：正しい。バロー＝リカードの中立命題の説明。

経済学は有用か

大学での単位取得や受験のためには，第 17 講までの内容をマスターする必要がありますが，ここではミクロ経済学やマクロ経済学の問題点を探ってみましょう。第 18 講の内容は，あくまでも著者の考えです。

◆人々は合理的ではない

経済学では経済主体は合理的に行動すると仮定しています。それは，計算が簡単になるからです。しかし，人間は合理的ではありません。リスクを顧みず強気になったり，パニックに陥ったり，先入観で判断したりします。また，常に自己の利益の最大化を考えているわけではなく，他者の利益になる選択をすることもあります。そもそも人間は気まぐれです[1]。きちんと計算したうえで的確な判断を下すという経済学の前提は成り立ちません。

❖ 人間は合理的ではない ❖

パニックに陥る

他者の利益を図る

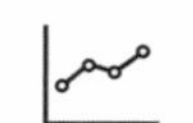

過去のパターンに依存

先入観や直感で判断

◆環境を考慮する必要性

経済学はもともと資源が希少であることを前提としています。限りある資源を有効に使うために，資源の最適な配分が不可欠です。完全競争市場は最も効率的な市場で，税制などで市場を歪めると死荷重が発生します。

しかし，経済学では生産や流通などの過程で生じる環境負荷，消費後の廃棄などが考慮されていません。経済活動の結果，化石燃料の消費，温室効果ガスの排出，

1　大脳生理学では神経細胞の発火にあいまいさがあることが分かっています。

水資源などの乱用，ごみの廃棄・処理などで環境に負荷をかけています。特に魚などの海洋生物資源は枯渇が現実味を帯びてきており，今後も漁業や食品加工業が成り立つのか危惧されています。海洋にはプラスチックなどのごみも流出しており，海洋の汚染が人間の健康にも影響を与えるのではないかと危惧されています。

化石燃料の消費による気候変動問題は，自然災害などの形で経済的な損失を発生させるだけでなく，金融市場では *ESG* 投資[2] による化石燃料関連企業の選別が進んでいます。たとえ，石炭火力発電の資本の限界効率が高かったとしても，銀行や投資家は資金を貸してくれない状況が生まれています。

私たちの生活に身近な問題としては，ペットボトルの水があります。日本の多くの場所では水道水が安全に飲めますが，ペットボトルの水が流通しています。生産や流通の過程で温室効果ガスが排出されるフットプリントの問題だけでなく，使用済みのペットボトルも環境を汚染します。日本ではペットボトルの回収率は高いですが，大部分が東南アジアなどに輸出されていました。中国や東南アジアは先進国からのプラスチックごみの輸入を禁止し始めており，日本国内でペットボトルなどのプラスチックごみが行き場を失って溜まり始めています。

環境経済学は経済活動と環境の関係を扱いますが，基礎的な経済理論の分野でも，生産物の廃棄までを考えた経済モデルの必要性が高まっています。

❖ 経済活動は環境への負荷を生む ❖

生産活動での環境負荷

化石燃料の消費

海洋生物資源の枯渇

廃棄物の処理

◆資金は誰が使っても同じなのか

経済学では，投資乗数と政府支出乗数は同じ値になります。しかし，実際には政府部門よりも民間部門の方が効率よく資金を使うことができることが知られており，多くの国で国営企業の民営化が進められています。

IS–LM モデルでは，政府支出はクラウディングアウトを発生させますが，それで

2　環境，社会，企業統治への取り組みを促す投資。多くの投資ファンドが *ESG* 投資の考え方を取り入れています。

も，政府支出の増加は*GDP*を増やすというのが結論です。しかし，政府支出の効果が過大評価されているかもしれません。マクロ経済学では，政府支出の使い道については考えていないからです。政府支出の使い道は政治的に決められるため，建物などその後の活用が見込めないものにも支出されることがあります。国債を発行せずに民間に資金を使わせた方が経済に役立ちます。

◆金融緩和には効果があるのか

金融緩和はマネーストックを増やして*LM*曲線を右にシフトさせます。利子率が低下することで，企業の設備投資が増加して*GDP*を増やします。日本やヨーロッパでは**マイナス金利政策**が採られており，利子率がゼロを下回っています。このような政策の背景には，投資関数が利子率の減少関数だということがあります。利子率が下がれば下がるほど投資が増えます。

マクロ経済学では，利子率がマイナス2%のとき，収益率（資本の限界効率）がマイナス1%の投資を実施します。しかし，現実の企業は収益率が低い投資を実施しません。特に株式を上場している企業は，株主から資本効率[3]の向上を求められており，利子率との比較だけでは投資に踏み切りません。

❖ 収益率が低すぎる投資は実施されない ❖

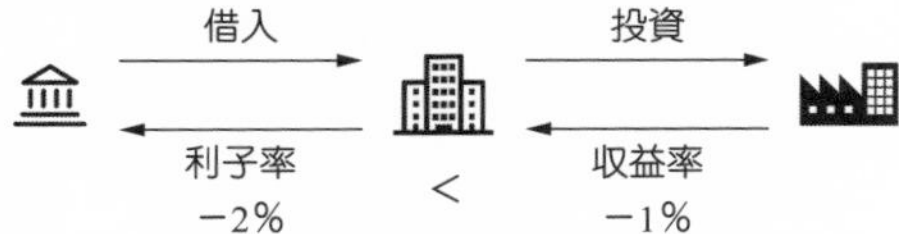

超低金利には企業の設備投資が増えないという問題の他に，住宅ローンが増えるという問題もあります。住宅ローンは利子率が下がれば下がるほど増える傾向にあり，貯蓄や所得の低い人も借金をするようになります。所得の低い人が無理をして住宅ローンを借りると，景気の悪化などで返済できなくなるリスクが高まります。2008年のリーマンショックでも住宅ローンは経済に大きな影響を与えました。過度な金融緩和は経済を不安定化させる要因になっています。

◆人口の増加は経済成長につながるか

成長会計では，労働人口が増えると経済成長率も高まりました。しかし，そのた

3　*ROE*（株主資本利益率）や*ROIC*（投下資本利益率）などの指標が重視されており，超低金利の環境下でも一定以上の収益率が求められています。

めには増えた人口が雇用されて十分な収入を得る必要があります。2010 年代には AI（人工知能）や PC 上のロボットである RPA（ロボティックプロセスオートメーション）などが幅広く導入され，人間が行う業務が減りつつあります。プログラミングなどの分野では新しい仕事も増えていますが，総合的に見ると仕事の数は減ると考えられています。そのような状況で人口を増やす政策は，失業者や無業者を増やして財政に負担を与えるだけかもしれません。

ヨーロッパでは，2010 年代に 15–45 歳の人口減少を上回る勢いで雇用数が減少しています。男性の方が女性よりも厳しい状況にあり，大卒の賃金の伸びもインフレ率を下回っています。雇用を大量に生み出す新しい産業が生まれない限り，人口増加政策は経済に負担になるだけです。

◆ *GDP* を追い求める政策の意義

GDP はたった 1 つの数字で経済を俯瞰できる便利な数値ですが，政策目標にするべきかは疑問の余地があります。2010 年代には，*GDP* が増加したものの市民の生活が改善せず，世界各地で政府を批判するデモが発生しました。

また，*GDP* を巡るマクロ経済学の理論の多くは短期の視点のものであり，長期的な視点に欠けています。2020年にはコロナウイルスの世界的な流行で経済活動が停滞し，各国政府は経済対策を講じました。しかしそのほとんどは目の前の問題に対処するだけであり，デジタル化の推進などの長期的な対策が見られませんでした。大幅に減少した *GDP* を政策で補おうとしたためです。目先の *GDP* の数字に注視しすぎると，近視眼的な発想しか生まれません。災害などが発生すれば *GDP* が下がるのは当然のことであり，数値を取り繕うことには意味がありません。経済や社会にとって何が必要なのか，という発想で経済政策を考える必要があり，短期的な *GDP* への配慮は不要なはずです。

経済学は完成された学問ではありません。現実の経済と経済学の理論のギャップを埋める新しい考え方が生まれ，理論が修正されていきます。経済学は私たちの社会を理解するための重要なツールですが，万能ではないということを知った上で使う必要があります。

演習問題

〈問 題〉

1．公式集：公式や計算結果を書き込む

需要の価格弾力性：

供給曲線 $p=20+80x$ に従量税 t が課された式：

$U=3x^2-4xy+y^2$ の限界代替率：

予算制約式：

効用最大化条件：

需要の所得弾力性：

$Y=AK^{\frac{1}{3}}L^{\frac{2}{3}}$ の労働の限界生産力：

費用最小化条件：

$TC=2Y^3-6Y^2+Y+500$ の限界費用と平均費用：

完全競争企業の利潤最大化条件：

パレート最適条件：

独占企業の利潤最大化条件：

$P=100-X$ の市場が 2 企業で複占されているときの需要曲線：$P=$

$P=100-X$ の市場が 9 企業で占められているときの限界収入：$MR_i=$

差別価格の条件：

平均費用価格形成の条件：

限界費用価格形成の条件：

売上高最大化条件：

公共財最適供給条件：

$U=x^{0.5}$ で確率 P_1 で x が 36，確率 P_2 で x が 64 のときの期待効用：

分配面の国民所得の式：$GDP=$

需要面（支出面）の国民所得の式：

供給面の国民所得の式：

IS バランス式：

現在割引価値（将来価値 A，利子率 r）：

投資の利子弾力性：

フィッシャー式：$r=$

政府支出乗数（貿易なし）：

租税乗数（貿易なし）：

政府支出乗数（比例税，貿易なし）：

信用乗数：$m=$

通貨乗数：$m=$

通貨市場の均衡式（ケインズ派）：

通貨市場の均衡式（古典派）：

古典派の第一公準：

保証成長率：

自然成長率（ハロッド＝ドーマー）：

1 人当たり資本変化量（ソローモデル）：$\Delta k=$

成長会計による経済成長率：$y=$

金利平価説による将来の為替レート：$f=$

購買力平価説による為替レート：$e=$

2. マクロ経済学の関数

消費関数は国民所得の増加関数であるため，以下のように記入する。

	C
説明変数	Y
増減	＋

◆ IS–LM モデル，AD–AS モデル

	C	S	I	L_1	L_2	N^D	N^S（古典派）	S（古典派）
説明変数								
増減								

◆マンデル＝フレミングモデル

	X	M	e
説明変数			
増減			

3. グラフ：縦軸や横軸の変数も記入する

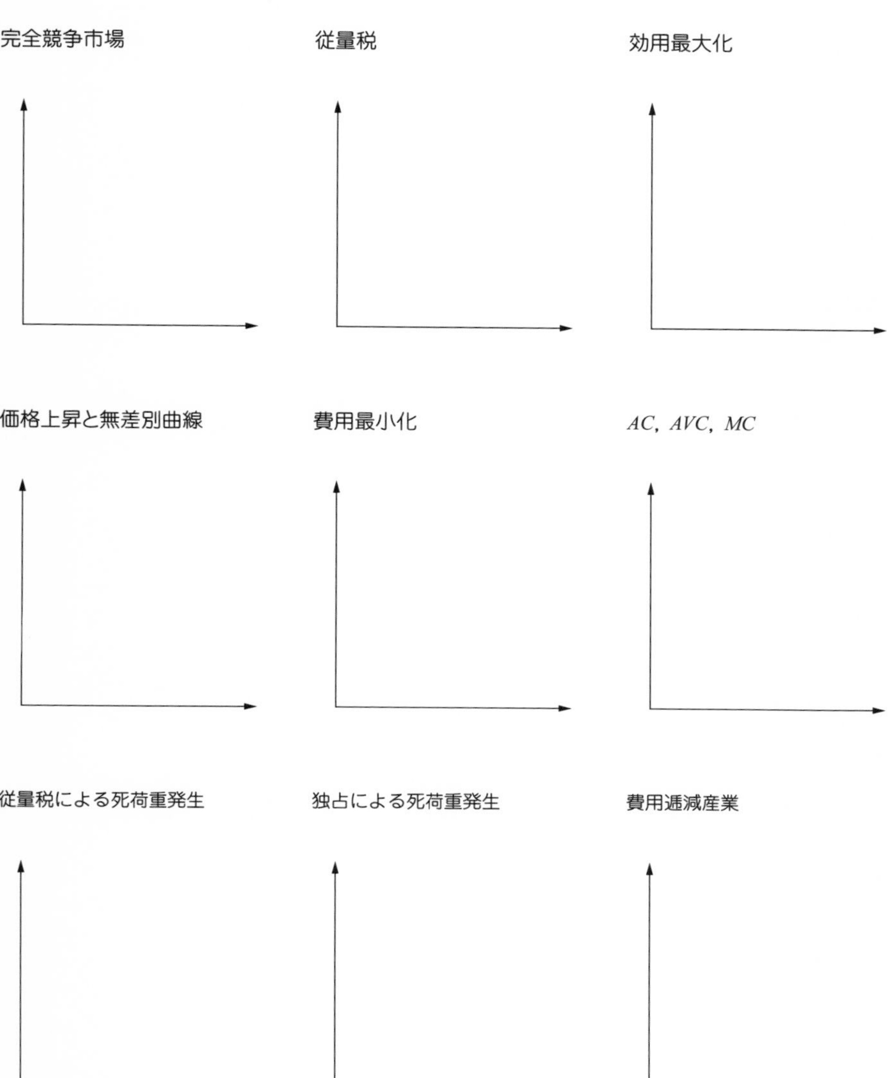

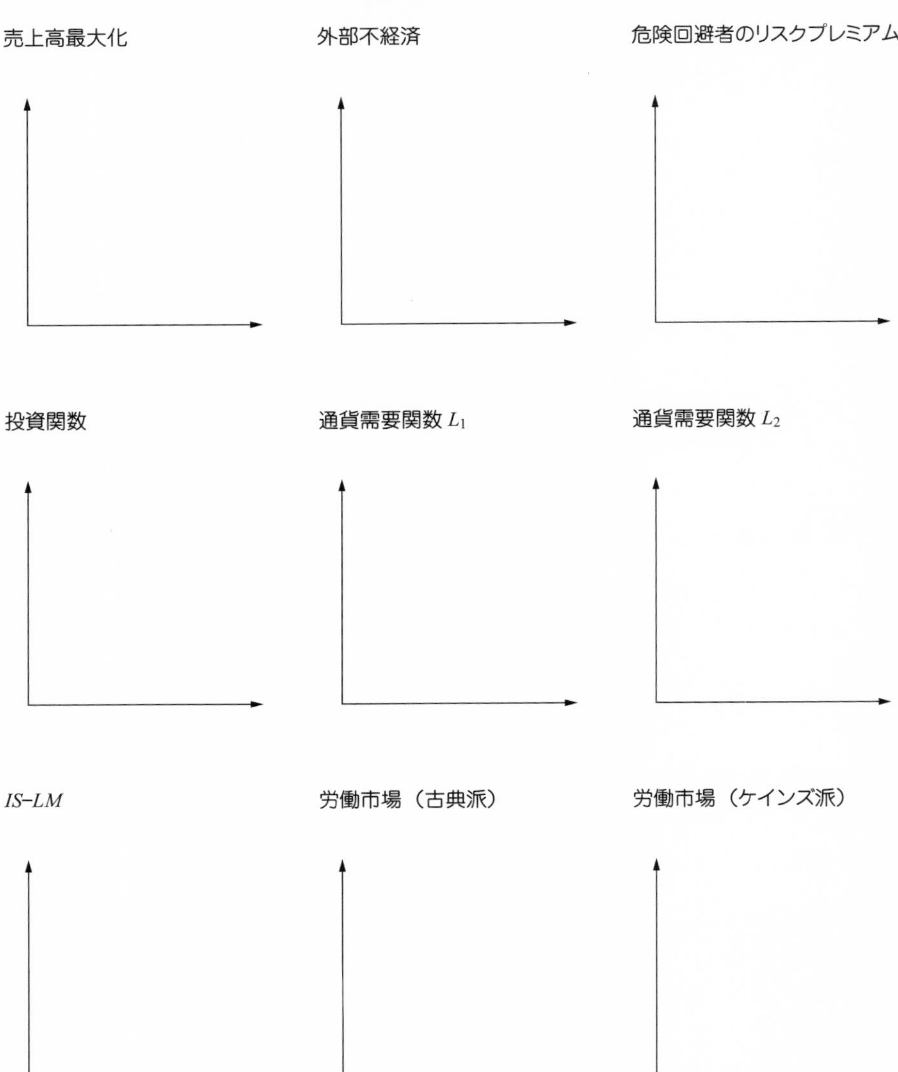
売上高最大化
外部不経済
危険回避者のリスクプレミアム
投資関数
通貨需要関数 L_1
通貨需要関数 L_2
IS–LM
労働市場（古典派）
労働市場（ケインズ派）

AD–*AS*（古典派）

AD–*AS*（ケインズ派）

フィリップス曲線（マネタリスト）

フィリップス曲線
（合理的期待形成学派）

ソローモデル

マンデル=フレミングモデル

クラウディングアウト

流動性のわな

古典派の財市場

〈解 答〉

1．公式集

需要の価格弾力性：$\varepsilon_d = -\dfrac{dx}{dp} \cdot \dfrac{p}{x}$

供給曲線 $p = 20 + 80x$ に従量税 t が課された式：$p = 20 + t + 80x$

$U = 3x^2 - 4xy + y^2$ の限界代替率：$MRS = \dfrac{MU_x}{MU_y} = \dfrac{6x - 4y}{-4x + 2y} = \dfrac{3x - 2y}{-2x + y}$

予算制約式：$p_x x + p_y y = I$

効用最大化条件：$\dfrac{MU_x}{MU_y} = \dfrac{p_x}{p_y}$

需要の所得弾力性：$\eta = \dfrac{dx}{dI} \cdot \dfrac{I}{x}$

$Y = AK^{\frac{1}{3}} L^{\frac{2}{3}}$ の労働の限界生産力：$MP_L = \dfrac{dY}{dL} = \dfrac{d\left(AK^{\frac{1}{3}} L^{\frac{2}{3}}\right)}{dL} = \dfrac{2}{3} AK^{\frac{1}{3}} L^{-\frac{1}{3}}$

費用最小化条件：$\dfrac{MP_K}{MP_L} = \dfrac{r}{w}$

$TC = 2Y^3 - 6Y^2 + Y + 500$ の限界費用と平均費用：

$$MC = 6Y^2 - 12Y + 1,\quad AC = 2Y^2 - 6Y + 1 + \frac{500}{Y}$$

完全競争企業の利潤最大化条件：$p = MC$

パレート最適条件：$MRS_A = MRS_B$

独占企業の利潤最大化条件：$MR = MC$

$P = 100 - X$ の市場が 2 企業で複占されているときの需要曲線：$P = 100 - (x_1 + x_2)$

$P = 100 - X$ の市場が 9 企業で占められているときの限界収入：$MR_i = 100 - 10x_i$

差別価格の条件：$MR_1 = MR_2 = MC$

平均費用価格形成の条件：$D = AC$

限界費用価格形成の条件：$D = MC$　$(D = S)$

売上高最大化条件：$MR = 0$

公共財最適供給条件：$SMB = MC$

$U = x^{0.5}$ で確率 P_1 で x が 36，確率 P_2 で x が 64 のときの期待効用：

$$E(U) = P_1 \times \sqrt{36} + P_2 \times \sqrt{64} = 6P_1 + 8P_2$$

分配面の国民所得の式：

$GDP =$（雇用者報酬）+（営業余剰）+（固定資本減耗）+（間接税 − 補助金）

需要面（支出面）の国民所得の式：$Y = C + I + G + (X - M)$

供給面の国民所得の式：$Y = C + S + T$

IS バランス式：$(S - I) + (T - G) = (X - M)$

現在割引価値（将来価値 A，利子率 r）：$a = \dfrac{A}{(1+r)^n}$

投資の利子弾力性：$\varepsilon_I = -\dfrac{dI}{dr} \cdot \dfrac{r}{I}$

フィッシャー式：$r = i + \pi^e$

政府支出乗数（貿易なし）：$\dfrac{1}{1-c}$

租税乗数（貿易なし）：$\dfrac{-c}{1-c}$

政府支出乗数（比例税，貿易なし）：$\dfrac{1}{1-c(1-t)}$

信用乗数：$m = \dfrac{1}{r_c}$

通貨乗数：$m = \dfrac{c+1}{c+r_l}$

通貨市場の均衡式（ケインズ派）：$\dfrac{M}{P} = L_1(Y) + L_2(r)$

通貨市場の均衡式（古典派）：$\dfrac{M}{P} = kY$　または，$MV = PY$

古典派の第一公準：$MP_L = \dfrac{w}{P}$

保証成長率：$G_w = \dfrac{s}{v_w}$

自然成長率（ハロッド＝ドーマー）：$G_n = n + a$

1 人当たり資本変化量（ソローモデル）：$\Delta k = sy - (\delta + n)k$

成長会計による経済成長率：$y = a + \alpha k + \beta n$

金利平価説による将来の為替レート：$f = \dfrac{(1+r)}{(1+r^*)} \times e$

購買力平価による為替レート：$e = \dfrac{P}{P^*}$

2. マクロ経済学の関数

◆ *IS–LM* モデル，*AD–AS* モデル

	C	S	I	L_1	L_2	N^D	N^S（古典派）	S（古典派）
説明変数	Y	Y	r	Y	r	$\frac{w}{P}$	$\frac{w}{P}$	r
増減	＋	＋	−	＋	−	−	＋	＋

◆マンデル＝フレミングモデル

	X	M	e
説明変数	e	Y	$(r^* - r)$
増減	＋	＋	＋

3. グラフ

完全競争市場

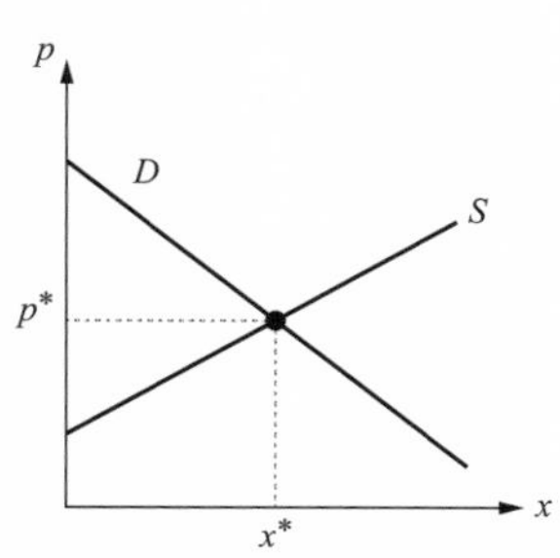

従量税

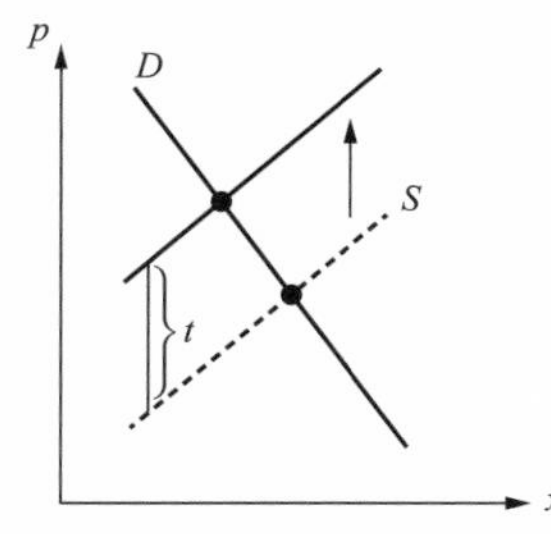

効用最大化

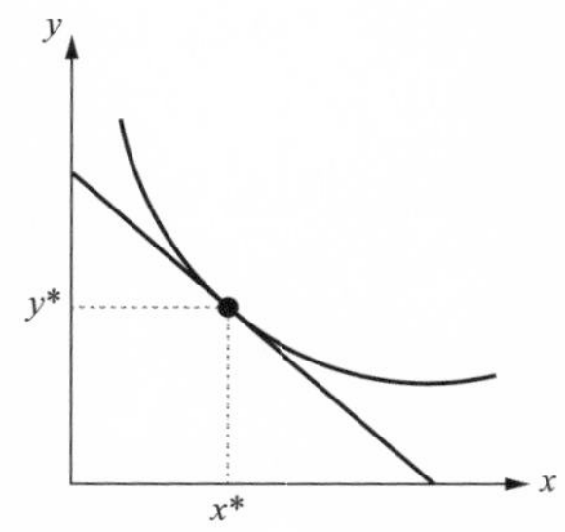

価格上昇と無差別曲線

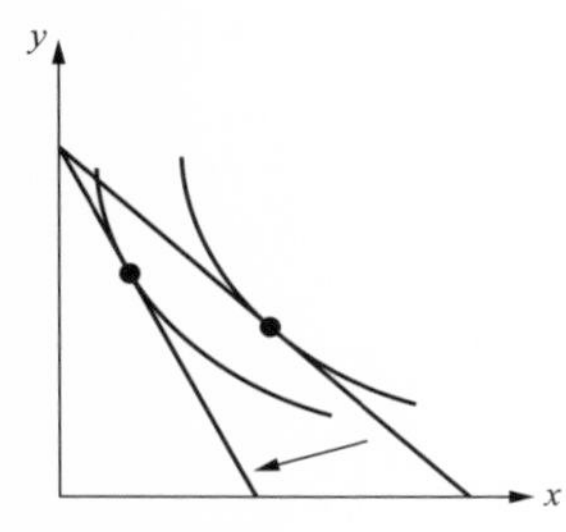

費用最小化

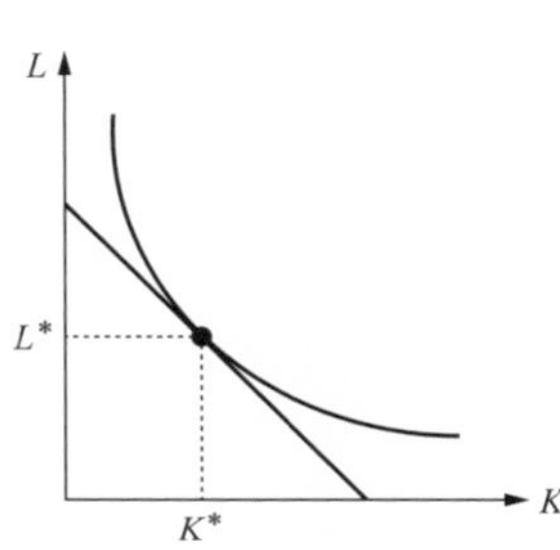

AC, AVC, MC

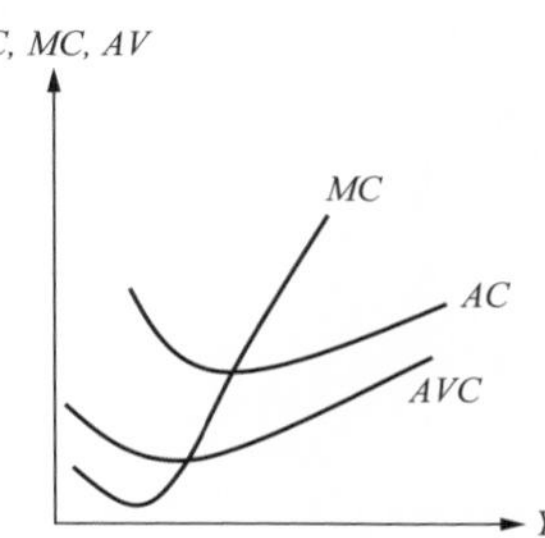

従量税による死荷重発生

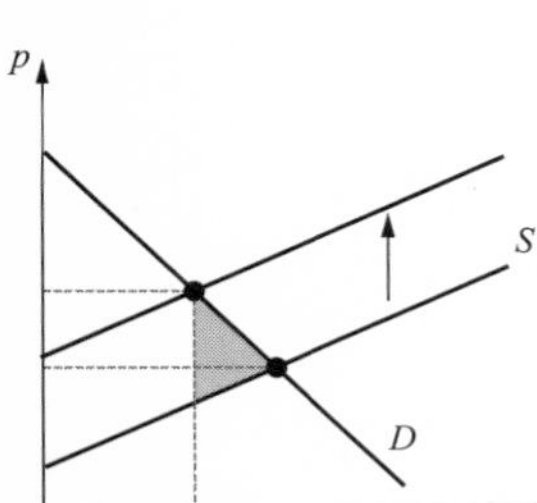

独占による死荷重発生

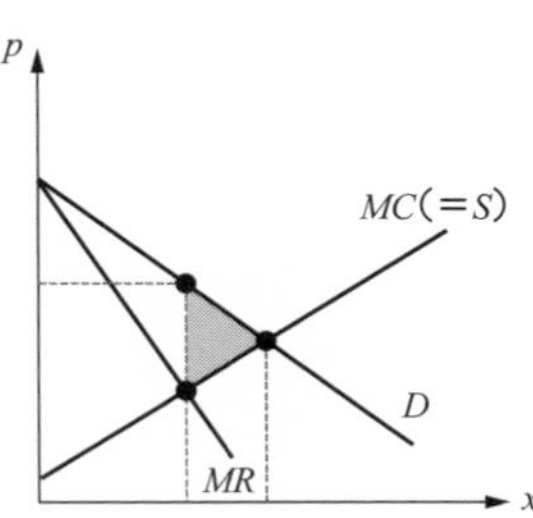

費用逓減産業

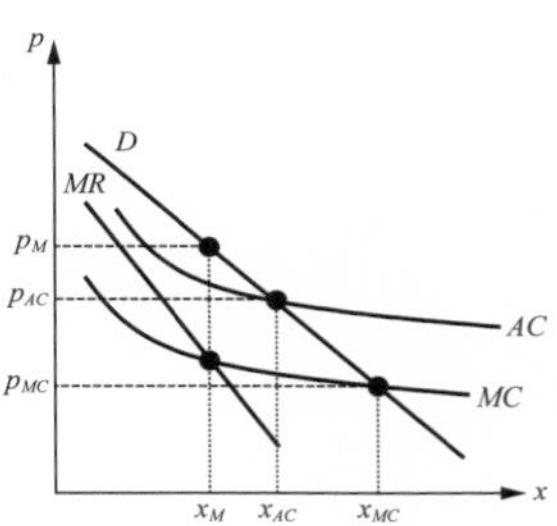

売上高最大化

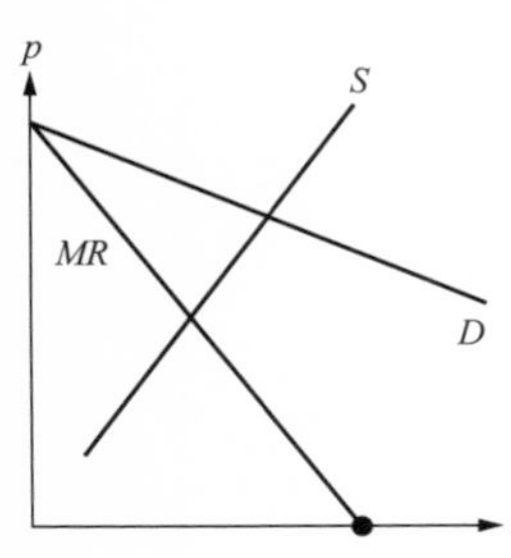

外部不経済

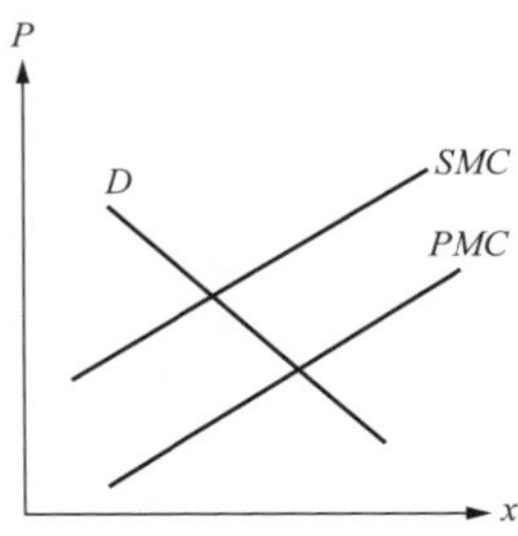

危険回避者のリスクプレミアム

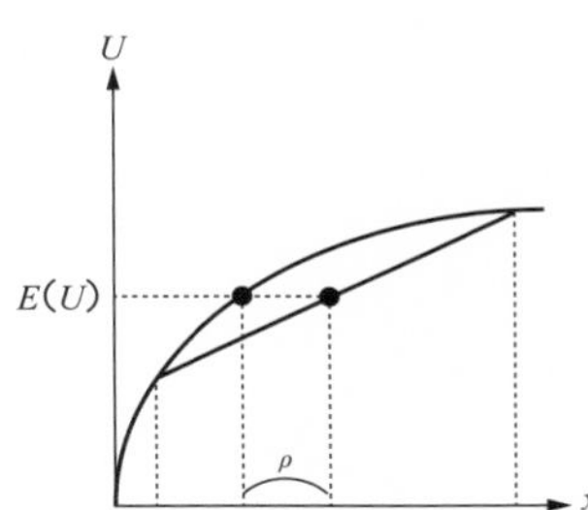

投資関数

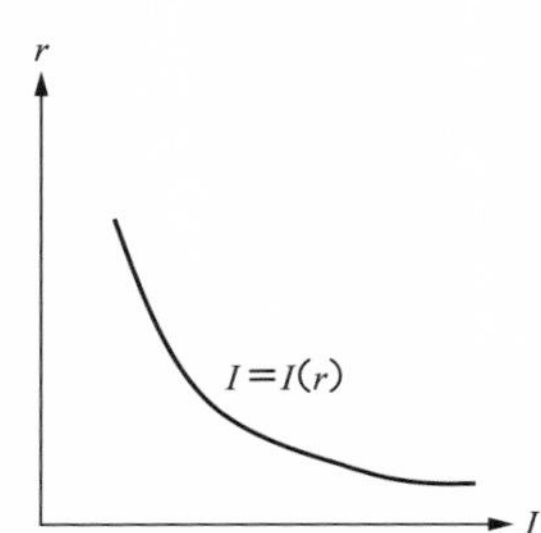

通貨需要関数 L_1

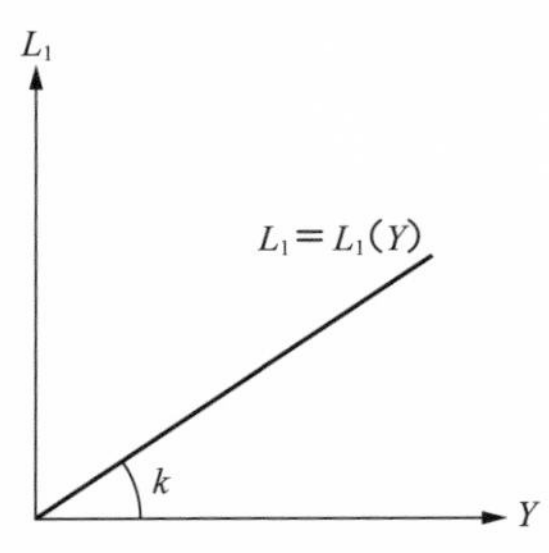

通貨需要関数 L_2

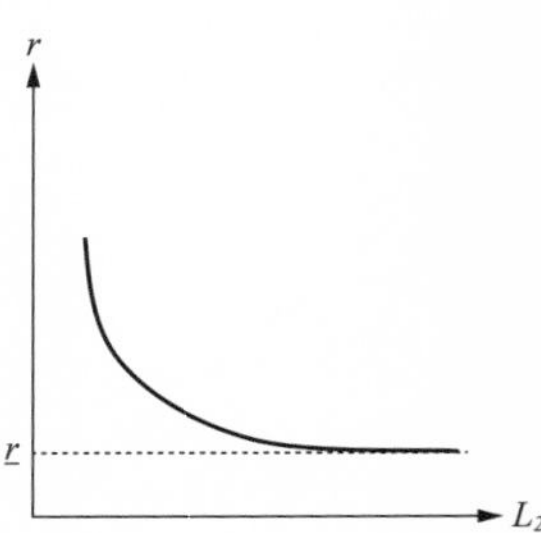

IS–LM

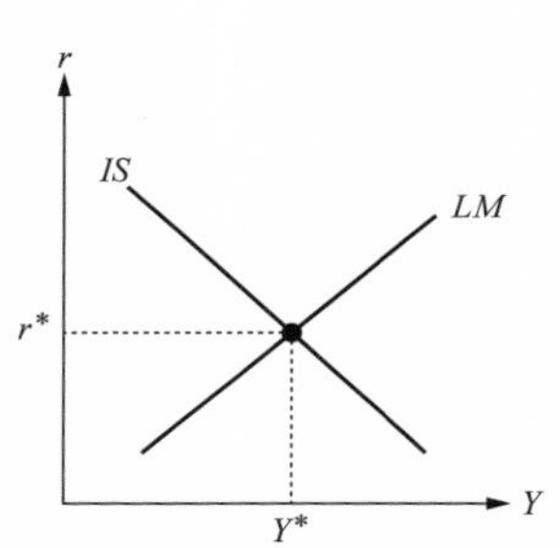

労働市場（古典派）

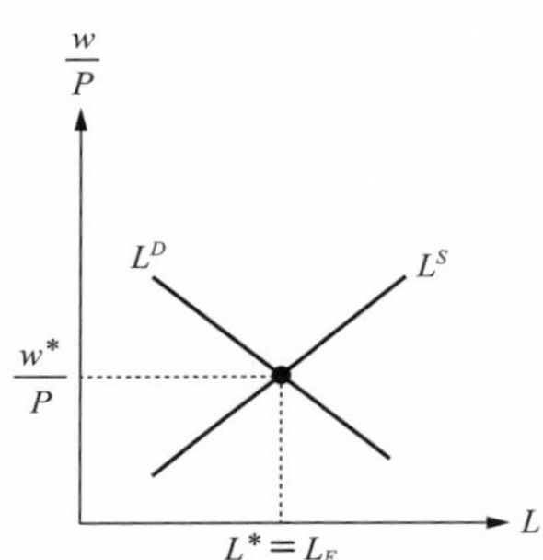

労働市場（ケインズ派）

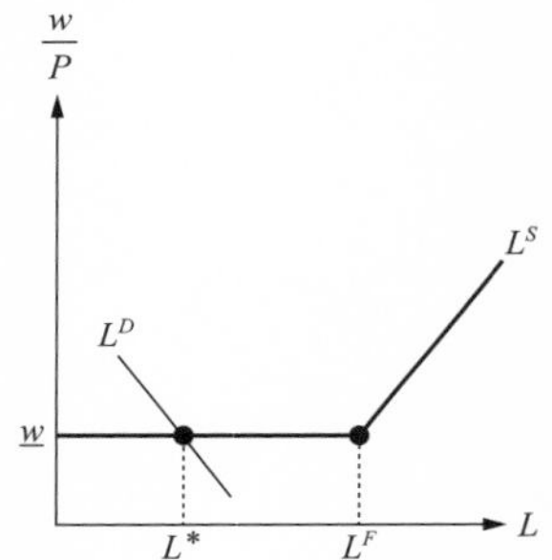

AD–AS（古典派）

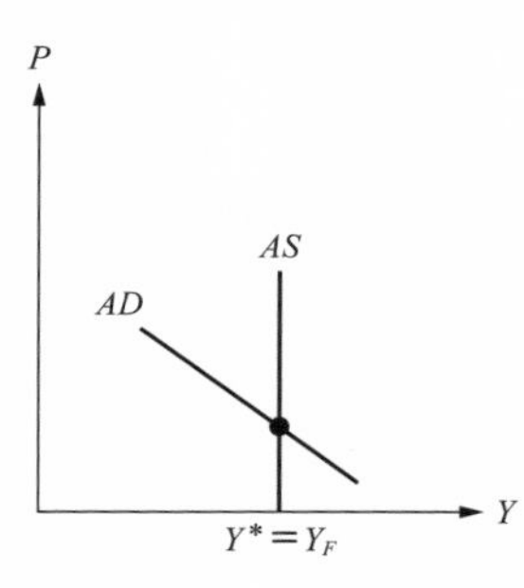

AD–AS（ケインズ派）

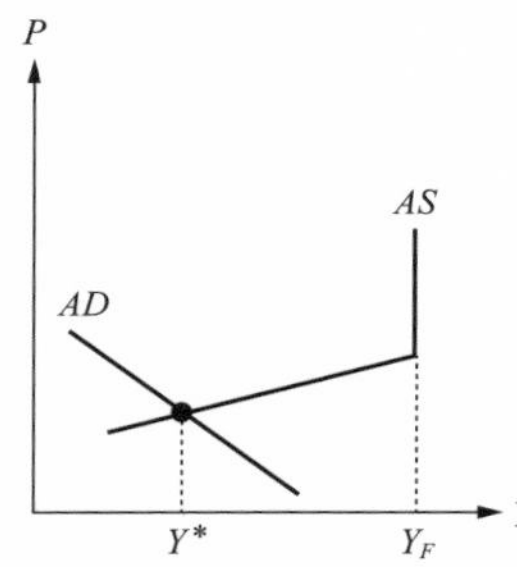

フィリップス曲線（マネタリスト）

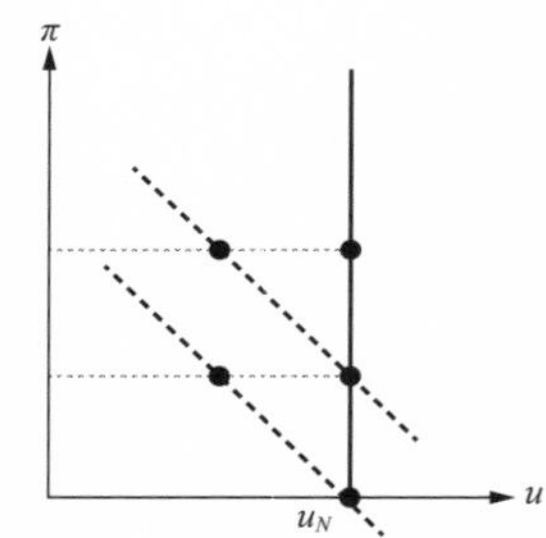

フィリップス曲線
（合理的期待形成学派）

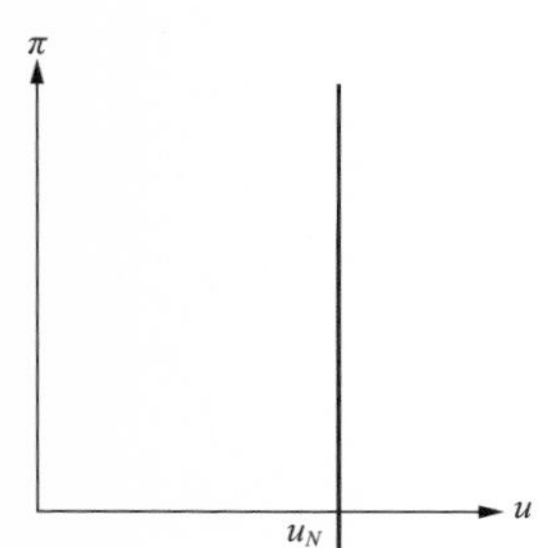

ソローモデル

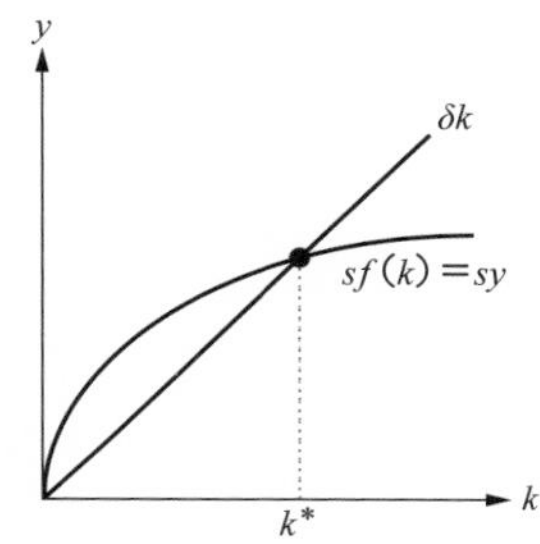

マンデル=フレミングモデル

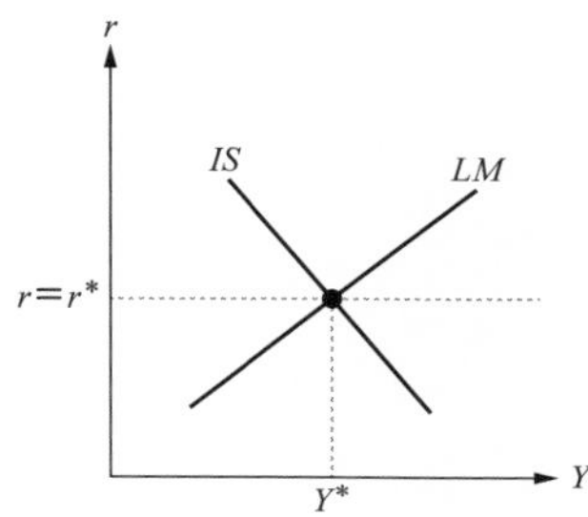

クラウディングアウト

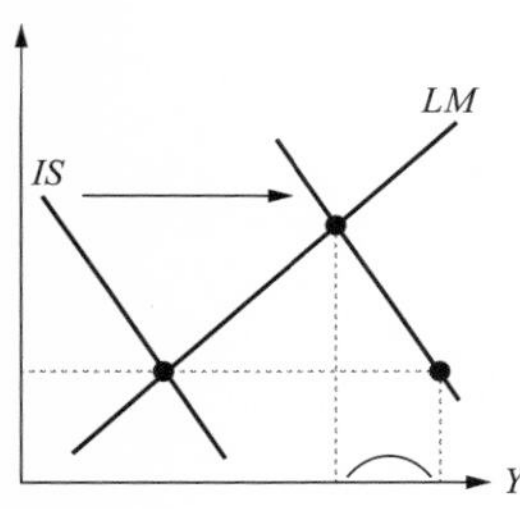

流動性のわな

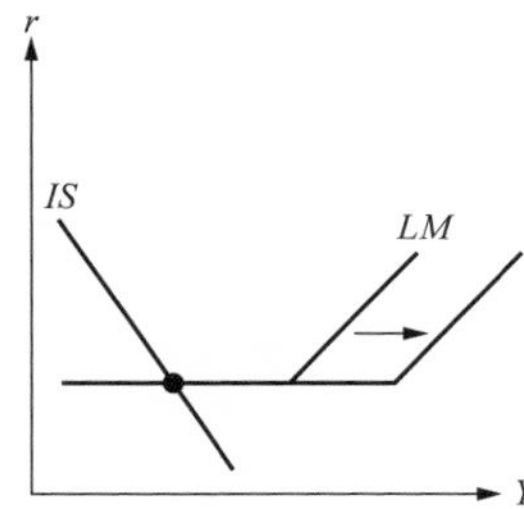

古典派の財市場

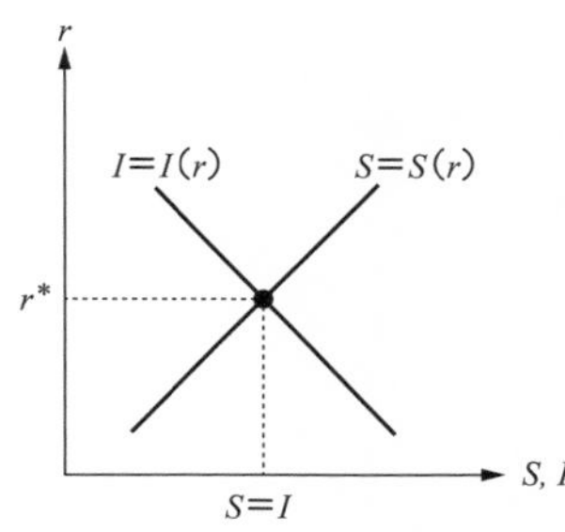

索　引

【さ行】

【た行】

著者紹介

川野　祐司（かわの・ゆうじ）

1976年生まれ。大分県出身。東洋大学経済学部国際経済学科教授。2016年より現職。2005－2006年三菱経済研究所研究員，2014年より一般財団法人国際貿易投資研究所（ITI）客員研究員。日本証券アナリスト協会認定アナリスト。専門は，金融政策，ヨーロッパ経済論，国際金融論。

主要著書：
キャッシュレス経済—21世紀の貨幣論—（文眞堂，2018年）
ヨーロッパ経済の基礎知識2020（文眞堂，2019年）
これさえ読めばすべてわかる国際金融の教科書（文眞堂，2019年）
いちばんやさしいキャッシュレスの教本（インプレス，2019年）

これさえ読めばサクッとわかる
経済学の教科書

2020年7月15日　第1版第1刷発行　　検印省略

著　者　川　野　祐　司
発行者　前　野　　隆
発行所　株式会社　文　眞　堂
東京都新宿区早稲田鶴巻町533
電話　03（3202）8480
FAX　03（3203）2638
http://www.bunshin-do.co.jp/
〒162-0041 振替 00120-2-96437

製作・美研プリンティング

定価はカバー裏に表示してあります
ISBN978-4-8309-5089-6　C3033